特別附錄

MAPPLE まっぷる 哈日情報誌

秋田 角館・乳頭溫泉鄉特別附錄

可以拆下使用

秋田路線MAP&31處公路休息站導覽

CONTENTS

大鰐溫泉站
青森縣
十和田湖
八峰
五能線
鷹巣
大館
十和田IC
花輪線
鹿角
能代
大館能代機場
秋田內陸縱貫鐵道
秋田縣
男鹿
男鹿線
昭和男鹿半島IC
秋田自動車道
岩手山
田澤湖
田澤湖線
盛岡IC
秋田
秋田站
仙北
秋田新幹線
角館站
秋田機場
岩手縣
大仙
大曲IC
由利本莊
花巻南IC
橫手
北上線
橫手IC
奧羽本線
羽越本線
仁賀保
湯澤
鳥海山
山形縣
栗駒山

■關於附錄所刊載地圖

●この地図の作成に当たっては、国土地理院長の承認を得て、同院発行の1万分1地形図 5万分1地形図 20万分1地勢図 50万分1地方図、100万分1日本及び基盤地図情報を使用した。(承認番号 平29情使、第44-283979号 平29情使、第46-283979号 平29情使、第47-283979号 平29情使、第48-283979号)

●未經許可，禁止轉載。©Shobunsha Publications, Inc. 2018.3

秋田路線MAP&31處公路休息站導覽

秋田縣全圖

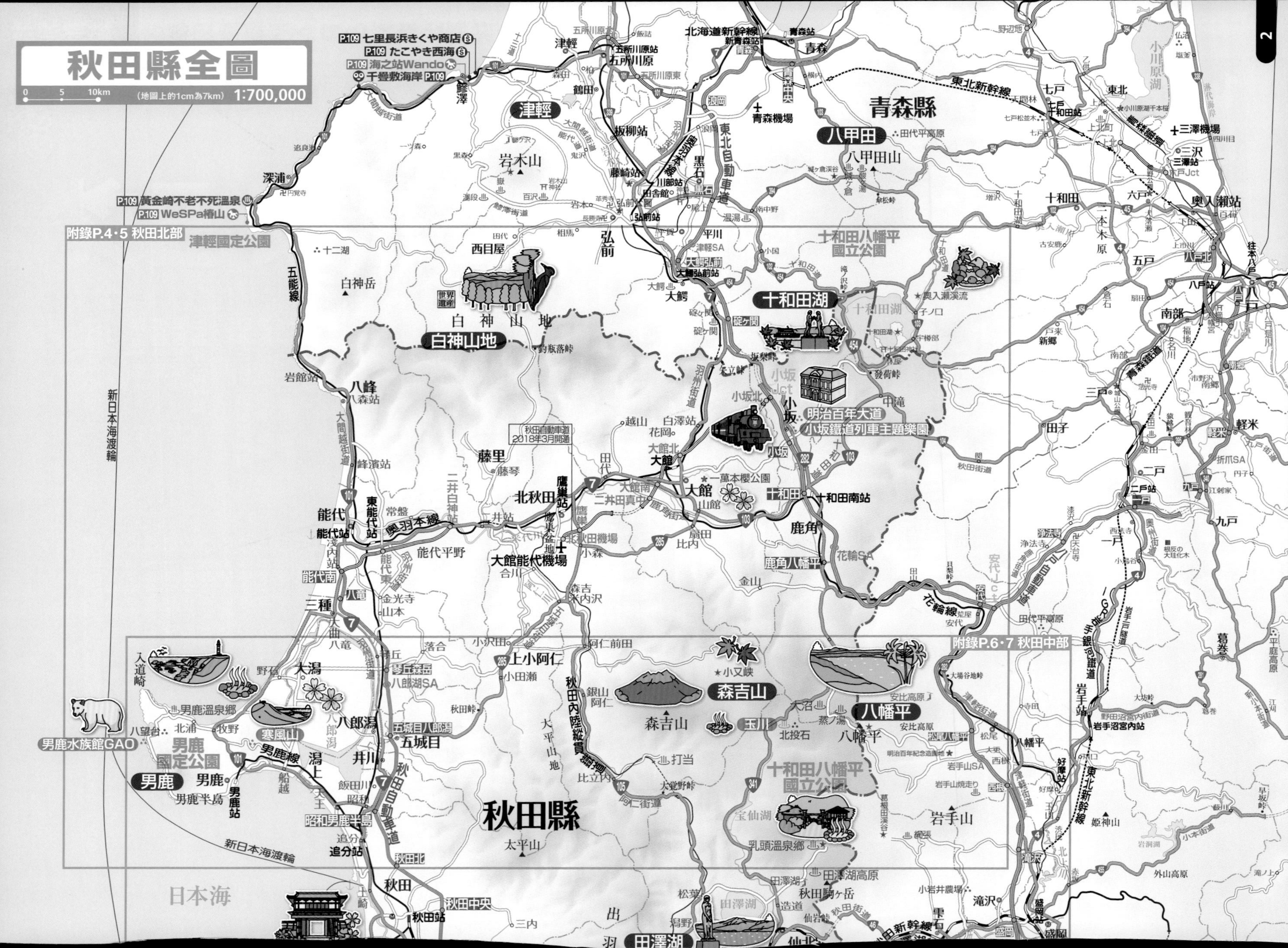
秋田縣全圖
0 5 10km
（地圖上的1cm為7km） 1:700,000
P.109 七里長浜きくや商店
P.109 たこやき西海
P.109 海之站Wando
千疊敷海岸 P.109
P.109 黃金崎不老不死溫泉
P.109 WeSPa椿山
附錄P.4・5 秋田北部
附錄P.6・7 秋田中部
津輕國定公園
津輕
岩木山
白神山地
白神岳
十和田湖
十和田八幡平國立公園
八甲田
八甲田山
青森縣
秋田縣
明治百年大道
小坂鐵道列車主題樂園
森吉山
八幡平
岩手山
田澤湖
男鹿
男鹿國定公園
寒風山
男鹿水族館GAO
日本海
新日本海渡輪
東北新幹線
北海道新幹線
奧羽本線
五能線
男鹿線
花輪線
秋田內陸縱貫鐵道
東北自動車道
秋田自動車道
秋田自動車道 2018年3月開通
能代
大館
鹿角
八郎潟
五城目
秋田
弘前
青森
八戶
十和田
三沢
大館能代機場
青森機場
三澤機場
乳頭溫泉鄉
玉川
小又峽
奧入瀨溪流

秋田縣全圖

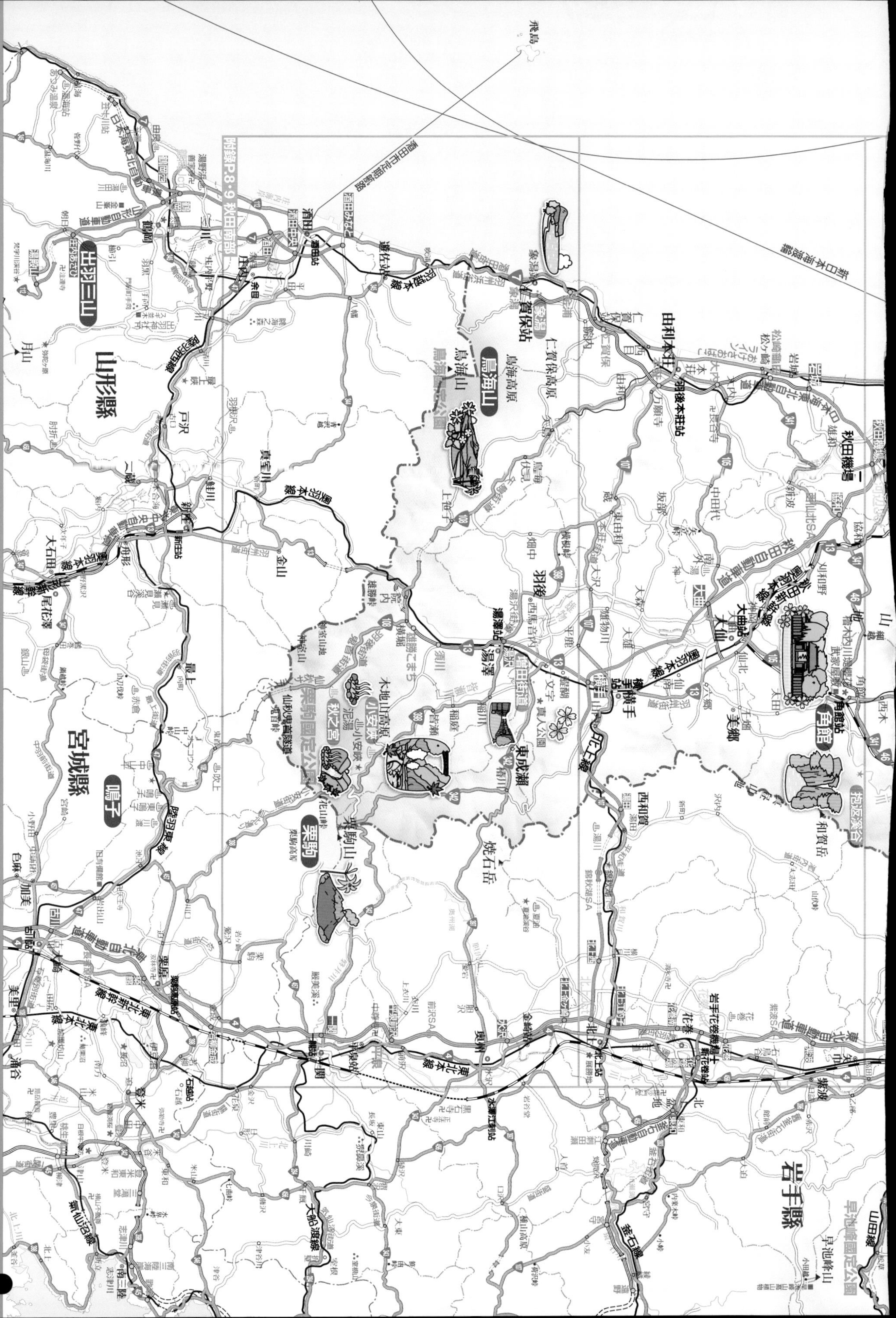

秋田縣
山形縣
宮城縣
岩手縣

鳥海山
鳥海國定公園
栗駒國定公園
早池峰國定公園
出羽三山
象潟
秋之宮
小安峡
鳴子
栗駒
角館
抱返溪谷

秋田機場
由利本莊
大曲
大仙
橫手
湯澤
羽後
東成瀨
美鄉
西和賀
北上
花卷
奧州
一關
酒田
鶴岡
新庄
大石田
尾花澤
戶沢
金山
真室川
仁賀保高原
鳥海高原
木地山高原
栗駒山
燒石岳
和賀岳
早池峰山
月山
飛島

附錄P.8・9 秋田南部

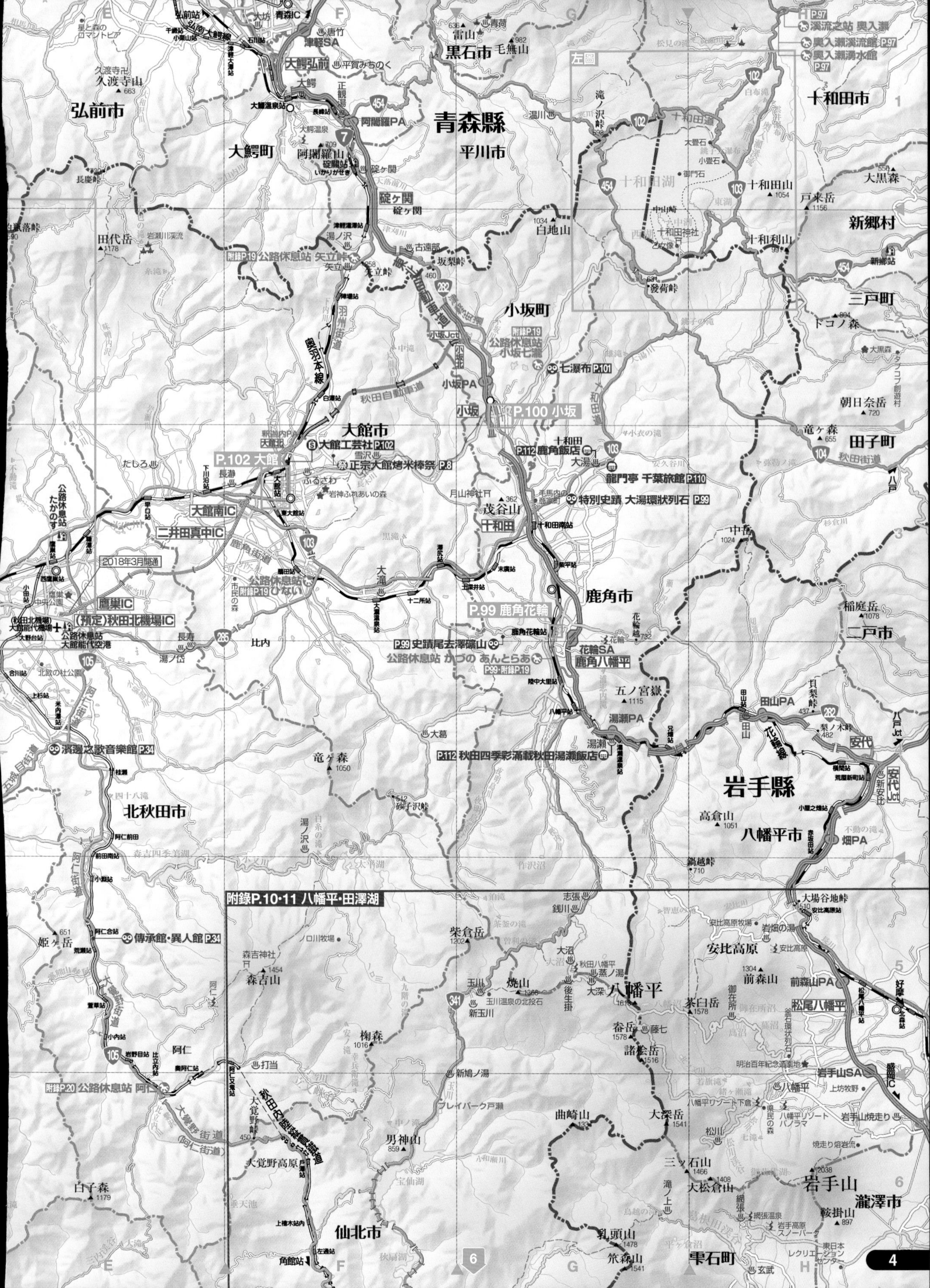
青森縣
弘前市
大鰐町
平川市
黒石市
十和田市
新郷村
三戸町
小坂町
大館市
鹿角市
田子町
二戸市
岩手縣
八幡平市
北秋田市
仙北市
雫石町
瀧澤市
十和田湖
八幡平
岩手山
附錄P.10‧11 八幡平‧田澤湖
P.102 大館
P.100 小坂
P.99 鹿角花輪
大館工芸社 P.102
正宗大館烤米棒祭 P.8
七瀑布 P.101
鹿角飯店 P.112
龍門亭 千葉旅館 P.110
特別史蹟 大湯環狀列石 P.99
史蹟尾去澤礦山 P.99
公路休息站 かづの あんとらあ P.99‧附錄P.19
秋田四季彩滿載秋田湯瀬飯店 P.112
濱邊之歌音樂館 P.34
傳承館‧異人館 P.34
公路休息站 阿仁 附錄P.20
公路休息站 矢立峠 附錄P.19
公路休息站 小坂七瀧 附錄P.19
公路休息站 ひない 附錄P.19
溪流之站 奥入瀬 P.97
奥入瀬溪流館 P.97
奥入瀬湧水館 P.97
大館能代空港
(預定)秋田北機場IC
鷹巣IC
二井田真中IC
大館南IC
小坂Jct
安代Jct
八戸Jct
盛岡IC
2018年3月開通
左圖

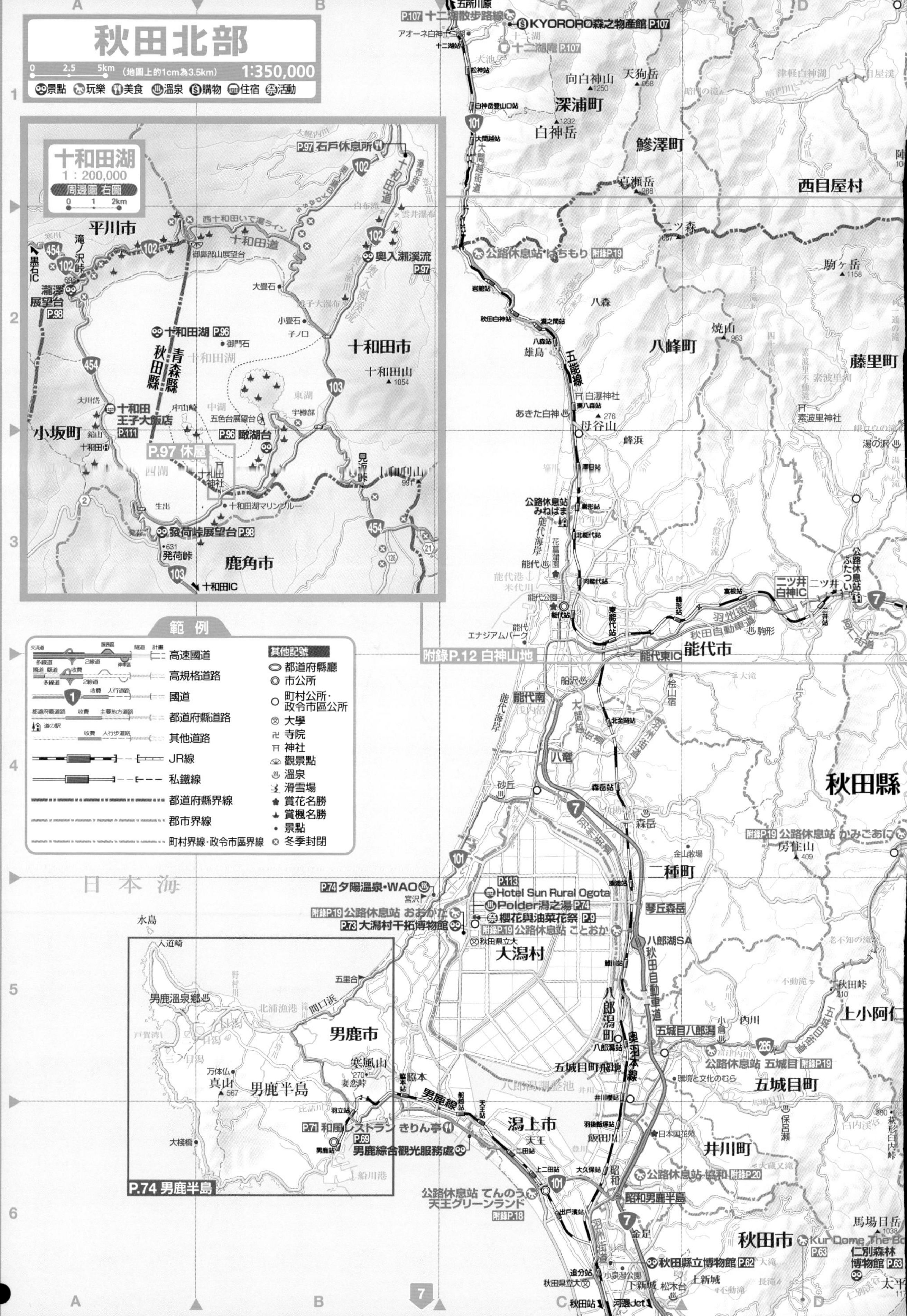

秋田北部
0 2.5 5km (地圖上的1cm為3.5km) 1:350,000
景點 玩樂 美食 溫泉 購物 住宿 活動
十和田湖
1：200,000
周邊圖 右圖
0 1 2km
P.97 石戶休息所
平川市
十和田道
奧入瀨溪流 P.97
瀧澤展望台 P.98
十和田湖 P.96
十和田市
十和田山
青森縣
秋田縣
十和田王子大飯店 P.111
小坂町
P.96 瞰湖台
P.97 休屋
十和田神社
十和田湖マリンブルー
發荷峠展望台 P.98
發荷峠
鹿角市
十和田IC
範例
高速國道
高規格道路
國道
都道府縣道路
其他道路
JR線
私鐵線
都道府縣界線
郡市界線
町村界線・政令市區界線
其他記號
都道府縣廳
市公所
町村公所・政令市區公所
大學
寺院
神社
觀景點
溫泉
滑雪場
賞花名勝
賞楓名勝
景點
冬季封閉
日本海
P.107 十二湖散步路線
KYORORO森之物產館 P.107
十二湖庵 P.107
五所川原
深浦町
白神岳
向白神山
天狗岳
鰺澤町
西目屋村
公路休息站はちもり 附錄P.19
駒ヶ岳
八峰町
藤里町
五能線
白瀑神社
あきた白神
母谷山
峰浜
公路休息站みねはま
能代海岸
能代
能代港
エナジアムパーク
附錄P.12 白神山地
能代市
能代東IC
二ツ井白神IC
二ツ井
公路休息站ふたつい
秋田自動車道
羽州街道
能代南
八竜
砂丘
森岳
秋田縣
附錄P.19 公路休息站 かみこあに
房住山
二種町
P.74 夕陽溫泉・WAO
P.113 Hotel Sun Rural Ogota
Polder潟之湯 P.74
櫻花與油菜花祭 P.9
附錄P.19 公路休息站 おおがた
附錄P.19 公路休息站 ことおか
P.73 大潟村干拓博物館
秋田縣立大
大潟村
琴丘森岳
八郎湖SA
水島
入道崎
五里合
男鹿溫泉鄉
男鹿市
寒風山
真山
男鹿半島
男鹿線
八郎潟町
奧羽本線
五城目八郎潟
五城目町
公路休息站 五城目 附錄P.19
上小阿仁
秋田峠
五城目町飛地
P.71 和風レストラン きりん亭
P.69 男鹿綜合觀光服務處
潟上市
井川町
P.74 男鹿半島
公路休息站 てんのう 天王グリーンランド 附錄P.18
公路休息站 協和 附錄P.20
昭和男鹿半島
秋田市
秋田縣立博物館 P.62
Kur Dome The Bo
P.63 仁別森林博物館 P.63
馬場目岳
秋田站
河邊Jct

秋田中部
0 2.5 5km (地圖上的1cm為3.5km) 1:350,000
景點 玩樂 美食 溫泉 購物 住宿 活動
附錄P.10·11 八幡平·田澤湖
附錄P.13 角館周邊
附錄P.13 橫手·湯澤
鹿角市
北秋田市
八幡平市
岩手町
秋田縣
仙北市
雫石町
瀧澤市
盛岡市
岩手縣
矢巾町
紫波町
美郷町
西和賀町
花巻市
横手市
北上市
八幡平
岩手山
田沢湖高原
秋田駒ヶ岳
田澤湖
森吉山
大覚野高原
大仏岳
大石岳
和賀岳
白岩岳
真昼岳
薬師岳
黒森山
御岳山
駒頭山
東根山
南昌山
箱ヶ森
高倉山
乳頭山
笊森山
三ッ石山
大松倉山
大深岳
曲崎山
男神山
柴倉岳
焼山
茶臼岳
前森山
畚岳
諸桧岳
鞍掛山
安比高原
公路休息站 あに
公路休息站 なかせん
公路休息站 雫石あねっこ
公路休息站 雁の里せんなん
公路休息站 さんない
公路休息站 にしね
公路休息站 錦秋湖
公路休息站 石鳥谷
秋田自動車道
東北自動車道
東北新幹線
田澤湖線(秋田新幹線)
秋田內陸縱貫鐵道
花輪線
奥羽本線
東北本線
2018年春開設 矢巾スマートIC

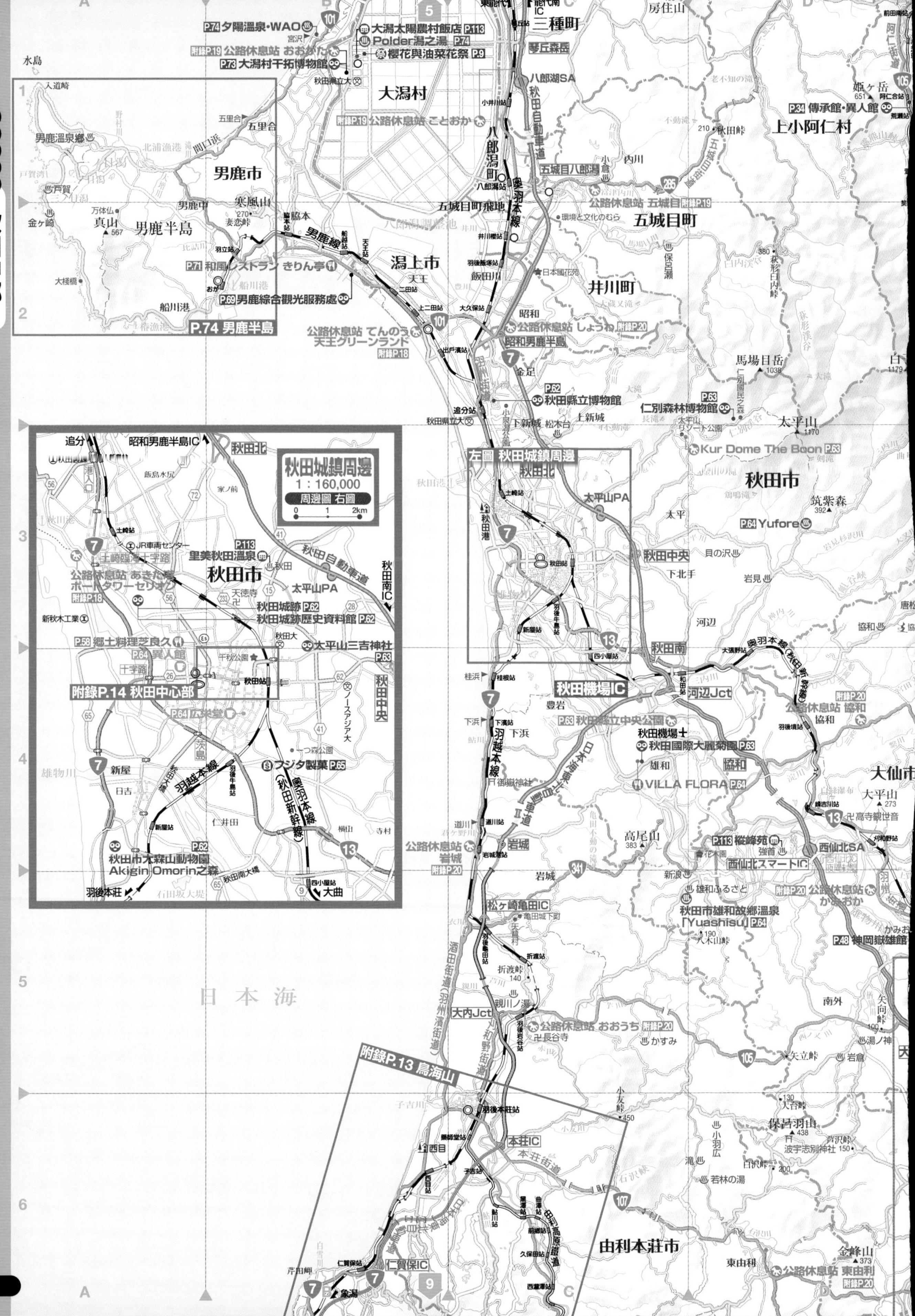
三種町
大潟村
男鹿市
男鹿半島
八郎潟町
五城目町
潟上市
井川町
上小阿仁村
秋田市
大仙市
由利本荘市
日本海
秋田城鎮周邊
1：160,000
P.74 夕陽溫泉・WAO
大潟太陽農村飯店 P.113
Polder溫之湯 P.74
附錄P.19 公路休息站 おおがた
櫻花與油菜花祭 P.9
P.73 大潟村干拓博物館
附錄P.19 公路休息站 ことおか
P.34 傳承館・異人館
P.71 和風レストラン きりん亭
P.69 男鹿綜合觀光服務處
P.74 男鹿半島
公路休息站 てんのう 天王グリーンランド 附錄P.18
公路休息站 しょうわ 附錄P.20
公路休息站 五城目 附錄P.19
P.62 秋田縣立博物館
P.63 仁別森林博物館
Kur Dome The Boon P.63
P.64 Yufore
P.63 秋田縣立中央公園
秋田國際大麗菊園 P.63
VILLA FLORA P.64
公路休息站 協和 附錄P.20
P.113 縱峰苑
附錄P.20 公路休息站 かみおか
秋田市雄和故鄉溫泉「Yuashisu」P.64
P.48 神岡鐵雄館
公路休息站 岩城 附錄P.20
公路休息站 おおうち 附錄P.20
附錄P.13 鳥海山
公路休息站 東由利 附錄P.20
里美秋田溫泉 P.113
公路休息站 あきた港 ポートタワーセリオン 附錄P.18
秋田城跡 P.62
秋田城跡歷史資料館 P.62
P.58 鄉土料理芝良久
P.64 異人館
太平山三吉神社 P.63
附錄P.14 秋田中心部
フジタ製菓 P.65
秋田市大森山動物園 Akigin Omorin之森 P.62
八郎湖SA
太平山PA
秋田北
秋田中央
秋田南
秋田機場IC
河辺Jct
松ケ崎亀田IC
大内Jct
本荘IC
仁賀保IC
西仙北SA
西仙北スマートIC
昭和男鹿半島IC
五城目八郎潟
男鹿線
羽越本線
奥羽本線
秋田自動車道
日本海東北自動車道
太平山 1170
馬場目岳 1038
高尾山 383
真山 567
保呂羽山 438
大平山 273

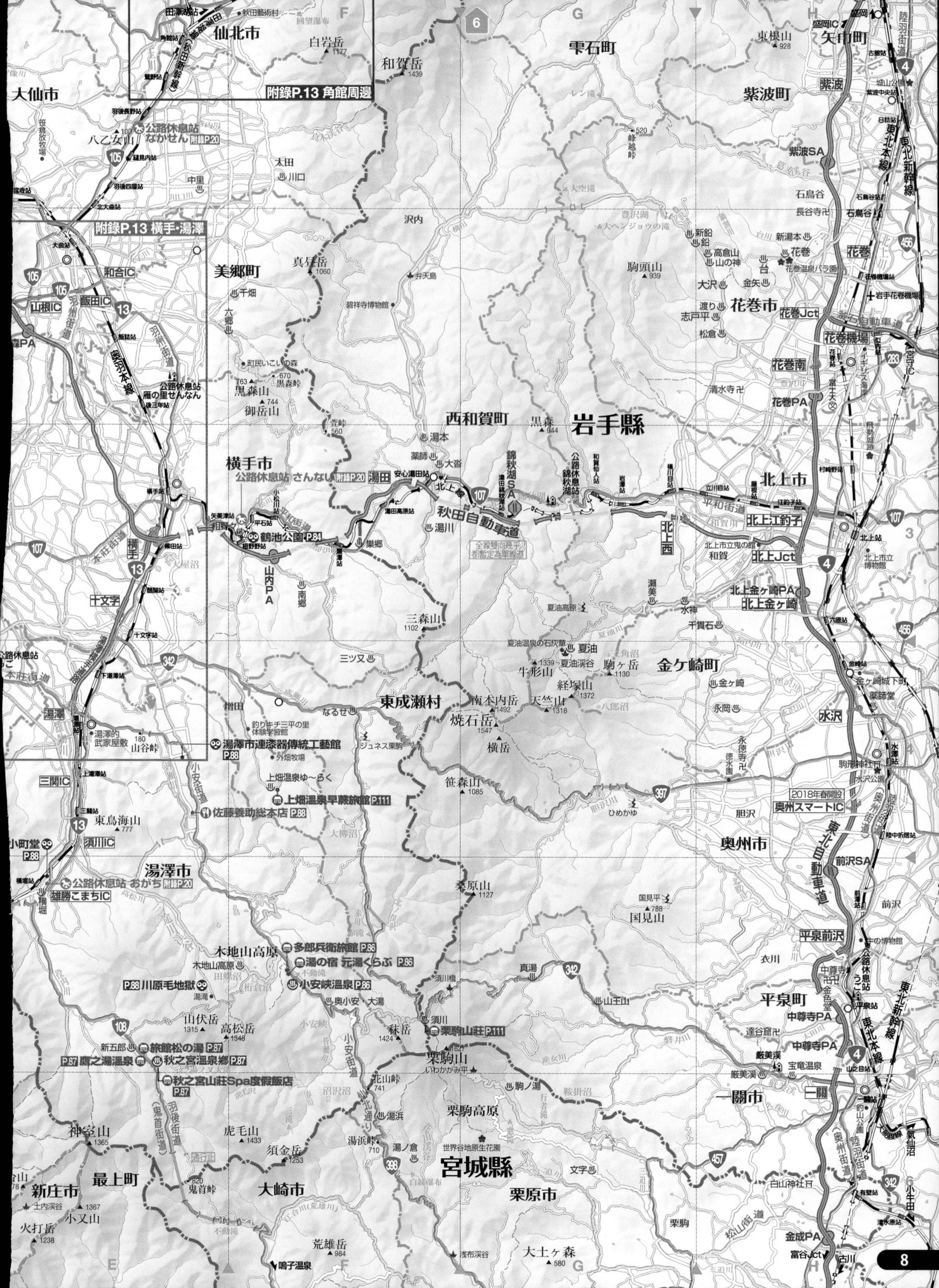

仙北市
雫石町
矢巾町
紫波町
大仙市
附錄P.13 角館周邊
附錄P.13 橫手·湯澤
美郷町
花巻市
西和賀町
岩手縣
橫手市
北上市
秋田自動車道
東成瀨村
金ケ崎町
奥州市
湯澤市
平泉町
一關市
宮城縣
新庄市
最上町
大崎市
栗原市
和賀岳
真昼岳
駒頭山
焼石岳
栗駒山
神室山
虎毛山
須金岳
荒雄岳
大土ケ森

秋田南部
0 2.5 5km (地圖上的1cm為3.5km) 1:350,000
景點 玩樂 美食 溫泉 購物 住宿 活動
秋田市
高尾山
383
岩城
公路休息站 岩城
附錄P.20
羽越本線
松ヶ崎亀田IC
折渡峠
140
大内Jct
公路休息站 おおうち
附錄P.20
秋田縣
附錄P.13 鳥海山
日本海
羽後本荘站
本荘IC
西目海岸
公路休息站 にしめ
由利本荘市
仁賀保IC
金浦IC
仁賀保高原
南由利原
公路休息站 象潟
象潟站
象潟IC
鳥海高原
仁賀保市
稲倉岳
1554
鳥海山
2236
遊佐町
公路休息站 鳥海
遊佐站
酒田みなと
酒田中央
酒田市
山形縣
広田IC
酒田
庄内海岸
最上川
庄内町
庄内空港
鶴岡Jct
鶴岡
新庄
余目站
北余目站
胎蔵山
729
鮭川村
真室川町
金山町
薬師山
437
真室川站
丁岳
1146
加無山
997
甑山
981
清澤越
羽後町
八塩山
712
鳥海
湯ノ沢
猿倉
東由利
公路休息站 東由利
附錄P.20
金峰山
公路休息站 清水の里・鳥海郷
附錄P.20
保呂羽山
438
小友峠
450
若林の湯
西仙北SA
西仙北スマートIC
秋田市雄和ふるさと温泉「Yuashisu」
公路休息站 かみおか
大平山
273
P.63 秋田國際大麗菊園
VILLA FLORA
P.64
P.113 縦縫苑
P.48 神岡嶽雄館
雄勝峠
及位
主寝坂峠
313

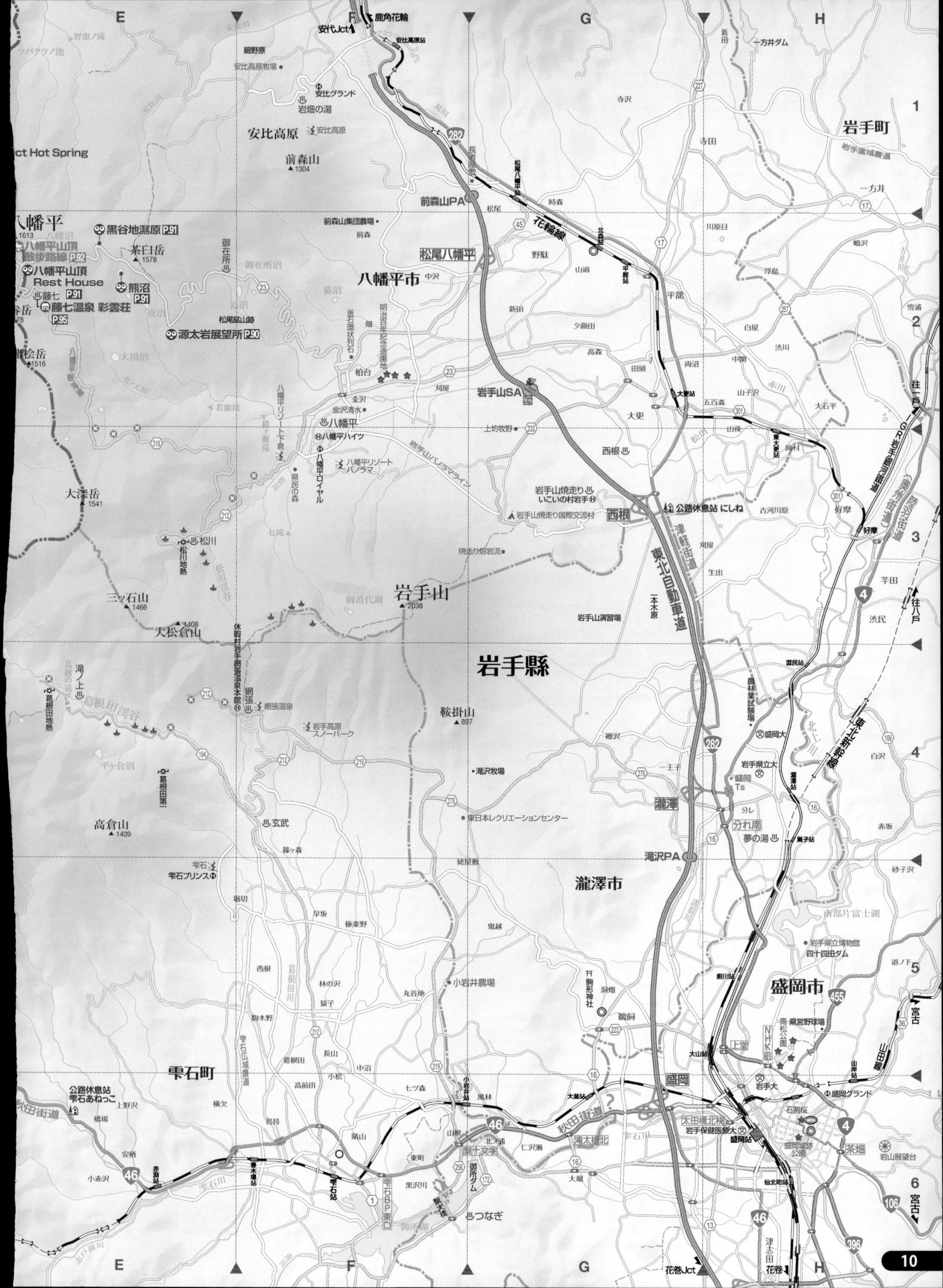

岩手縣
八幡平市
岩手町
瀧澤市
盛岡市
雫石町
安比高原
前森山
岩手山
八幡平
大深岳
三ッ石山
大松倉山
鞍掛山
高倉山
茶臼岳
松尾八幡平
西根
瀧澤
盛岡
東北自動車道
花輪線
秋田街道
津軽街道
東北新幹線
IGR岩手銀河鐵道
安代Jct
花巻Jct
前森山PA
岩手山SA
滝沢PA
黒谷地濕原 P.91
八幡平山頂散步路線 P.92
八幡平山頂 Rest House
熊沼 P.91
藤七 P.91
藤七溫泉 彩雲荘 P.95
源太岩展望所 P.90
公路休息站 にしね
公路休息站 雫石あねっこ

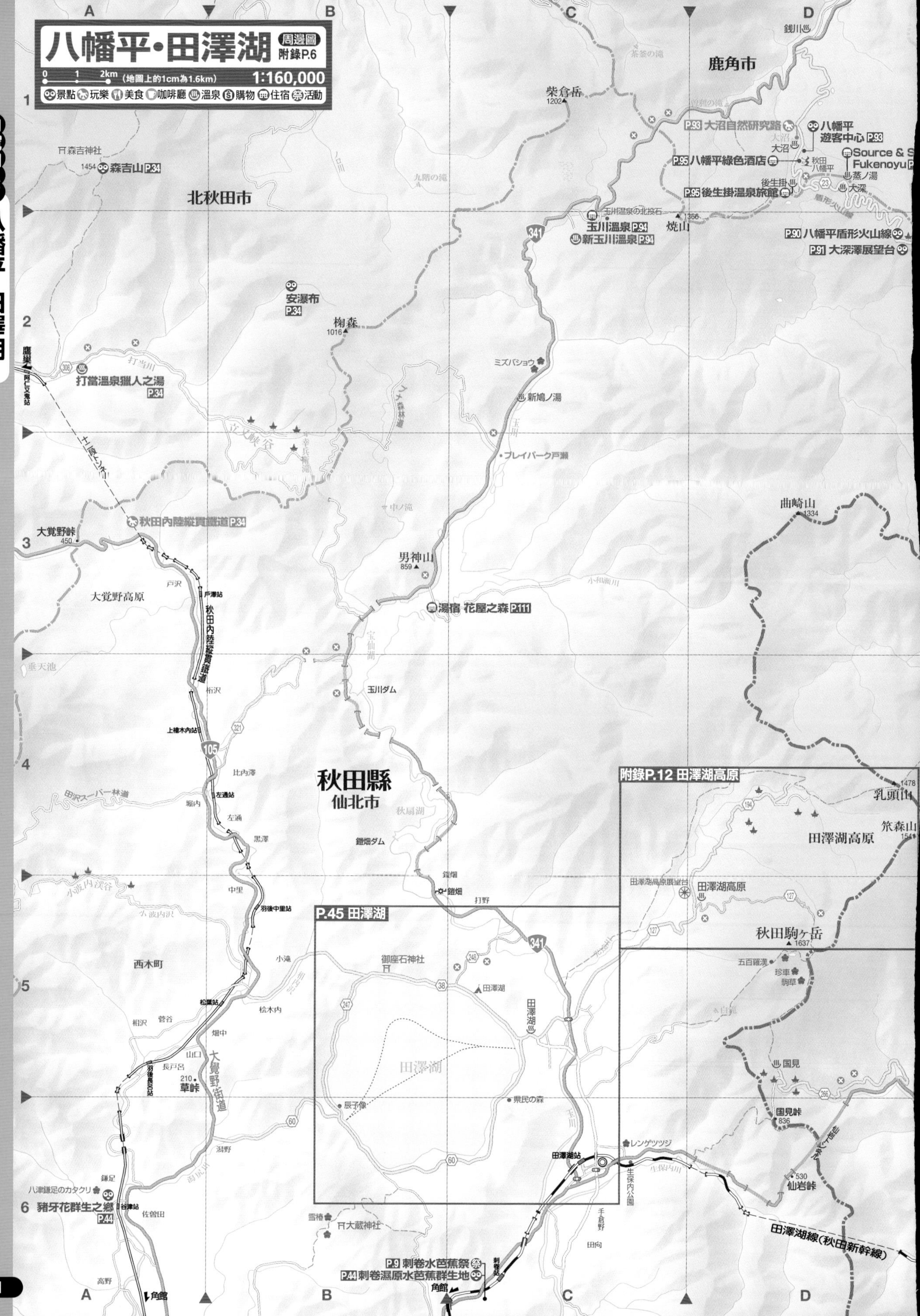
八幡平・田澤湖
周邊圖
附錄P.6
0 1 2km (地圖上的1cm為1.6km) 1:160,000
景點 玩樂 美食 咖啡廳 溫泉 購物 住宿 活動
鹿角市
北秋田市
秋田縣
仙北市
柴倉岳 1202
森吉山 P.34
森吉神社
P.93 大沼自然研究路
八幡平遊客中心 P.93
P.95 八幡平綠色酒店
Source & Spa Fukenoyu
蒸ノ湯
大深
後生掛
P.95 後生掛溫泉旅館
玉川溫泉 P.94
新玉川溫泉 P.94
焼山 1366
P.90 八幡平盾形火山線
P.91 大深澤展望台
安瀑布 P.34
栂森 1016
打當溫泉獵人之湯 P.34
新鳩ノ湯
ミズバショウ
秋田內陸縱貫鐵道 P.34
大覚野峠 450
大覚野高原
曲崎山 1334
男神山 859
湯宿 花屋之森 P.111
玉川ダム
鎧畑ダム
秋扇湖
附錄P.12 田澤湖高原
乳頭山 1478
田澤湖高原
秋田駒ヶ岳 1637
P.45 田澤湖
御座石神社
田澤湖
辰子像
県民の森
レンゲツツジ
田澤湖站
生保内公園
国見
国見峠 836
仙岩峠 530
田澤湖線(秋田新幹線)
西木町
草峠 210
大覺野街道
豬牙花群生之鄉 P.44
八津鎌足のカタクリ
大蔵神社
P.9 刺卷水芭蕉祭
P.44 刺卷濕原水芭蕉群生地
角館
A B C D
1 2 3 4 5 6

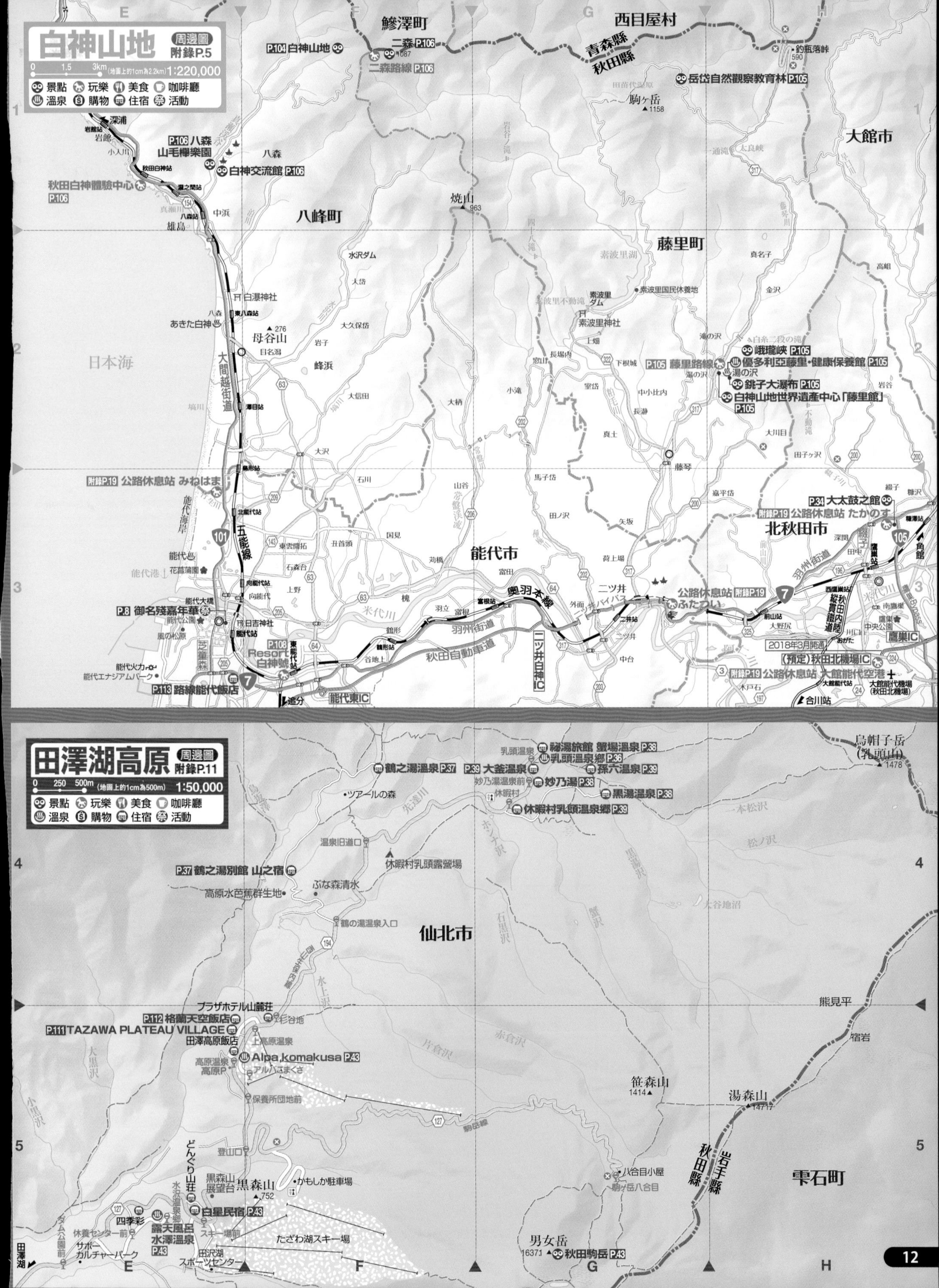

白神山地 周邊圖 附錄P.5
1:220,000
景點 玩樂 美食 咖啡廳 溫泉 購物 住宿 活動
鰺澤町
西目屋村
青森縣
秋田縣
P.104 白神山地
二森 P.106
二森路線 P.106
岳岱自然觀察教育林 P.105
駒ヶ岳
大館市
P.106 八森山毛櫸樂園
白神交流館 P.106
秋田白神體驗中心 P.106
八峰町
藤里町
日本海
母谷山
大間越街道
P.105 藤里路線
峨瓏峽 P.105
優多利 藤里・健康保養館 P.105
銚子大瀑布 P.105
白神山地世界遺産中心「藤里館」P.105
附錄P.19 公路休息站 みねはま
能代海岸
五能線
能代市
北秋田市
P.34 大太鼓之館
附錄P.19 公路休息站 たかのす
公路休息站 ふたつい 附錄P.19
奥羽本線
羽州街道
秋田自動車道
二ツ井白神IC
P.8 御名殘嘉年華
Resort 白神號
P.108
P.113 路線能代飯店
能代東IC
秋田內陸縱貫鐵道
鷹巣IC
2018年3月開通
(預定)秋田北機場IC
附錄P.19 公路休息站 大館能代空港
大館能代機場(秋田北機場)
田澤湖高原 周邊圖 附錄P.11
1:50,000
景點 玩樂 美食 咖啡廳 溫泉 購物 住宿 活動
鶴之湯溫泉 P.37
P.39 大釜溫泉
祕湯旅館 蟹場溫泉 P.38
乳頭溫泉鄉 P.36
孫六溫泉 P.39
妙乃湯 P.38
黑湯溫泉 P.38
休暇村乳頭溫泉鄉 P.39
烏帽子岳(乳頭山)
P.37 鶴之湯別館 山之宿
休暇村乳頭露營場
仙北市
P.112 格蘭天空飯店
P.111 TAZAWA PLATEAU VILLAGE
田澤高原飯店
Alpa komakusa P.43
笹森山
湯森山
秋田縣
岩手縣
雫石町
黑森山
白樺民宿 P.43
露天風呂 水澤溫泉 P.43
たざわ湖スキー場
男女岳
秋田駒岳 P.43

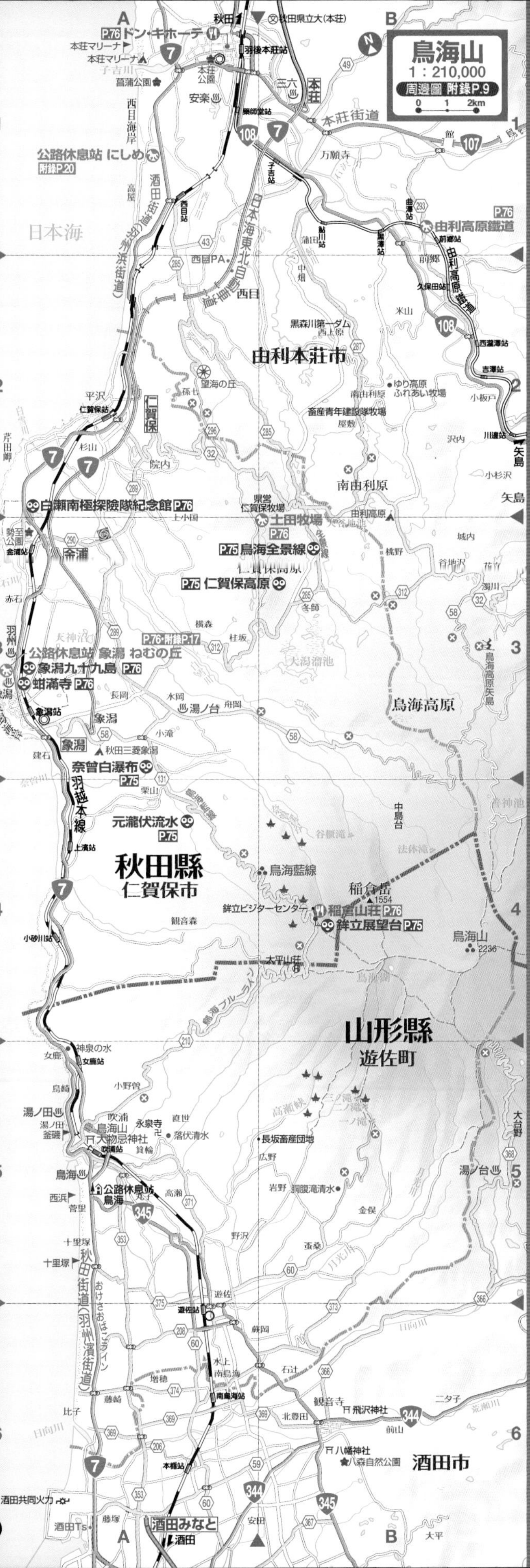

詳細地圖

白神山地／田澤湖高原／角館周邊／橫手・湯澤／鳥海山

鳥海山
1：210,000
周邊圖 附錄P.9

P.76 ドン・キホーテ
秋田県立大(本荘)
本荘マリーナ
子吉川
本荘公園
安楽
本荘
三六
本荘街道
公路休息站 にしめ 附錄P.20
日本海
西目PA
日本海東北自動車道
由利本荘市
由利高原鐵道 P.76
黒森川第一ダム
ゆり高原ふれあい牧場
南由利原
畜産青年研修施設牧場
仁賀保
白瀬南極探險隊紀念館 P.76
土田牧場 P.76
鳥海全景線 P.75
仁賀保高原 P.75
公路休息站 象潟 ねむの丘 P.76・附錄P.17
象潟九十九島 P.76
蚶滿寺 P.76
象潟
鳥海高原
奈曽白瀑布 P.75
元瀧伏流水 P.75
秋田縣
仁賀保市
鳥海藍線
稲倉岳 1554
鉾立ビジターセンター
稲倉山荘 P.76
鉾立展望台 P.75
鳥海山 2236
大平山荘
鳥海ブルーライン
山形縣
遊佐町
神泉の水
湯ノ田
鳥海山大物忌神社
落伏清水
長坂産直団地
胴腹滝清水
公路休息站 鳥海
湯ノ台
遊佐
十里塚
飛沢神社
八幡神社
八森自然公園
酒田市
酒田共同火力
酒田みなと
酒田

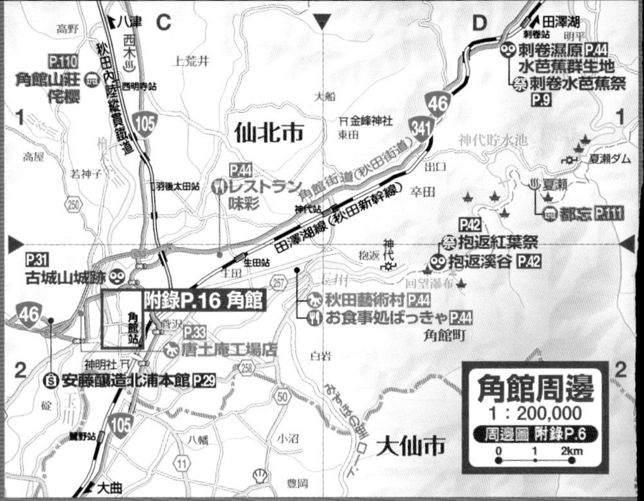

角館周邊
1：200,000
周邊圖 附錄P.6

角館山莊 侘櫻 P.110
仙北市
刺巻濕原 P.44
水芭蕉群生地
刺巻水芭蕉祭 P.9
夏瀬
都忘 P.111
抱返紅葉祭 P.42
抱返溪谷 P.42
レストラン味彩 P.44
古城山城跡 P.31
附錄P.16 角館
秋田藝術村 P.44
お食事処ばっきゃ P.44
唐土庵工場店 P.33
安藤釀造北浦本館 P.29
大仙市
角館駅
田澤湖線（秋田新幹線）
秋田内陸縦貫鐵道

橫手・湯澤
1：200,000
周邊圖 附錄P.8-9

姫神公園 P.48
史跡の里交流プラザ 柵の湯 P.48
大仙市觀光資訊中心 GRAND PORT P.47
割烹・食堂 若清水 P.81
レストランシマダ P.48
大仙市產業展示館 P.48
払田柵跡 P.48
大仙市
全國煙火競技大會「大曲煙火」 P.46
北野水產 大曲駅前店 P.81
古四王神社 P.48
六郷湧水群 P.48
大曲
大森PA
美郷町
れすとらん食菜亭 P.81
公路休息站 雁の里せんなん 附錄P.18
後三年之役金澤資料館 P.83
平安之風 跨越公園 P.83
雁里交流森林體驗場 P.84
秋田自動車道
奥羽本線
P.84 橫手
橫手市
美味三昧徳向彩亭 P.78
林泉堂 秋田ふるさと村店 P.80
秋田故鄉村 P.82
橫手路康樂飯店 P.113
橫手市雄物川民家苑 木戸五郎兵衛村 P.84
元祖 神谷焼そば屋 P.78
藤春食堂 P.79
橫手市平鹿ときめき交流センターゆっぷる P.84
羽後町
名代 三角そばや 十文字本店 P.80
公路休息站 十文字 附錄P.20
元祖十文字中華そばマルタマ P.80
西馬音内盆舞 P.88
公路休息站 うご 端縫いの郷 附錄P.17
簡稱「重傳建」的 増田地區 P.85
養心館 P.88
ラーメン直太郎 P.80
犬子祭 P.8
焼肉みつなし P.81
湯澤武家屋敷
湯澤市

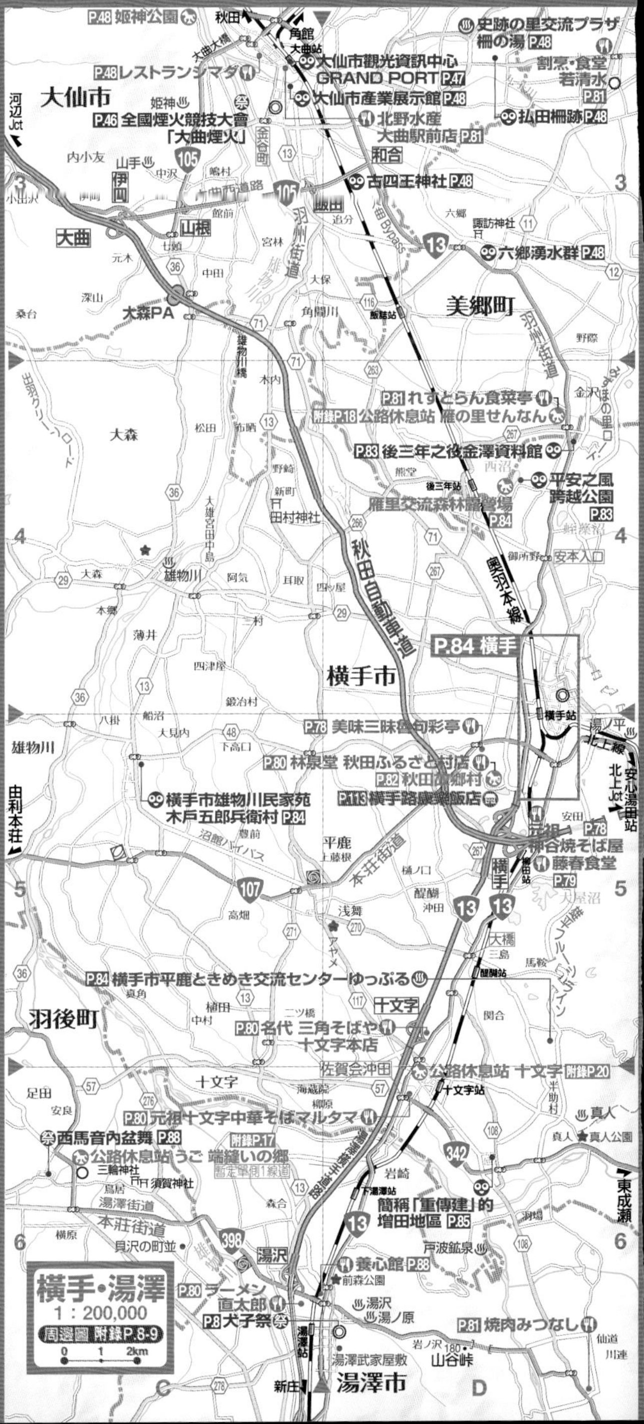

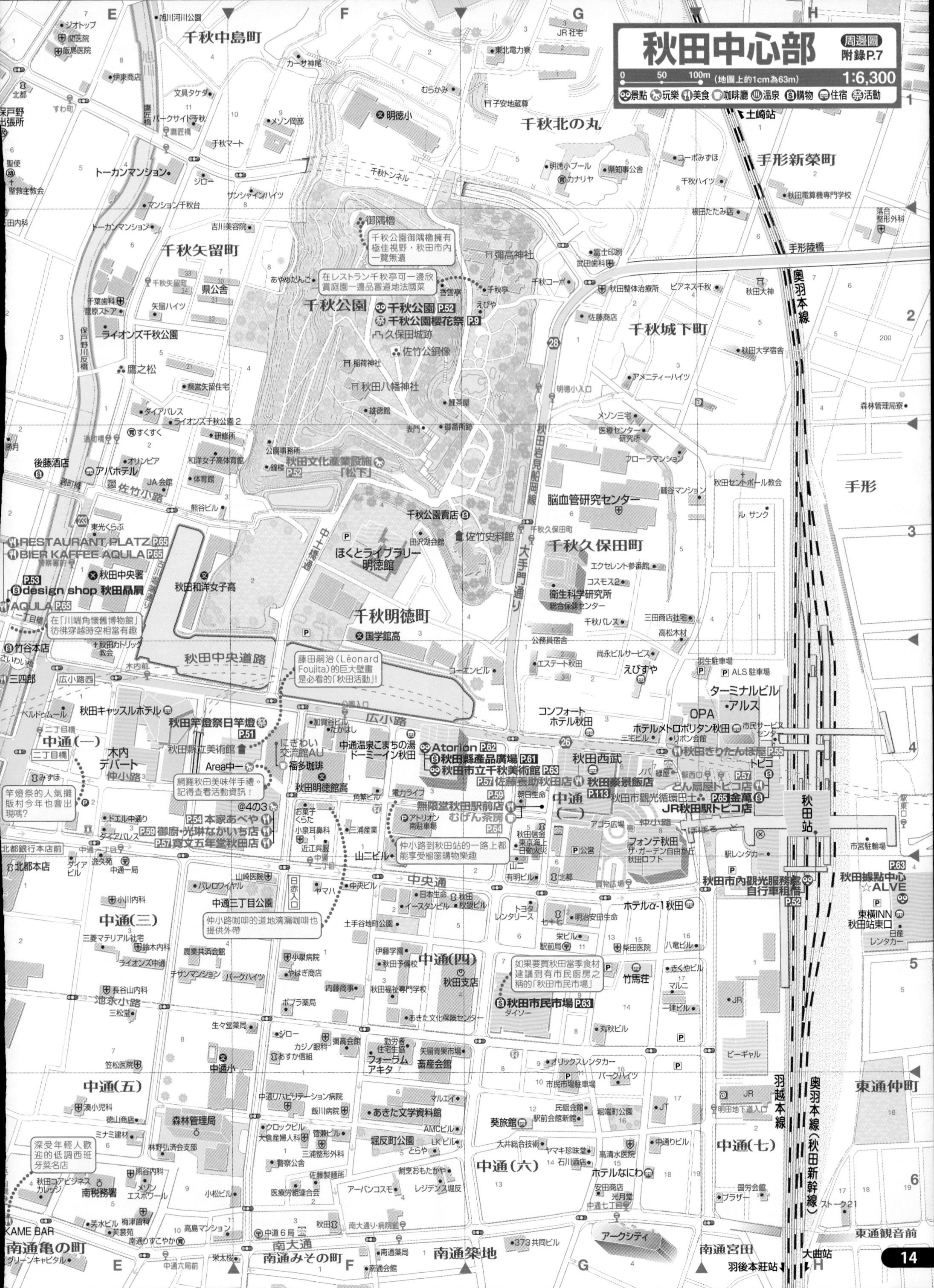

秋田中心部
周邊圖 附錄P.7
0 50 100m（地圖上的1cm為63m）
1:6,300
景點 玩樂 美食 咖啡廳 溫泉 購物 住宿 活動
千秋中島町
千秋北の丸
手形新築町
千秋矢留町
千秋公園
千秋公園 P.52
千秋公園櫻花祭 P.9
久保田城跡
佐竹公銅像
御隅櫓
千秋公園御隅櫓擁有極佳視野，秋田市內一覽無遺
在レストラン千秋亭可一邊欣賞庭園一邊品嘗道地法國菜
彌高神社
秋田八幡神社
秋田文化產業設施「松下」 P.52
千秋城下町
千秋久保田町
千秋明徳町
ほくとライブラリー明徳館
佐竹史料館
千秋公園賣店
秋田和洋女子高
国学館高
秋田中央道路
脳血管研究センター
衛生科学研究所
大手門通り
秋田岩見船岡線
奥羽本線
手形
手形陸橋
土崎站
RESTAURANT PLATZ P.65
BIER KAFFEE AQULA P.65
design shop 秋田晶屓 P.53
AQULA P.65
在「川端角懷舊博物館」彷彿穿越時空相當有趣
竹谷本店
三四郎
広小路
秋田キャッスルホテル
秋田竿燈祭日竿燈 P.51
秋田縣立美術館
藤田嗣治（Léonard Foujita）的巨大壁畫是必看的「秋田活動」!
にぎわい交流館AU
福多珈琲
中通温泉こまちの湯 ドーミーイン秋田
Atorion P.62
秋田縣產品廣場 P.61
秋田市立千秋美術館 P.63
佐藤養助秋田店 P.57
秋田豪景飯店 P.113
木内デパート
中通(一)
中通(二)
中通(三)
中通(四)
中通(五)
中通(六)
中通(七)
竿燈祭的人氣攤販今年也會出現嗎?
網羅秋田美味伴手禮。記得查看活動資訊!
Area中一
秋田明徳館高
本家あべや P.54
御廚・光琳なかいち店 P.59
寶文五年堂秋田店 P.57
無限堂秋田駅前店 P.59
むげん茶房 P.64
中小路到秋田站的一路上都能享受櫥窗購物樂趣
仲小路
フォンテ秋田
ホテルメトロポリタン秋田
ターミナルビル・アルス
OPA
秋田きりたんぽ屋 P.55
とん扇屋トピコ店 P.57
金萬 P.65
JR秋田駅トピコ店
秋田站
秋田市內觀光服務處 自行車租借 P.52
秋田據點中心☆ALVE P.63
東横INN 秋田站東口
中央通
中通三丁目公園
仲小路咖啡的道地滴漏咖啡也提供外帶
如果要買秋田當季食材建議到有市民廚房之稱的「秋田市民市場」
秋田市民市場 P.63
竹馬荘
フォーラムアキタ
森林管理局
あきた文学資料館
堀反町公園
葵旅館
ホテルなにわ
深受年輕人歡迎的低調西班牙菜名店
KAME BAR
南通亀の町
南通みその町
南通築地
南通宮田
アークシティ
羽越本線
奥羽本線（秋田新幹線）
東通仲町
東通観音前
大曲站
羽後本荘站
北都本店
池永小路

市區漫步MAP 秋田中心部

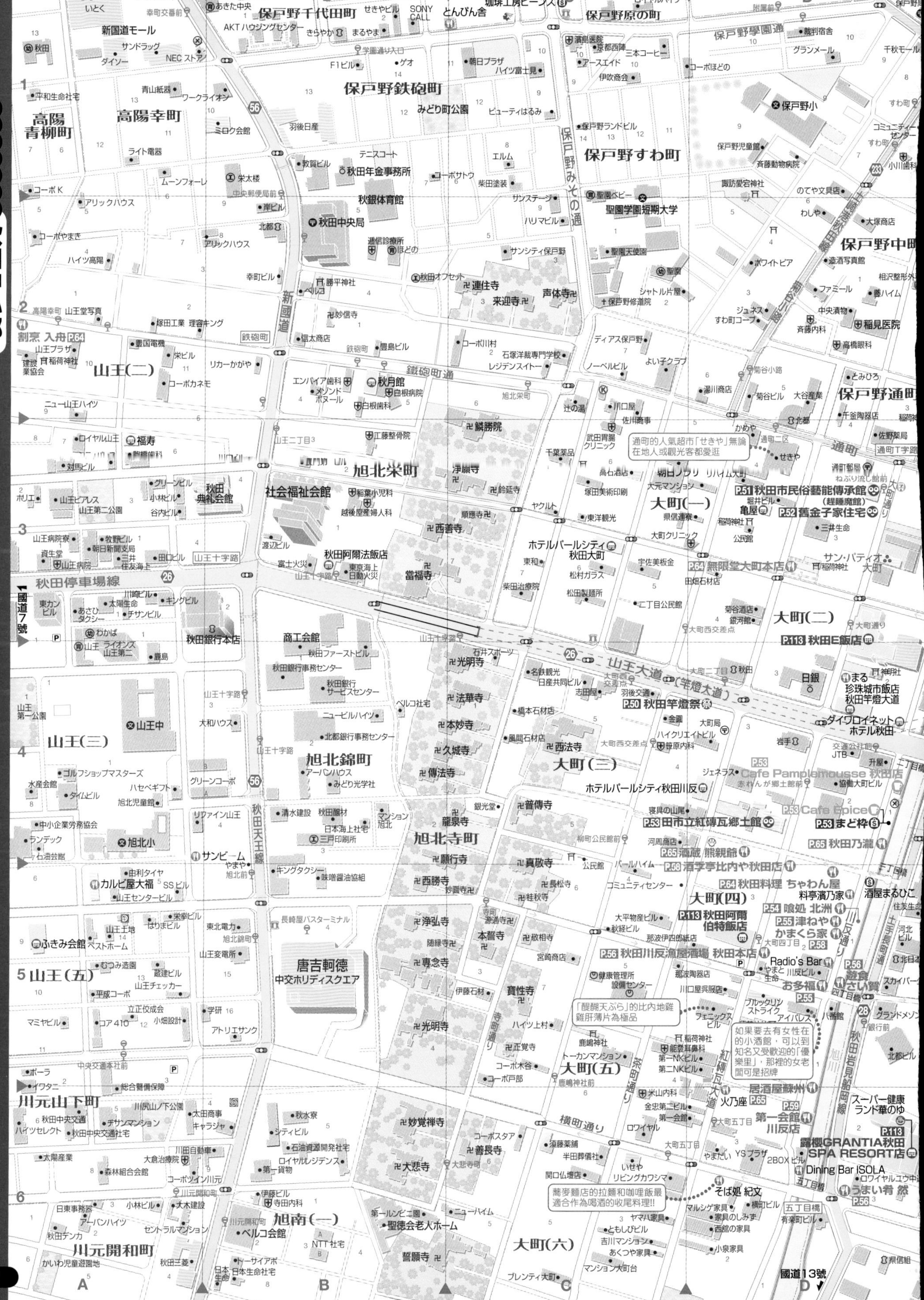

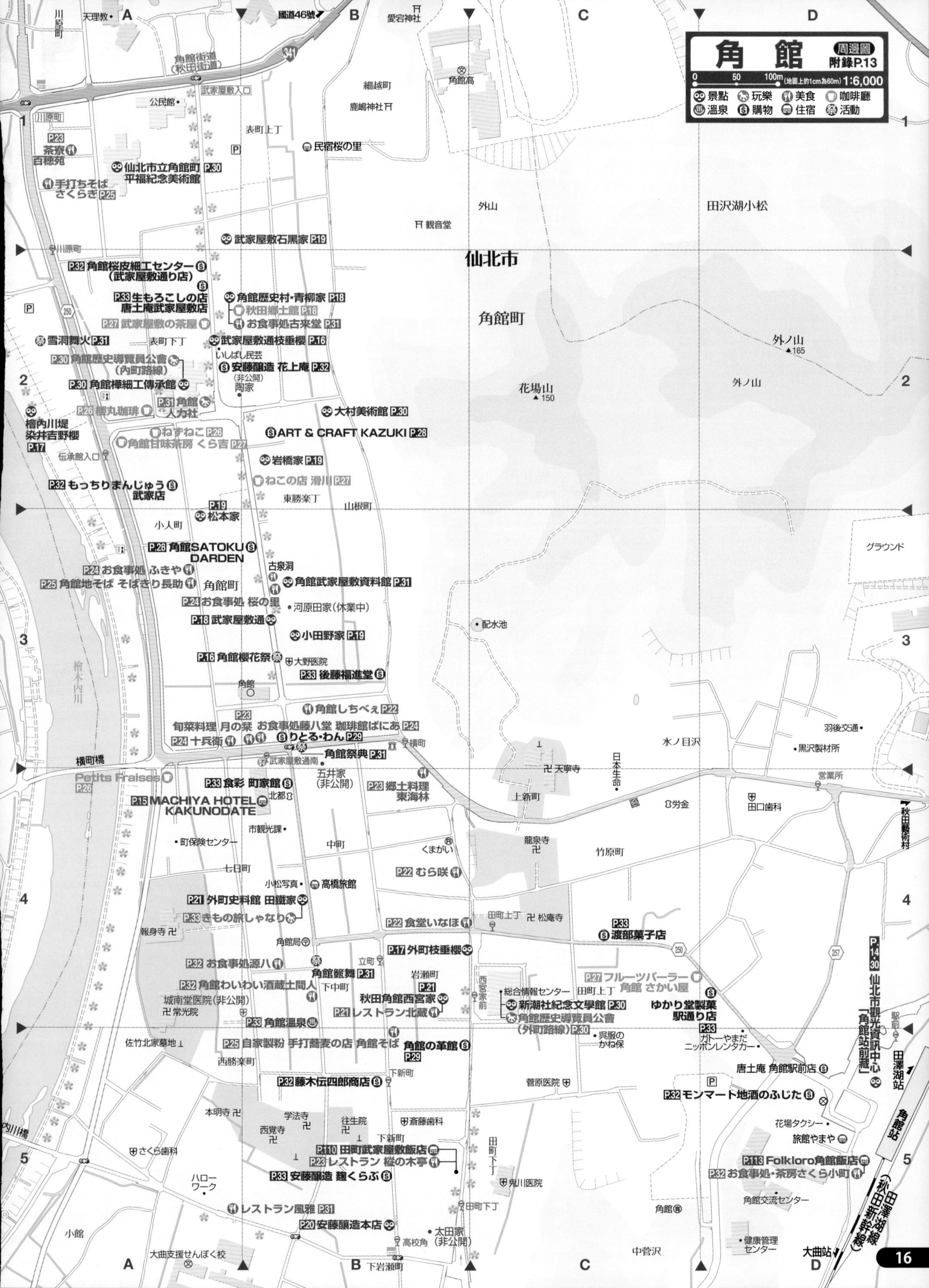

角館
周邊圖
附錄P.13
0 50 100m (地圖上約1cm為60m) 1:6,000
景點 玩樂 美食 咖啡廳
溫泉 購物 住宿 活動
仙北市
角館町
外山
田沢湖小松
外ノ山
花場山 150
細越町
鹿嶋神社
角館高
愛宕神社
國道46號
角館街道（秋田街道）
武家屋敷入口
公民館
川原町
表町上丁
民宿桜の里
P.23 茶寮 百穂苑
仙北市立角館町 平福紀念美術館 P.30
手打ちそば さくらぎ P.25
武家屋敷石黒家 P.19
觀音堂
P.32 角館桜皮細工センター（武家屋敷通り店）
P.33 生もろこしの店 唐土庵武家屋敷店
角館歴史村・青柳家 P.18
秋田郷土館 P.18
お食事処古来堂 P.31
P.27 武家屋敷の茶屋
雪洞舞火 P.31
表町下丁
武家屋敷通枝垂櫻 P.16
いしばし民芸
安藤醸造 花上庵 P.32
(非公開) 陶家
P.30 角館歴史導覧員公會（内町路線）
P.30 角館樺細工傳承館
P.31 角館人力社
P.26 櫻丸珈琲
大村美術館 P.30
ねずねこ P.26
角館甘味茶房 くら吉 P.27
ART & CRAFT KAZUKI P.28
檜内川堤 染井吉野櫻 P.17
伝承館入口
岩橋家 P.19
ねこの店 滑川 P.27
P.32 もっちりまんじゅう 武家店
東勝楽丁
山根町
P.19 松本家
小人町
P.28 角館SATOKU DARDEN
P.24 お食事処 ふきや
P.25 角館地そば そばきり長助
古泉洞
角館武家屋敷資料館 P.31
角館町
P.24 お食事処 桜の里
河原田家(休業中)
P.18 武家屋敷通
小田野家 P.19
配水池
グラウンド
P.16 角館櫻花祭
大野医院
P.33 後藤福進堂
檜木内川
角館
角館しちべぇ P.22
P.23 旬菜料理 月の栞
お食事処藤八堂
珈琲館ばにあ P.24
P.24 十兵衛
りとる・わん P.29
角館祭典 P.31
横町
横町橋
武家屋敷通南
五井家(非公開)
Petits Fraises P.26
P.33 食彩 町家館
P.23 郷土料理 東海林
北都
P.15 MACHIYA HOTEL KAKUNODATE
天寧寺
上新町
日本生命
労金
田口歯科
水ノ目沢
羽後交通
黒沢製材所
営業所
秋田藝術村
市観光課
町保険センター
中町
くまがい
龍泉寺
竹原町
七日町
P.22 むら咲
小松写真
高橋旅館
P.21 外町史料館 田鐵家
P.33 きもの旅しゃなり
報身寺
P.22 食堂いなほ
田町上丁
松庵寺
P.33 渡部菓子店
角館局
P.17 外町枝垂櫻
P.32 お食事処源八
角館飯舞 P.31
立町
岩瀬町
P.32 角館わいわい酒蔵土間人
下中町
P.21 秋田角館西宮家
P.21 レストラン北蔵
城南堂医院(非公開)
常光院
西宮家前
総合情報センター
田町上丁
新潮社紀念文學館 P.30
角館歴史導覧員公會（外町路線）P.30
P.27 フルーツパーラー 角館 さかい屋
ゆかり堂製菓 駅通り店
P.14・30 仙北市観光資訊中心「角館站前藏」
P.33 角館温泉
佐竹北家墓地
P.25 自家製粉 手打蕎麦の店 角館そば
角館の革館 P.29
呉服のかね保
P.33 ガトーやまだ
ニッポンレンタカー
唐土庵 角館駅前店
西勝楽町
下新町
P.32 藤木伝四郎商店
菅原医院
P.32 モンマート地酒のふじた
本明寺
学法寺
往生院
斎藤歯科
西覚寺
下新町
花場タクシー
旅館やまや
P.110 田町武家屋敷飯店
P.23 レストラン 桜の木亭
田町下丁
内川橋
さくら歯科
P.33 安藤醸造 麹くらぶ
P.113 Folkloro角館飯店
P.32 お食事処・茶房さくら小町
ハローワーク
鬼川医院
角館交流センター
角館站
田澤湖線（秋田新幹線）
田澤湖站
レストラン風雅 P.31
田町下丁
角館
P.20 安藤醸造本店
太田家(非公開)
小館
高校角
中菅沢
健康管理センター
大曲支援せんぼく校
下岩瀬町
大曲站
天理教
川原町

公路休息站導覽 全31處

就是想在兜風途中特地下車看看！

兜風遊玩時最不可或缺的，就是公路休息站。有直銷在地新鮮農產品，還有充滿鄉土色彩的餐點，快來造訪深具魅力的公路休息站吧！

公路休息站 うご 端縫いの郷

●みちのえきうごはぬいのさと

此公路休息站位在國道398號沿線，誕生於以西馬音內盆舞聞名的羽後町。擁有24小時開放的盥洗室、哺乳室、公共無線網路等完善的設施。還有農產品直銷所、餐廳和咖啡廳等，可享受購物和美食的樂趣。

☎0183-56-6128 🕒9:00～17:00（端縫餐廳為11:00～16:00、Bon Café為9:00～17:00、羽後義式冰淇淋10:00～17:00、有季節性變動） 休無休 所羽後町西馬音內中野200 交湯澤橫手道路湯澤IC 12km

MAP附錄P.13 C-6

P大 6輛　P小 88輛　P殘障車位 5輛

購物 農產品直銷所

除了有清晨收成蔬菜、水果和白米，還有在地傳承的獨門熟食、鄉土甜點，整間店共有150組生產者所製造的商品。

↑直銷所也有販售儲藏於雪室的在地酒等公路休息站限定商品

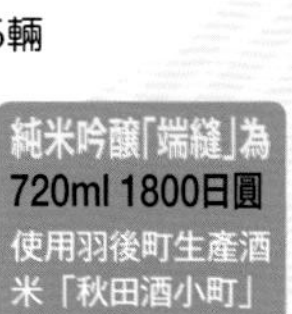

純米吟釀「端縫」為720ml 1800日圓

使用羽後町生產酒米「秋田酒小町」

蕎麥冷麵 550日圓

配料有使用大隻炸蝦和在地當季蔬菜的天婦羅等

美食 端縫餐廳&羽後義式冰淇淋

「蕎麥冷麵」是羽後町190多年的傳統名產。點了麵之後前進配料區，採自助式加點配菜，最後再結帳的方式。

所謂的「端縫」是指以高級絹布縫製連接的西馬音內盆舞服裝

義式冰淇淋

單球 270日圓

雙球 330日圓

用羽後町出產生乳，為道地義式冰淇淋

療癒 展望溫泉「眺海之湯」

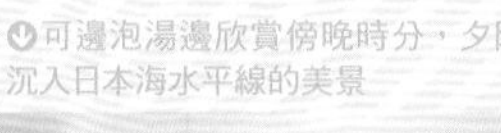

↓可邊泡湯邊欣賞傍晚時分，夕陽沉入日本海水平線的美景

↑有按摩池和按摩浴缸的大浴場

位在4F的「眺海之湯」是可飽覽日本海的展望溫泉，晴天時可遠眺至男鹿半島，傍晚時分還可欣賞夕陽沉入海洋之中。溫泉深具美肌效果，保濕度佳。

美食 眺海餐廳

推薦品嘗「鳥海自選蓋飯」，可從秋田由利牛烤牛肉蓋飯、日本叉牙魚蓋飯、鮭魚魚卵蓋飯等品項中選擇2種。

「鳥海自選蓋飯」1296日圓

還會附上清爽和風醬汁的日本叉牙魚烏龍麵（有季節性變動）

購物 仁賀保市觀光據點中心「にかほっと」

有販售新鮮蔬菜和海產，還有可現場品嘗的烤魚等。夏天可吃到天然岩牡蠣，還有許多輕食店。

↑販售日本叉牙魚和太平洋鱈等日本海魚獲和新鮮蔬菜

鳥海山與九十九島風光盡收眼底 公路休息站 象潟 ねむの丘

●みちのえききさかたねむのおか

位在松尾芭蕉的《奧之細道》中所造訪的最北之地，占地2萬坪，規模堪稱縣內屈指可數的公路休息站。入口前設置了全新免費足湯溫泉「足暖」，能消除自駕旅途中的疲憊。還有物產館、餐廳和溫泉等完善設施。

☎0184-32-5588 🕒9:00～19:00（眺海餐廳為11:00～16:00、17:00～20:00，眺海之湯溫泉～21:00） 休第3週一（逢假日則翌日休，7～8月無休） ¥眺海之湯溫泉泡湯費90分350日圓，兒童200日圓 所にかほ市象潟町大塩越73-1 交日本海東北自動車道象潟IC 3km

MAP附錄P.13 A-3

P大 17輛　P小 315輛　P殘障車位 4輛

景點 展望塔

從6F的展望塔可見西邊的日本海、東邊的鳥海山和整片田園風光的九十九島。尤其是夕陽沉入日本海時的情景令人感動萬分。

←從最頂樓的展望塔看出去，可360度環顧象潟町的大自然

有完善的溫泉與觀景塔等設施
公路休息站 てんのう 天王グリーンランド
●みちのえきてんのうてんのうぐりーんらんど

「天王天空塔」可從約60m高度飽覽男鹿半島和日本海景色，縣內最大規模公共溫泉「天王溫泉kurara」則深具人氣。其他還有餐飲店、直銷所、公園和廣場、休息森林等等，大人小孩都能玩得盡興。

☎018-878-6588
🕘9:00～18:00（冬季為～17:00，八兵衛蕎麥屋為11:00～15:00，天王溫泉kurara為9:00～22:00、冬季為～21:00） 休無休（天王溫泉kurara第2週二休，逢假日則翌日休） ¥天王溫泉kurara泡湯費400日圓，小學生200日圓 所潟上市天王江川上谷地109-2 🚗秋田自動車道昭和男鹿半島IC 7km

MAP 附錄P.7 B-2

P大 14輛 P小 582輛 P殘障車位 9輛

購物 食菜館kurara
販售在地農家新鮮蔬菜和現捕海鮮，還有以在地食材製作的手工點心等。

馬卡龍 各161日圓
手工馬卡龍種類豐富。味噌口味也很受歡迎

美食 八兵衛蕎麥屋
天婦羅蕎麥麵980日圓
現點現炸的天婦羅酥脆爽口

位在天空塔1F的蕎麥麵店，嚴選食材製作的自製沾麵汁為招牌，午餐時人潮較多。

景點 天王天空塔
從高約60m的觀景室，男鹿半島、寒風山等景色盡收眼底。現場並展示圍墾前的八郎潟景象。

↑欣賞隔著日本海與八郎潟調整池的壯麗遼闊風光

泡湯 天王溫泉kurara
大浴池分日式、西式2種類，還有三溫暖，另外也有可享用午餐的餐廳。

↑有日式、西式浴池各6種，以及三溫暖2種

美食 輕食區
提供以美郷町仙南生產的秋田小町米捏製的握壽司等多元豐富餐點。

季節霜淇淋 300日圓
依季節更換口味，如巨峰葡萄、薰衣草、南瓜等

購物 雁里仙南特產品販賣處

包括美郷町仙南地區在內，匯集醬菜、點心和藤蔓編織工藝等秋田縣內特產品。

←還有附設農產品直銷所「真心屋」、研習室「曲屋」等

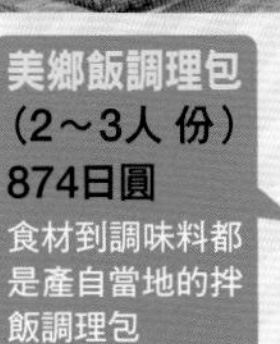

美郷飯調理包（2～3人份）874日圓
食材到調味料都是產自當地的拌飯調理包

美食 れすとらん食菜亭
れすとらんしょくさいてい

享受在地收成白米與蔬菜所做成的餐點，還可吃到作為納豆發源地而推出的納豆拉麵700日圓和納豆豬肝蓋飯500日圓等。

美鄉炸麵衣中華麵與美鄉飯套餐 880日圓
可一次品嘗到美鄉飯和美鄉炸麵衣中華麵

與後三年之役有關的地方道路
公路休息站 雁の里せんなん
●みちのえきかりのさとせんなん

這座公路休息站就位在美郷町仙南，此處是永保3（1083）年「後三年合戰」的發生地點。除了有完善的餐飲處和物產店之外，同時也是橫越秋田內陸時的重要交通據點。

☎0182-37-3000 🕘9:00～19:00（11～3月為～18:00，餐廳為11:00～15:00，輕食區～18:00） 休無休 所美郷町金沢下舘124 🚗秋田自動車道横手IC 10.5km

MAP 附錄P.13 D-4

P大 21輛 P小 97輛 P殘障車位 3輛

從港塔望出去的景致太舒爽!
公路休息站 あきた港 ポートタワーセリオン
●みちのえきあきたこうぽーとたわーせりおん

以港塔SELION為主，由室內設施SELION STAR和活動廣場、體育設施等構成SELION廣場。免費觀景台可以欣賞壯闊的日本海、男鹿半島，並遠眺至南邊的鳥海山等。

購物 SELION花園
從春季的山菜到夏季的蔬菜，秋田的香菇、冬天的根莖類蔬菜等新鮮蔬菜一應俱全，還有販售秋田名產烤米棒等。米鄉秋田製造的日本酒也品項豐富。

←店內擺滿當季蔬菜有如市場

☎018-857-3381 🕘9:00～21:00，SELION花園～18:00（7～9月為～19:00，12～翌年3月為～17:00），SELION廚房11:00～14:30，SELION咖啡10:00～16:30 休無休 所秋田市土崎港西1-9-1 🚗秋田自動車道秋田中央IC 12km

MAP 附錄P.7 A-3

P大 10輛 P小 235輛 P殘障車位 3輛

景點 觀景室
高達143m的SELION塔觀景台，可在100m的高處欣賞360度絕美大全景。晚上夜景也令人驚艷。

←在觀景台可欣賞夕陽沉入日本海，還設有情人雅座

美食 SELION廚房
可享用嚴選SELION花園新鮮蔬菜的熟食自助吧、飲料吧的午餐備受好評。

福活盤（炸河豚定食）980日圓
可享用熟食自助吧和飲料吧，相當划算的套餐

能代市 鄰近縣立自然公園，設有完善步道

公路休息站 ふたつい

●みちのえきふたつい

有餐飲店、販售白神漬的觀光中心、農產品直賣店「杉ちょくん」等，旁邊就是君待阪縣立自然公園。

☎0185-73-5075
MAP 附錄P.12 G-3

P大 20輛　P小 124輛　P殘障車位 2輛

北秋田市 內有通往天空入口的設施

公路休息站 大館能代空港

●みちのえきおおだてのしろくうこう

與機場共用餐廳、賣店等設施。還有「產地直銷蔬菜區」等，可以買到在地收成新鮮蔬菜。

☎0186-62-5330
MAP 附錄P.12 H-3

P大 11輛　P小 382輛　P殘障車位 6輛

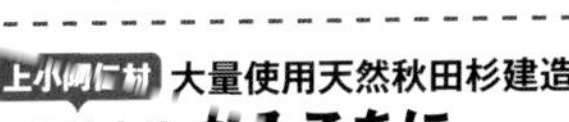

上小阿仁村 大量使用天然秋田杉建造

公路休息站 かみこあに

●みちのえきかみこあに

建築使用秋田杉打造。除了販售以特產品食用酸漿製作的商品，還有縣內土產齊全豐富。美食區以南蠻咖哩飯和馬肉定食最具人氣。

☎0186-77-3238
MAP 附錄P.5 D-4

P大 22輛　P小 76輛　P殘障車位 1輛

大潟村 位在鄰近男鹿國家公園的干拓村裡

公路休息站 おおがた

●みちのえきおおがた

鄰近介紹大潟村歷史的干拓博物館，主要販售以墾荒農家生產的農產品。還有縣內知名點心、土產和肉類等豐富品項。

☎0185-22-4141
MAP 附錄P.5 C-5

P大 10輛　P小 70輛　P殘障車位 2輛

三種町 有體驗設施的公路休息站

公路休息站 ことおか

●みちのえきことおか

可體驗製作繩文的土笛和押花等。餐廳則提供添加琴丘特產香菇粉的香菇烏龍麵。

☎0185-87-4311
MAP 附錄P.5 C-5

P大 24輛　P小 99輛　P殘障車位 4輛

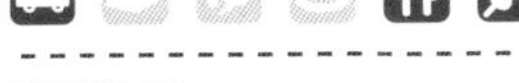

五城目町 品嘗町內產可愛米製作的蕎麥麵吧

公路休息站 五城目

●みちのえきごじょうめ

餐廳提供使用在地產白米「可愛米」製作的蕎麥麵。輕食區的木莓霜淇淋是人氣一品。

☎018-879-8411
MAP 附錄P.5 D-5

P大 7輛　P小 84輛　P殘障車位 3輛

圖示說明

※如無則以灰色表示

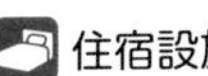 

道路資訊　住宿設施　泡湯

 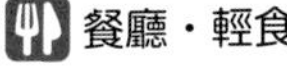 

溫泉　餐廳・輕食　賣店

 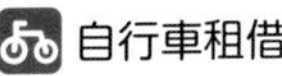

農產品直銷所　自行車租借

大館市 整片秋田杉林在眼前開展

公路休息站 やたて峠

●みちのえきやたてとうげ

在天然秋田杉環繞中，行走步道享受森林浴。當中還有大眾旅館「大館矢立ハイツ」，可享受天然放流溫泉和住宿。

☎0186-51-2311
MAP 附錄P.4 F-2

P大 6輛　P小 65輛　P殘障車位 2輛

小坂町 欣賞名瀑「七瀑布」的壯麗景觀

公路休息站 こさか七滝

●みちのえきこさかななたき

在瀑布的茶屋，吃得到特產桃豬的料理滋味。榮獲日本瀑布百選的「七瀑布」，山麓有綠地廣場，為極佳休息景點。

☎0186-29-3777
MAP 附錄P.4 G-2

P大 4輛　P小 33輛　P殘障車位 2輛

大館市 比內地雞肉與加工品為特產

公路休息站 ひない

●みちのえきひない

餐廳、輕食區可品嘗使用比內地雞高湯的麵食、蓋飯、烤米棒等活用在地食材的料理。

☎0186-55-1000
MAP 附錄P.4 F-3

P大 5輛　P小 42輛　P殘障車位 3輛

鹿角市 烤米棒與框飯為名產

公路休息站 かづの あんとらあ

●みちのえきかづの

「祭典展示館」展示出花輪囃子祭的屋台，讓遊客感受節慶氣息。另外也推薦體驗製作烤米棒和南部烤仙貝（需預約）。

☎0186-22-0555
MAP 附錄P.4 G-4

P大 20輛　P小 298輛　P殘障車位 2輛

八峰町 湧自白神山地的美味好水

公路休息站 はちもり

●みちのえきはちもり

「峠之茶屋」提供以山泉水沖泡的咖啡深受歡迎。休息站裡還有白神山地孕育的美味好水「殿水」湧出，可以自由飲用。

☎0185-78-2300
MAP 附錄P.5 C-2

P大 5輛　P小 29輛　P殘障車位 1輛

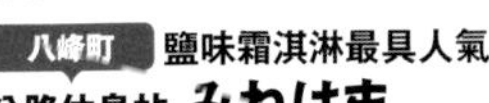

八峰町 鹽味霜淇淋最具人氣

公路休息站 みねはま

●みちのえきみねはま

除了吃得到名產「石川蕎麥麵」之外，還有手打蕎麥麵體驗專區（需預約）。手工年糕乾和烤蕎麥餅等加工品也頗受好評。

☎0185-76-4649
MAP 附錄P.12 E-3

P大 3輛　P小 48輛　P殘障車位 2輛

北秋田市 金氏紀錄世界最大太鼓必看

公路休息站 たかのす

●みちのえきたかのす

站內設有「大太鼓館」，展示世界最大太鼓和世界各國太鼓。餐廳推薦品嘗大太鼓拉麵和比內地雞親子蓋飯。

☎0186-63-2233
MAP 附錄P.12 H-3

P大 20輛　P小 150輛　P殘障車位 2輛

由利本莊市 休閒設施充足，想擁有戶外娛樂就來這裡

公路休息站 にしめ

●みちのえきにしめ

有直賣區、餐廳，還有健康樂園、保齡球場、棒壘球打擊場等運動設施及香草園、花園等。

☎0184-33-4260

MAP 附錄P.13 A-1

P大 20輛　P小 132輛　P殘障車位 2輛

由利本莊市 有泡泡浴池和三溫暖的溫泉設施

公路休息站 東由利

●みちのえきひがしゆり

有購物中心「Presso」、黃櫻溫泉「湯樂里」，美食區提供使用在地產法國鴨入菜的餐點。

☎0184-69-2611

MAP 附錄P.9 D-3

P大 20輛　P小 238輛　P殘障車位 3輛

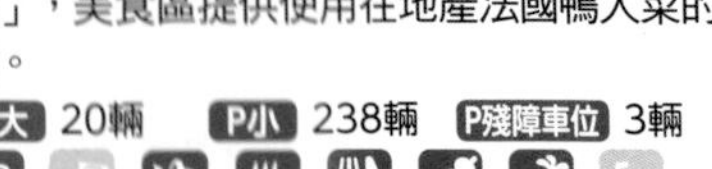

由利本莊市 位在連接由利本莊和湯澤的國道108號沿線

公路休息站 清水の里・鳥海郷

●みちのえきしみずのさとちょうかいごう

直銷所裡有許多在地生產者寄賣的當季新鮮蔬菜，餐廳則吃得到在地鳥海產蕎麥義大利麵。

☎0184-59-2022

MAP 附錄P.9 D-4

P大 7輛　P小 79輛　P殘障車位 2輛

橫手市 推薦品嘗芋頭湯和手打蕎麥麵

公路休息站 さんない

●みちのえきさんない

此公路休息站使用在地木材建造，美食區有使用山內產蕎麥粉的手打十割蕎麥麵，柔軟滑嫩的芋頭湯等可品嘗。

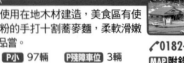

☎0182-56-1600

MAP 附錄P.8 F-3

P大 5輛　P小 97輛　P殘障車位 3輛

橫手市 橫手炒麵等在地美食豐富多樣

公路休息站 十文字

●みちのえきじゅうもんじ

販售在地生產農產品和特產品，餐廳則有橫手炒麵和十文字中華麵等許多人氣在地美食。

☎0182-23-9320

MAP 附錄P.13 D-6

P大 22輛　P小 68輛　P殘障車位 5輛

湯沢市 建造於小野小町誕生之地

公路休息站 おがち

●みちのえきおがち

建築物以小野小町旅行服裝「市女笠」為概念設計。內有產品直銷所、休息區和可品嘗到鄉土料理的餐廳。

☎0183-52-5500

MAP 附錄P.8 E-5

P大 31輛　P小 248輛　P殘障車位 11輛

圖示說明

※如無則以灰色表示

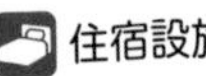 

 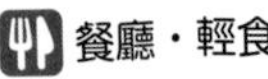 

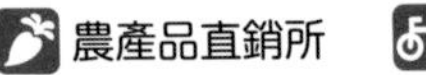 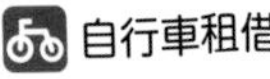

道路資訊　住宿設施　泡湯

溫泉　餐廳・輕食　賣店

農產品直銷所　自行車租借

北秋田市 位於又鬼鄉里充滿閒適氣息

公路休息站 あに

●みちのえきあに

當中有販售山菜、民俗藝品、燉馬肉等在地產品的物產區，餐廳也提供使用在地食材的葛棗子拉麵。

☎0186-69-2575

MAP 附錄P.4 E-6

P大 4輛　P小 35輛　P殘障車位 1輛

潟上市 四季不同花卉相迎

公路休息站 しょうわ

●みちのえきしょうわ

分別有熱帶植物、四季花卉區等共3棟欣賞溫室。2萬㎡的草地花園隨時都有6～7萬株花卉綻放。

☎018-855-5041

MAP 附錄P.7 C-2

P大 5輛　P小 200輛　P殘障車位 6輛

大仙市 從現採新鮮蔬菜到醃漬煙燻白蘿蔔一應俱全

公路休息站 協和

●みちのえききょうわ

有高爾夫球場，還有「櫻社」公園可做些輕運動及賞花。有販售新鮮蔬菜的直銷所和販賣醃漬煙燻白蘿蔔等各種賣店。

☎018-881-6646

MAP 附錄P.7 D-4

P大 12輛　P小 121輛　P殘障車位 2輛

大仙市 到「米米廣場」了解白米相關知識吧

公路休息站 なかせん

●みちのえきなかせん

賣店售有特產杜仲茶、杜仲麵、秋田小町米等。特產杜仲豬肉和巨兔肉加工品也很推薦。

☎0187-56-4515

MAP 附錄P.6 E-4

P大 12輛　P小 71輛　P殘障車位 1輛

大仙市 在地農家自製味噌和醬菜深受好評

公路休息站 かみおか

●みちのえきかみおか

神岡特產花味噌和笹餅十分受歡迎，還有品項豐富的蔬菜直銷所。另有主打以「秋田小町」米製作和食的餐廳。

☎0187-72-4004

MAP 附錄P.7 D-5

P大 14輛　P小 41輛　P殘障車位 1輛

由利本莊市 拱橋延伸至日本海

公路休息站 岩城

●みちのえきいわき

用於風力發電的風車相當醒目。除了有綜合交流站、農產品直賣中心、活魚中心等，還有泡湯設施。

☎0184-73-3789

MAP 附錄P.7 C-4

P大 20輛　P小 120輛　P殘障車位 2輛

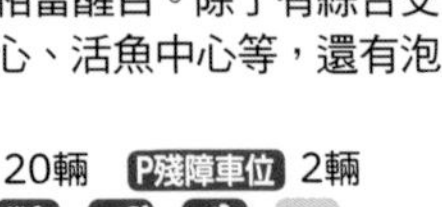

由利本莊市 「山藥泥蓋飯」和「豌豆麵」為招牌

公路休息站 おおうち

●みちのえきおおうち

溫泉旅館「ぽぽろっこ」除住宿外，也提供純泡湯，還有販售豌豆、麵食、豌豆饅頭等農產品和加工品。

☎0184-62-1126

MAP 附錄P.7 C-5

P大 8輛　P小 246輛　P殘障車位 1輛

秋田

CONTENTS 1

角館·乳頭溫泉鄉

秋田 特別附錄
路線MAP&
31處公路
休息站導覽

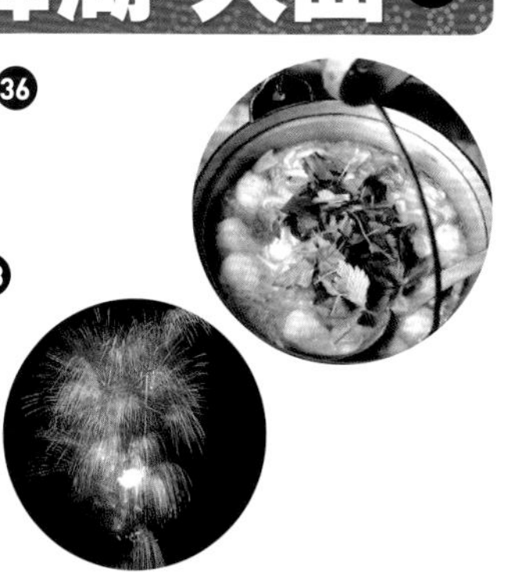

人人出版・旅遊書的專家

讓我們用小小的篇幅告訴你為什麼日本這麼好玩
因為日本有好棒的吃喝玩樂、百樣豐富
總讓人想要一去再去呀

- 東京百年老舖 -
定價 300 元

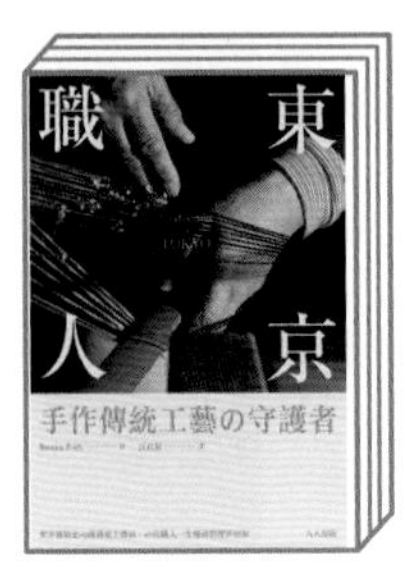

- 東京職人 -
定價 300 元

- 東京運將 -
定價 320 元

-東京農業人 -
定價 320 元

本觀光列車之旅 -
價 450 元

- 日本神社與寺院之旅 -
定價 450 元

- 日本絕景之旅 -
定價 450 元

- 風日本自行車 -
定價 320 元

- 日本絕美祕境 -
定價 320 元

-日本市集巡禮 -
定價 300 元

還有更多好書，帶你探索世界之美……

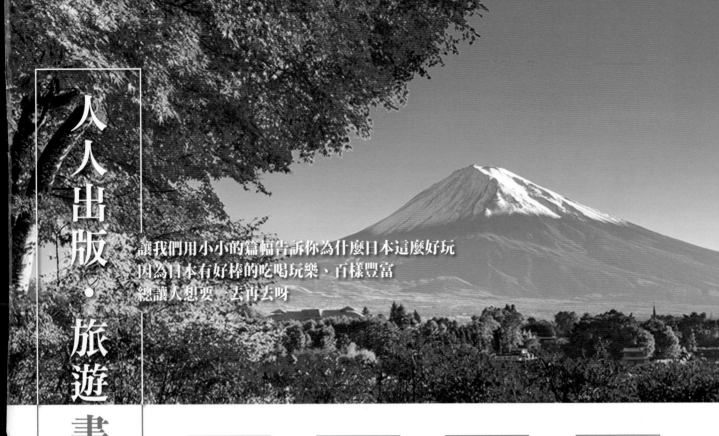

秋田

CONTENTS 2

角館・乳頭溫泉鄉

利用本書前請詳細閱讀下列事項

★請務必閱讀

本書刊載的內容為2017年6～11月採訪、調查時的資訊。

本書出版後，餐廳的菜單與商品內容、費用等各種資訊可能有變更，也可能因季節而有變動或臨時休業的情況。因應消費稅的調高，各項費用可能調整，因此會有部分設施的標示費用為稅外的情況，消費之前請務必確認。此外，因本書刊載內容而造成的糾紛和損害等，敝公司無法提供補償，請在確認此點之後再行購買。

各種資訊使用以下的方式刊載

【✆=電話號碼】
刊載的電話號碼為各設施的洽詢電話，因此會出現非當地號碼的情況。使用衛星導航等設備查詢地圖時，可能會和實際不同的位置，敬請留意。

【L=營業時間、開館時間】
營業時間、開館時間為實際上可以使用的時間。基本上餐飲店為開店到最後點餐時間，各種設施為開館到可入館的最終時間。

【休=公休日】
原則上只標示出公休日，省略過年期間、黃金週、盂蘭盆節和臨時休業等情況。

【¥=費用、價錢】
●各種設施的費用基本上為大人1人份的費用。
●住宿費原則上是一般客房費用，附餐點時則標示2人1房時1人份的費用，金額包含消費稅、服務費在內的費用，可能依季節、星期、房型而有變動，預約時請務必確認。

【P=停車場】
標示是否有停車場。如果有，會標示出可停放的小客車輛數，如沒有，則標示「無」。

【所=地址】
各設施的場所。自然景點僅為大略標示，使用衛星導航設定時請務必注意。

【交=交通方式】
原則上標示最近的車站，所需時間僅為預估值，可能因季節、天候和交通機關的時刻表更動而有所不同。

MAP 附錄P.00 0-0
標示該設施在地圖上的位置。

昭文社

DiGJAPAN!

免費

超值
優惠券

日本旅遊攻略APP！

收錄東京、大阪、京都、北海道、九州、沖繩等20個熱門旅遊區域！

網羅了可以“體驗日本”的季節、
地域等各方面的最新資訊

搜尋→出發→實際感受！！
有了它，安心暢快一把抓

支援Online・Offline兩種使用方式！
下載版本運作快速

超划算美食！購物！遊玩！
讓你的日本之旅更加超值的
優惠券大集合

繁體中文

日本旅遊情報網站 DiGJAPAN!

深度挖掘日本好玩、好吃、好看的旅遊資訊!!
無論您是旅遊日本的入門者還是重度使用者
DiGJAPAN! 都將帶給您最新鮮、有趣的精彩內容！

✔最新資訊滿載

人氣景點、觀光資訊、日本國內話題商品以及賞櫻、賞楓等季節性活動，快速掌握和發送日本最新且精彩的旅遊情報。

✔高CP值行程規劃

多樣主題性的周遊行程規劃。教您如何在有限的旅遊天數內，有效地使用電車或巴士觀光、購物和享用美食。

✔豐富的旅遊資訊

羽田機場到東京的交通方式、迴轉壽司如何吃才道地、還有鞋子衣服尺寸對應表，無論初次或多次旅遊日本都可方便使用的實用資訊。

DiGJAPAN! Search

https://digjapan.travel/zh_TW/

馬上來看DiGJAPAN!
精彩的日本旅遊資訊

粉絲突破40萬人！每日發送日本最新旅遊情報！

日本旅遊達人, MAPPLE https://www.facebook.com/mapple.tw

主要區域特色大清點！
秋田，原來這麼好玩

Summary of Akita

秋田縣位於日本東北靠日本海側，每個區域各自擁有不同魅力，像是以名湯聞名的乳頭溫泉鄉、角館的武家屋敷通，以及擁有豐富大自然的八幡平、白神山地等。掌握每個區域特色，擬定完美旅行計畫！

武家屋敷通 四季景色分明又美麗

かくのだて

角館 P.12

↑風情萬種的武家屋敷通

武家屋敷通保留著江戶藩政時代的城鎮規劃，為秋田縣首屈一指的觀光名勝。春天櫻花或夏天新綠點綴的景觀，有著「陸奧小京都」的美譽。也推薦搭乘連接角館和北秋田的地方支線「秋田內陸縱貫鐵道」。

→武家屋敷通染上一片粉紅春色

精彩看頭

武家屋敷通	→P.18
安藤釀造本店	→P.20
秋田內陸縱貫鐵道	→P.34

←秋田內陸縱貫鐵道沿線盡是悠閒風光

憧憬的秘湯與日本最深的琉璃色湖泊

にゅうとうおんせんきょう・たざわこ・おおまがり

乳頭溫泉鄉 田澤湖・大曲 P.35

乳頭溫泉鄉是聞名全日本的秘湯，山林間就有7間溫泉旅館，各自有不同湧泉。田澤湖是相當高人氣的渡假勝地，可以搭乘觀光船或划船等。而在大曲，則會舉辦煙火師們競相角逐手藝的煙火大會。

↑因濃郁乳白色泉水而擁有高人氣的鶴之湯溫泉，是乳頭溫泉鄉最具代表性的溫泉　↓蔚藍色的田澤湖湖面相當美麗

精彩看頭

鶴之湯溫泉	→P.37
田澤湖	→P.40
大曲煙火	→P.46

↓大曲煙火總是吸引許多日本全國各地的遊客前來欣賞

秋田玩樂趣 BEST 3

⬆角館櫻花祭時會有來自日本各地的遊客造訪
⬇在抱返溪谷可以來趟輕鬆的健行

1 造訪賞櫻勝地及絕景！

享受四季分明的萬種風情，不僅有春天的櫻花，秋天的楓紅和冬天的雪景等。豐富大自然交織而成的動感絕景也不容錯過。

2 愜意泡在名湯・祕湯中！

⬅在露天溫泉欣賞到的景色相當療癒

秋田縣內到處都有深具風情的名湯・祕湯。可以去泡充滿山野氣氛的露天溫泉，或是在溫泉旅館悠閒度過。

3 從傳統美食到在地美味就是要吃鄉土料理！

秋田擁有豐富的食材，因此有烤米棒火鍋、稻庭烏龍麵等各類鄉土美食。還有新冒出頭的橫手炒麵也記得品嘗一番。

➡說到秋田，就讓人想吃口感Q彈的烤米棒火鍋（上）和比內地雞親子蓋飯。

秋田之旅 行程規劃Q&A

Q.要怎麼去秋田？

A 秋田新幹線在縣內有停4個站。如果開車，可以從東北自動車道北上JCT，進入秋田自動車道。也可從台灣搭飛機直飛秋田機場。

⬇通紅車體就是秋田新幹線的特色

Q.如果要周遊秋田縣約需幾日？

A 在面積遼闊的秋田縣移動較花時間，所以建議盡量集中在2～3個區域，進行為期3天2夜的旅程為宜。

Q.在當地該利用什麼交通方式？

A 由於電車或公車的班次較少，所以建議事先確認好路線和時刻表，還有租車自駕和觀光計程車等也可以好好利用。

在山明水色之間享受戶外活動

はちまんたい・とわだこ 八幡平・十和田湖 P.89

此處位在奧羽山脈北端，能盡情享受壯麗的大自然。到八幡平可來趟輕鬆的登山健行，還有玉川溫泉等許多祕湯。而十和田湖的寧靜湖景，以及伴隨奧入瀨潺潺流水聲的風景十分美麗。山麓則有保留礦山歷史景致的小斜坡道。

⬆八幡平山頂有完善的步道
➡十和田湖周邊也有觀景台

精彩看頭
- 八幡平山頂步道 →P.92
- 玉川溫泉 →P.94
- 十和田湖 →P.96

漫步在世界知名的珍貴山毛櫸森林

しらかみさんち 白神山地 P.103

⬆沿日本海行駛的Resort白神號
⬆白神山地中最具人氣的十二湖青池

白神山地是日本第一個登錄為世界遺產之處，擁有東亞最大規模的山毛櫸林，整片林木高聳參天，還有珍貴的動植物亦棲息於此。路線豐富，從輕鬆的散步路線到一般的登山路線都有，選條最適合自己的路線走一趟吧。

精彩看頭
- 白神山地 →P.104
- Resort白神號 →P.108

能同時享受山光、水色、祭典的豪華地區

あきたたうん・おが・ちょうかいさん 秋田城鎮 男鹿・鳥海山 P.49

男鹿半島和鳥海山擁有臨海和山邊2大兜風路線，是愛好兜風者無可抵擋的魅力景點。2大路線沿線都有一望無際的日本海美景，暢快無比。還有東北三大祭典之一的秋田竿燈祭，可以現場親身感受祭典的震撼。

⬆可欣賞到大全景的鳥海山路線

⬆在男鹿半島也可以看到生剝鬼
⬇在秋田竿燈祭時，會有約1萬個燈籠點亮夜空

精彩看頭
- 生剝鬼 →P.69
- 鳥海山 →P.75

盡情享受新舊美食、雪國風情與溫泉

よこて・ゆざわ 橫手・湯澤 P.77

此區的在地美食擁有高人氣，例如橫手炒麵和十文字中華蕎麥麵等。湯澤盛行稻庭烏龍麵，是秋田最具代表性的美味之一，在其周邊更聚集了許多溫泉迷們熱愛的名湯。洋溢濃濃秋田冬季氣息的橫手雪洞也非常有名。

⬅唯有厚厚的積雪才能舉辦的活動，令人想前往朝聖
➡聲名遠播全日本的橫手炒麵

➡小安峽以歷史悠久及豐厚的泉水量聞名

精彩看頭
- 橫手炒麵 →P.78
- 商家林立的增田 →P.85
- 小安峽溫泉 →P.86

行事曆

櫻花、竿燈、雪洞等一年四季豐富的祭典和活動，還可享受季節美食，這些就是秋田最迷人的地方。按照季節風情計畫旅程吧。

秋

田澤湖／10月上旬～11月上旬

だきがえりこうようさい

抱返紅葉祭 →P.42

抱返溪谷是日本東北最具代表性的名勝之一，岩石肌理染上了紅、黃色，與泛綠的溪谷呈現漂亮的對比美感。

冬

橫手／2月15・16日

雪洞 →P.83

活動期間，市內大約會打造100座3m高的雪洞，從18時開始，當地的孩童們會在雪洞中分送年糕和甘酒。

角館／9月7～9日

かくのだてのおまつり

角館祭典 →P.31

數十台「曳山」花車在街上遊行，如果優先通行權協商失敗，將會演變為「山衝撞」。

能代／9月第2週六

おなごりフェスティバル

御名殘嘉年華

集結日本各地夏季祭典，如青森睡魔祭、盛岡三颯舞祭和秋田竿燈祭等，抓住夏天的尾巴。

✆0185-54-6760（執行委員會）

MAP 附錄P.12 E-3

大館/10月上旬

ほんばおおだてきりたんぽまつり

本場大館烤米棒祭

日本北東北最具代表性的美食節，除了可以品嘗到正宗烤米棒之外，現場還有各種活動。

✆0186-48-7400（大館美食祭典協議會）

MAP 附錄P.4 F-3

男鹿／2月第2週五～日

なまはげせどまつり

生剝鬼柴燈祭

真山神社裡燃起柴燈火，手持火炬的生剝鬼帶著吼叫狂舞。

→P.73

大館／2月第2週六和翌日

おおだてあめっこいち

大館糖果市集

這個傳統的小正月活動，流傳著「這天吃糖果就不會感冒」的說法。會場裡還可看到「糖果樹枝」的裝飾。

✆0186-42-4360（大館糖果市集執行委員會）

MAP P.102

湯澤／2月第2週六、日

いぬっこまつり

犬子祭

祭典源自過去家家戶戶在門口、窗戶擺放上米粉做成的小狗、鶴龜，為祈求消災解厄及趕走盜匪。

✆0183-73-0415（湯澤市觀光物產協會）

MAP 附錄P.13 D-6

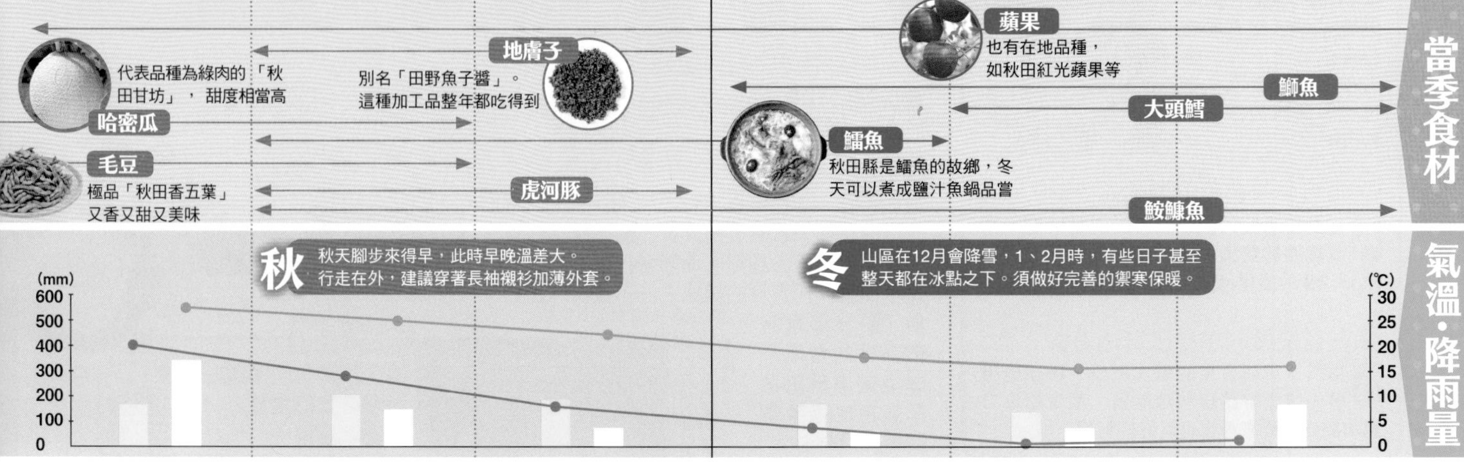

囊括四季不同活動到當季食材！

Season Calendar

春

角館／4月20日～5月5日

かくのだてのさくらまつり

角館櫻花祭 →P.16

有武家屋敷通怒放的枝垂櫻，還有將檜木內川堤染成粉紅的染井吉野櫻，櫻花祭期間人潮洶湧而熱鬧。

田澤湖／4月中旬～5月上旬

さしまきみずばしょうまつり

刺巻水芭蕉祭 →P.44

國道46號沿路約3公頃的刺巻濕地，有整片的水芭蕉群生。

大潟／4月下旬～5月上旬

さくらとなのはなまつり

櫻花與油菜花祭

在縣道298號沿線上可以欣賞到長達11km夾道櫻花樹和油菜花，同時還舉辦許多活動。

☎0185-45-3311（執行委員會）

MAP 附錄P.5 C-5

秋田城鎮／4月中旬～下旬

せんしゅうこうえんさくらまつり

千秋公園櫻花祭

有樹齡約120年的染井吉野櫻、彼岸櫻等748株櫻花，將千秋公園暈染得一片粉紅。 →P.52

夏

秋田城鎮／8月3～6日

あきたかんとうまつり

秋田竿燈祭 →P.50

東北三大祭之一。12m高的竿燈吊著46個燈籠，共有約280支，配合舉燈人的技巧，在夜空中生動地搖動著。

大曲／8月最後週六

ぜんこくはなび きょうぎたいかいおおまがりのはなび

全國煙火競技大會「大曲煙火」 →P.46

這是自明治43（1910）年延續至今，由日本全國煙火師大展技藝的祭典。煙火師以自豪的技術親手燃放煙火。

照片提供：大曲商工會議所

羽後／8月16～18日

にしもないぼんおどり

西馬音內盆舞

穿戴「端縫」傳統服飾、烏追笠、藍染浴衣和黑色彥三頭巾等，如此獨特的服裝就是盆舞的特色。 →P.88

鹿角／8月19·20日

はなわばやし

花輪囃子祭

10座山車跟著祭典音樂在城鎮中遊行，可說是山車齊聚一堂的熱鬧「站前活動」。 →P.99

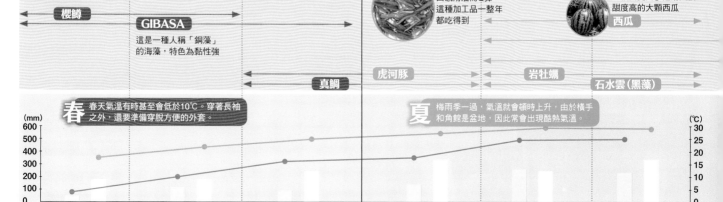

3月 4月 5月 6月 7月 8月

- 蘋果（3月～4月初）
- 櫻鱒（3月～5月初）
- GIBASA（3月～5月）：這是一種人稱「銅藻」的海藻，特色為黏性強
- 蓴菜（5月～8月）：口感滑溜而Q彈，這種加工品一整年都吃得到
- 西瓜（7月～8月）：「秋田夏丸」是耐久放、甜度高的大顆西瓜
- 虎河豚（5月～6月）
- 真鯛（5月～6月）
- 岩牡蠣（7月～8月）
- 石水雲（黑藻）（7月～8月）

春 春天氣溫有時甚至會低於10℃。穿著長袖之外，還要準備穿脫方便的外套。

夏 梅雨季一過，氣溫就會頓時上升，由於橫手和角館是盆地，因此常會出現酷熱氣溫。

(mm) 600 500 400 300 200 100 0 (℃) 30 25 20 15 10 5 0

※秋田氣溫和降雨量取自2017年日本氣象局數據。（僅12月為2016年）。此外，當季資訊和建議僅供參考，活動舉辦日期和內容還是有變更的可能，請記得事先確認。

最適合第一次的秋田旅行！推薦行程

Recommended Travel Plan

占地遼闊的秋田有許多迷人特色，初次造訪的話，當然不能錯過角館和乳頭溫泉鄉。還可前往擁有豐富大自然的田澤湖，以及能享受街道散步樂趣的秋田城鎮等，想要嘗試哪種組合呢？

王道路線 2天1夜

就從新幹線有停靠的角館開始旅程吧！如果投宿於乳頭溫泉鄉這個人氣祕湯，那麼第2天就從3個地區中挑選喜歡的路線吧。

第1天 漫步風情萬種的街道，享受名湯 角館～乳頭溫泉鄉地區

JR角館站

搭乘JR新幹線抵達角館站。到武家屋敷通可以搭巴士，不過步行20分左右也可到。

⬅整排氣派高尚的武士屋敷　➡角館歷史村──青柳家甚具威嚴的藥醫門

優雅漫步 武家屋敷通 →P.18

沿路成排的厚重屋敷，尤以黑色木板圍籬令人印象深刻。過去曾為門第高尚的武士居住的屋敷和街道，至今仍保留著昔日風華，彷彿是趟時光之旅。

LUNCH 享受繼承傳統的鄉土料理

→P.22

⬆到角館しちべぇ，推薦品嘗比內地雞燒蓋飯

來到充滿情調的角館，午餐就享用充滿大量秋田食材的鄉土料理吧。除了有比內地雞和稻庭烏龍麵之外，也很推薦御狩場燒喔。

在角館SATOKU GARDEN 尋找櫻花樣式的伴手禮 →P.28

這間伴手禮店就位在武家屋敷通的中央。除了有櫻花樹皮做成的傳統工藝品之外，以角館櫻花為樣式打造的可愛品項也非常豐富，全都是送禮自用兩相宜的紀念品。

⬅櫻花色面紙包和書套最適合作為伴手禮

➡顏色溫和的櫻花蠟燭，光看就好療癒

在安藤釀造本店 購買豐富的調味料 →P.20

厚重磚瓦建築令人印象深刻。此釀造廠創於嘉永6（1853）年，擁有豐富的品項。在文庫倉庫的休息區，可一邊試吃味噌湯、沾麵醬汁和醬菜，一邊選購伴手禮。

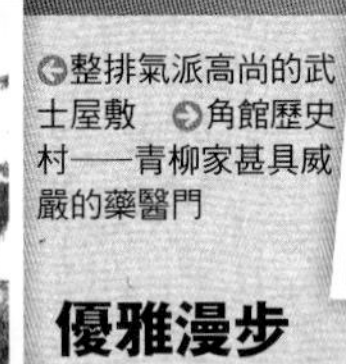

⬆釀造品的品項也相當豐富，適合買來送禮。　⬅充滿歷史感的建築相當值得一看

到秋田角館西宮家的 主屋歇息一會兒 →P.21

位在外町的田町武家屋敷通，將建於明治後期到大正時代的這座主屋，以及5棟倉庫復元重現於世。來此可看看日式雜貨，或是在主屋的榻榻米上，喝杯抹茶或咖啡休息一下。

➡不僅能參觀，還可以享受餐點和購物

來去人氣名湯乳頭溫泉鄉住一晚 →P.36

⬇溫泉迷嚮往的鶴之湯溫泉露天溫泉

從角館站坐到田澤湖站，再換搭路線巴士往乳頭溫泉鄉。充滿祕湯氛圍的溫泉鄉，有7間各異其趣的溫泉旅館，可以在這裡度過一段悠哉時光。

⬅在鶴之湯溫泉，享用招牌「山藥鍋」晚餐吧

【第1天】JR角館站

- 步行20分
- 武家屋敷通
- 步行即到
- 享用鄉土料理 LUNCH
- 步行即到
- 角館SATOKU GARDEN
- 步行5分
- 安藤釀造本店
- 步行5分
- 秋田角館西宮家
- 步行10分
- JR角館站
- 鐵路、巴士1小時10分
- 乳頭溫泉鄉

第2天就前往喜歡的地區

第2天 徜徉擁有湖泊和溪谷的豐富大自然之間 田澤湖地區

湖水顏色依季節變化，時而藍中帶綠，時而是清澄的藍。

LUNCH
→P.41
拿坡里義大利麵，是湖畔的杜レストランORAE的人氣料理

欣賞湖畔的同時享用午餐
充滿度假風情的午餐，可以享用午餐自助吧和滿滿蔬菜的健康料理等。

金光閃耀的辰子像是田澤湖的象徵

【第2天】乳頭溫泉鄉
巴士50分
JR田澤湖站
車程15分
田澤湖
開車即到
田澤湖畔餐廳 LUNCH
開車即到
田澤湖觀光船
車程30分
抱返溪谷
車程20分
JR田澤湖站

在抱返溪谷美景下野餐
→P.42

從田澤湖出發車程30分，就能欣賞到在東北屈指可數的人氣溪谷美景。還有1.5km的步道，為一條走起來輕鬆，單程約30分鐘的愜意散步路線。

JR田澤湖站

從湖上欣賞的風景又是另一種美

搭乘田澤湖觀光船巡航
→P.40

從田澤湖Rest House前的白濱出發，搭乘行程約40分鐘的觀光船。可以在湖上欣賞到御座石神社和辰子像等人氣景點。

在田澤湖來趟爽快的兜風
→P.40

從乳頭溫泉鄉搭巴士回到田澤湖站後，可在站前租車前往田澤湖，在閃耀的琉璃色之中，享受20km的環湖兜風吧。

第2天 景點滿載，愉快漫步街道 秋田城鎮地區

到秋田縣產品廣場尋找工藝品
旅程的完美句點，就是尋找伴手禮。從食品到傳統工藝品，這裡網羅了秋田獨有的豐富品項，能讓人沉浸在愉快的購物當中。
→P.61

使用秋田縣產白米製作的豆柿米果

秋田傳統工藝品，曲板茶杯

JR秋田站

LUNCH
→P.57
在寬文五年堂，可以品嘗到稻庭烏龍麵生麵

秋田美食 想吃哪一道?
在千秋公園南側「Area中一」裡的「@4の3」，有一整排可享受秋田美食的店家。這次想嘗試哪道秋田美食呢？

在本丸北側高台的御隅櫓，可遠眺市區景色

到千秋公園悠哉散步
→P.52

公園位在「Area中一」正前方，是賞櫻花、杜鵑的知名景點。過去曾為軍事瞭望台的御隅櫓現為觀景台，可飽覽秋田市內風景。

【第2天】乳頭溫泉鄉
巴士50分
JR田澤湖站
新幹線1小時
JR秋田站
步行15分
千秋公園
步行7分
@4の3 LUNCH
步行5分
秋田縣產品廣場
步行5分
JR秋田站

第2天 多采多姿的在地美食Check 橫手・湯澤地區

LUNCH
人氣在地美食橫手炒麵
荷包蛋與醬汁拌麵譜出美味協奏曲，吃過一次就念念不忘。
→P.78
每間店的炒麵都有各自的堅持

在公路休息站雁の里せんなん採買在地美食當伴手禮吧
→附錄P.18

這個位在國道13號的公路休息站，有齊全的美鄉美食伴手禮，像是在地美食美鄉飯料理包、使用美鄉町黑毛和牛的絞肉咖哩等。

還有美食區可品嘗美鄉飯等在地美食。季節口味霜淇淋也很受歡迎

到「重傳建」增田街區參觀傳統建築物
→P.85

橫手市增田町保留有建於明治～昭和初期的住宅家屋和倉庫，並獲選為「日本重要傳統建築物群保存地區」，值得好好散步一番。

約400m的街道，沿路林立的建築物都富有風情

JR大曲站

名水湧現於町內各處

滿滿負離子的六鄉湧水群巡禮
→P.48

美鄉町的湧水群，擁有日本數一數二豐富湧泉量的清澈水質。在六鄉地區，到處都有與清水和水相關的景點，相當值得散步其中。

【第2天】乳頭溫泉鄉
巴士50分
JR田澤湖站
車程1小時10分
六鄉湧水群
車程15分
公路休息站 雁の里せんなん
車程20分
橫手炒麵 LUNCH
車程30分
「重傳建」增田街區
車程45分
JR大曲站

武家屋敷林立
有美麗櫻花、新綠的陸奧小京都

角館

かくのだて

前往角館的交通方式

東京站	秋田站
秋田新幹線 小町 3小時	秋田新幹線 小町 45分

角館站

秋田機場

共乘計程車秋田AIRPORTLINER（需預約） 1小時

角館

秋田道大曲IC

國道105號等 40分

角館

四季不同的美麗 享樂角館

春 整個城鎮染上一片淡紅 一年之中最熱鬧的時節

櫻花季節告知角館春天的到來，武家屋敷通有枝垂櫻爭奇鬥艷，檜木內川堤則有櫻花隧道繽紛妝點。

夏 燦爛新綠覆蓋 厚重武家屋敷

枝垂櫻的葉子展現新綠，武家屋敷通在林木環繞下，呈現與春天截然不同的清爽氣息。

秋 美麗楓紅環繞 襯托黑色木板圍籬

鮮紅與黃葉點綴武家屋敷的畫面，有如畫一般的美麗。賞楓時期為10月下旬～11月中旬。

冬 白雪妝點的小京都 美得如夢似幻

冬天進入了白銀世界，觀光客也變少了，能夠愜意欣賞有如包覆在水墨畫般的風情與寂靜中的雪景。

超好玩！人氣景點 武家屋敷通 P.18

超好吃！人氣美食 鄉土料理 P.22

超好買！人氣伴手禮 和風商品 P.28

↑充滿莊嚴氛圍的角館歷史村・青柳家藥醫門

↑秋田角館西宮家有摩登的倉庫和宅邸，可以在此享用餐點和購物

角館街道漫步導覽

景點、路線和玩法Check！

城鎮大致可分為武家所在的內町和町人所在的外町，形成別有風情的街景。一起來看看每個地區特色，散步走訪吧。

1 原來角館這麼好玩

位在北側的內町有著濃密的林木，厚重的屋敷建築和連綿的黑色木板圍籬，洋溢著幽靜城下町氣氛。而南側的外町，不僅能感受到町人町的熱鬧氣氛，還有比鄰而立的商店。役場所位處的廣場是南北町的分界，有預防大火的「火除」之稱。

內町（うちまち）

為1600年代秋田藩支藩最大的城下町，在武家町，從道路寬度到每個街角，都保留著原樣。共有6間武家屋敷可以參觀。當時的屋敷、大門樣式和倉庫等，就讓思緒徜徉於舊時光中，一一造訪武家屋敷吧。

- ●角館歷史村‧青柳家（付費）➳P.18
- ●武家屋敷石黑家（付費）➳P.19
- ●岩橋家（免費）➳P.19
- ●小田野家（免費）➳P.19 ●松本家（免費）➳P.19

外町（とまち）

在這個商家林立的商人‧町人之鎮，留有許多泥建和磚造的倉庫，也有不少店家活用為餐廳和商店。可以一邊逛逛，一邊享受美味鄉土料理、挑選小物和民俗藝品等的樂趣，街道也充滿活潑朝氣。

- ●安藤釀造本店（免費）➳P.20
- ●秋田角館西宮家（免費）➳P.21
- ●外町史料館「田鐵家」（免費）➳P.21

2 在此Get觀光資訊！

仙北市觀光情報中心「角館站前藏」

●せんぼくしかんこうじょうほう せんたーかくのだてえきまえぐら

為位在JR角館站前的角館觀光據點。除了可以索取觀光、美食和住宿交通等相關資訊外，還有提供便於散步的服務。➳P.30

便利服務

●寄放手提行李（每件300日圓），還有投幣式置物櫃可使用。寄放時間至17：00。

●租借長筒靴（冬季限定免費）想要漫步在下雪的角館，就來此換長筒靴吧。

便捷移動

●租借自行車（冬季公休） 角館站前有2間（下田自行車、花場計程車服務處），1小時300日圓。

●租車、計程車、市內觀光計程車1小時6800日圓起。站前也有汽車出租店家。

3 選擇觀光方式

搭乘人力車觀光

位在武家屋敷中心的角館樺細工傳承館前，有許多人力車等著載客。非常適合別有風情的城鎮街道，車夫幽默的解說也令人愉快。➳P.31

穿和服漫步

外町史料館「田鐵家」有出租古董和服，裡頭的「きもの旅しゃなり」會協助換裝。¥4000日圓 🕒10:00～17:00 需預約 ✆0187-63-6751 ➳P.33

跟著導覽員走

「角館歷史導覽員」可以為遊客解說旅遊書上所沒有的城鎮魅力，無論是單獨一人或團體都可受理，有「內町路線」和「外町路線」。➳P.30

4 必走觀光路線！

START JR角館站

歩行20分

1 角館歷史村‧青柳家 ➡P.18

歩行即到

2 武家屋敷石黑家 ➡P.19

角館歷史村‧青柳家的藥醫門是必去拍紀念照的景點

武家屋敷石黑家可參觀主屋客廳

安藤釀造本店提供豐富試吃

老店的調味料就是滋味濃郁

推薦伴手禮

- ART & CRAFT KAZUKI ➡P.28
- 角館SATOKU GARDEN ➡P.28
- りとる‧わん ➡P.29

推薦午餐

- 食彩 町家館 ➡P.33
- 食堂いなほ ➡P.22
- 茶寮 百穂苑 ➡P.23

歩行10分

3 安藤釀造本店 ➡P.20

歩行5分

來到秋田角館西宮家，可以喝杯抹茶或咖啡休息一會兒

4 秋田角館西宮家 ➡P.21

歩行10分

一到春天，檜木內川堤就會出現美麗的櫻花隧道

GOAL JR角館站

川原町
角館街道(秋田街道)
武家屋敷入口
表町上丁
公民館
細越町
角館高
鹿嶋神社
P.23 茶寮 百穂苑
臨時停車場
平福紀念美術館對面有枝垂櫻花的解說看板
仙北市立角館町平福紀念美術館 P.30
2 武家屋敷石黑家 P.19
時尚而藝術的外觀也是在地媒體喜歡出外景的地方
外山
觀音堂
P.32 角館樺皮細工センター（武家屋敷通店）
1 角館歷史村‧青柳家 P.18
P.33 生もろこしの店 唐土庵武家屋敷店
青柳家就有如武家屋敷主題樂園
P.27 武家屋敷の茶屋
秋田鄉土館 P.18
雪洞舞火 P.31
表町下丁
P.30 角館歷史導覽員公會（內町路線）
武家屋敷通枝垂櫻 P.16
安藤釀造 花上庵 P.32
P.30 角館樺細工傳承館
消防庫的建築也是武家屋敷樣式，街道充滿歷史風情
角館人力社 P.31
P.26 櫻丸珈琲
大村美術館 P.30
櫻並木停車場
P.27 ねずねこ P.26
ART & CRAFT KAZUKI P.28
角館甘味茶房 くら吉
伝承館入口
介紹町村配置的看板從江戸時代沿用至今
岩橋家 P.19
與黑色木片圍籬形成對比的鮮紅色圓形郵筒
もっちり
ねこの店 滑川 P.27
まんじゅう武家店 P.32
內町
山根町
檜木內川堤 染井吉野櫻 P.17
松本家 P.19
仙北市 角館町
小人町
P.28 角館SATOKU DARDEN
東勝楽丁
P.24 お食事処 ふきや
角館武家屋敷資料館 P.31
角館地そば そばきり長助 P.25
お食事処 桜の里 P.24
在角館當中，檜木川沿岸擁有充滿開展而開放的氣氛
P.18 武家屋敷通
小田野家 P.19
配水池
P.16 角館櫻花祭
擁有黑色木片圍籬的武家屋敷街道從此處延綿500m
P.33 後藤福進堂
角館
P.24 お食事処藤八堂 珈琲館ばにあ
角館しちべぇ P.22
P.23 旬菜料理 月の栞
りとる‧わん P.29
P.24 十兵衛
橫町十文字
角館祭典 P.31
橫町
橫町橋
P.26 Petits Fraises
食彩 町家館 P.33
P.23 鄉土料理 東海林
P.15 MACHIYA HOTEL KAKUNODATE
町家市觀光課
在食彩 町家館可以享受町家風情和餐點
檜木內川
檜木內川可以捕捉天然的「殿下香魚」，町內也有很多賣香魚料理的店
中町
七日町
P.22 むら咲
外町
P.21 外町史料館「田鐵家」
P.22 食堂いなほ
雪國住宅才會蓋的「內藏」，作為史料館開放參觀
岩瀬町
田町上丁
報身寺
角館郵局
P.17 外町枝垂櫻
P.31 角館のささら舞
立町
P.30 新潮社紀念文學館
P.32 お食事処 源八
P.30 角館歷史導覽員公會（外町路線）
綜合資訊中心
P.32 角館わいわい酒蔵土間人
西宮家前
4 秋田角館西宮家 P.21
P.21 レストラン北蔵
P.33 角館温泉
下中町
P.25 自家製粉 手打蕎麦の店 角館そば
角館の革館 P.29
西勝楽町
綿延2km的櫻花隧道
P.32 藤木伝四郎商店
下新町
儘管田町如今已沒有武家屋敷，但高聳的樹木依舊保有昔日風情
西覚寺
学法寺
往生院
P.110 田町武家屋敷飯店
P.23 レストラン 桜の木亭
田町上丁
P.33 安藤釀造 麹くらぶ
下新町
3 安藤釀造本店 P.20
田町下丁
小館
P.31 レストラン風雅
高校角
大曲支援せんぼく校
角館高（定時制）
「文庫藏」可以作為散步的休息點，非常歡迎試吃商品！

5 New！全新旅宿誕生！

2017年4月開幕

MACHIYA HOTEL KAKUNODATE

まちやほてるかくのだて

以京都町家為概念的格子外觀風情滿點，內部裝潢也是著重日式風情的簡約感，客房有單人房、雙床房和雙人房等，全都為西式客房。

0187-55-2001 IN15:00 OUT10:00
¥1泊附早餐6650日圓～、純住宿5800日圓～
P10輛 所仙北市角館町七日町1-1
交JR角館站步行15分
MAP 附錄P.16 B-4

淡紅色櫻花妝點整個城鎮

角館櫻花祭

4月下旬～5月上旬為賞櫻時機

黑色木板圍籬與淡紅色的完美對比

黑色木板圍籬和粉紅色櫻花包圍著春天的角館。武家屋敷通。小京都的街道染上了淡紅色，也可以看到許多遊客穿梭其中的熱鬧景象。接著就來介紹，能夠充分感受美麗角館櫻花魅力的景點吧！

Spot 1 武家屋敷通的枝垂櫻

JR角館站步行20分

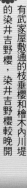

武家屋敷通最令人印象深刻的黑色木板圍籬，在此時驟然變成夾道的枝垂櫻。粉紅色與黑色木板圍籬的強烈對比，是百看不膩的美麗景致。

Check

如夢似幻的夜櫻

櫻花祭期間，武家屋敷通會有夜間點燈（日落～22：30）。

樺細工傳承館周圍景色尤其美麗

2大櫻花爭奇鬥艷 小京都春之祭典

角館的櫻花可分為2大類，遊客能欣賞到不同的風貌。一是與武家屋敷通的黑色木板圍籬相映襯的枝垂櫻，另一種則是檜木內川堤的染井吉野櫻。雖然開花時期不同，但因為接近黃金週時都是開得正漂亮的時候，剛好可趁春天來欣賞盛開的櫻花。

角館櫻花季

●かくのだてのさくらまつり

✆0187-43-3352（角館觀光行事執行委員會）

期 4月20日～5月5日 P 1500輛（小客車1日500日圓） 所 仙北市角館町檜木內川堤・武家屋敷通 交 JR角館站步行20分

MAP 附錄P.16 B-3

角館櫻花季Q&A

Q 為何角館櫻花如此受歡迎？

A 這2種櫻花的花期不同，且因溫度差的關係造成南北開花時間不一樣，於是拉長了賞花時期。

Q 角館有什麼種類的櫻花？

A 有武家屋敷通的枝垂櫻和檜木內川堤的染井吉野櫻，染井吉野櫻較晚開花。

Q 櫻花祭期間有什麼活動？

A 有小町娘或袴服換裝體驗、御山囃子和音樂會等等，相當熱鬧。詳細活動內容會於4月上旬定案。

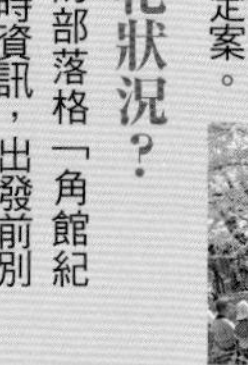

Q 如何知道開花狀況？

A 角館町觀光協會的部落格「角館紀行」上都會張貼即時資訊，出發前別忘了事先確認喔。

盛開的豔麗染井吉野櫻 滿滿點綴堤防沿岸

Spot 2 檜木內川堤的染井吉野櫻

JR角館站 步行20分

流經城鎮中央的檜木內川，約有2km長的堤岸被櫻花染得桃紅。鄰近武家屋敷通，能一次走遍兩處欣賞為其最大魅力。

Check 染井 吉野櫻花隧道

染井吉野櫻在檜木內川堤的小徑兩旁怒放，形成一條相當夢幻而浪漫的步道。

時尚商店街換上了春裝

Spot 3 外町的枝垂櫻

JR角館站 步行10分

在這地區有很多商家和時尚建築物，可欣賞到不同於武家屋敷通的景色。也是離車站最近的賞櫻景點。

伴手禮就選櫻花商品＆甜點

角館櫻花化身各種商品＆甜點！散步時好好尋找一番吧。

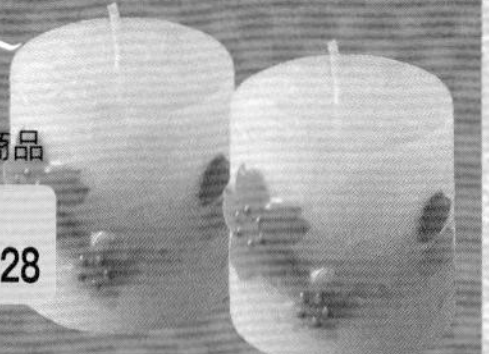

櫻花蠟燭 各580日圓～

有櫻花香味，是角館SATOKU GARDEN的限定商品

這裡買得到！
角館SATOKU GARDEN→P.28

夢心地手帕 1條650日圓

整條手帕都有櫻花刺繡，相當優雅

角館SATOKU GARDEN→P.28

尖塔 一輪花器 2160日圓

角館傳統工藝品，櫻花樹皮一輪花器。造型相當美麗。

角館SATOKU GARDEN→P.28

Q彈饅頭 每顆80日圓

如字面所示的Q彈口感為其一大特色，櫻花口味是期間限定。

這裡買得到！
もっちりまんじゅう武家店→P.32

櫻花饅頭 6入823日圓

皮薄通透，看得到裡頭帶有櫻花氣味與柔和香甜的內餡。

這裡買得到！
ゆかり堂製菓 駅通り店→P.33

推薦賞櫻路線在此！

約需3小時

JR角館站 →步行20分→ 武家屋敷通 →步行即到→ 角館樺細工傳承館 →步行6分→ 檜內川堤的染井吉野櫻 →步行15分→ 安藤釀造本店 →步行4分→ 秋田角館西宮家 →步行10分→ JR角館站

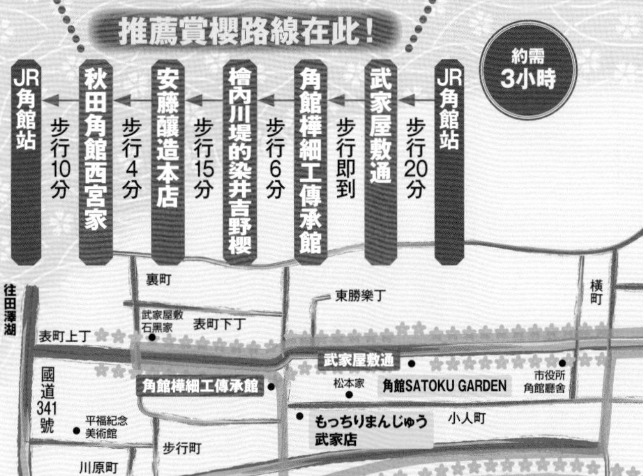

內町 うちまち

成排莊嚴的武士屋敷

造訪內町武家屋敷

擁有黑色木板圍籬、白色牆壁的內町武家屋敷，堪稱是角館的象徵。搭乘深具氣氛的人力車漫遊，也別有情趣。

↑還有展示青柳家代代相傳的刀劍等

青柳家武器蔵 あおやぎけぶきぐら

收藏著鎧甲、槍枝等江戶時代武士最引以為傲的武器，以及珍貴的文獻等。

↑還可看到雪國特有的房屋飾板等

主屋 おもや

帶有除厄含意的鬼板和鏤空雕刻，散發與武家屋敷相襯的濃濃威嚴感。

刻劃400年歷史的武家屋敷

角館歷史村·青柳家

●かくのだてれきしむらあおやぎけ

這個約有400年歷史的名門望族，是漫步角館的必訪景點。第二代當家藤右衛門身為佐竹式忠心的家臣，始終輔佐著君主的繁盛，從3000坪的遼闊占地，還有氣派的大門與主屋，看得出其功績深獲好評的門第家世。裡頭有資料館、餐廳和伴手禮店，設施完善，相當值得參觀。

☎0187-54-3257
L9:00～17:00(12月1日～3月底為～16:30)
休無休 ¥500日圓，國高中生300日圓，小學生200日圓 P無 所仙北市角館町表町下丁3 JR角館站步行20分
MAP附錄P.16 A-2

體驗舊時光 きゅうじだいたいけん

在這一區可以親身感受歷史片刻，像是穿戴盔甲或是抬抬看江戶時期的轎子。還有紀念照拍攝專區。

↑還可抬抬看江戶時代旅行時搭乘的轎子

藥醫門 やくいもん

因對藩有功，而獲特許所設立的大門。展現家世地位的大門，述說著青柳家的顯赫門第。

↑是武家屋敷通的象徵性景點

小歇景點

ハイカラ館 ●はいからかん

1樓是咖啡館，2樓則展示留聲機與古老時鐘等古董。還會不定期舉行100年前留聲機演奏會。

→古董留聲機有相當美麗的裝飾

↑以庭園中的湧泉「神明水」所泡的南蠻茶(咖啡)600日圓

↑在歷史悠久的緣廊上，感受風雅的昔日時光

→陳列著豐富的傳統服飾和懷舊用具

古董市場 こっといちば

在秋田鄉土館內的古董市場，販售從江戶到昭和時代的古董，還有一些小東西和西洋服飾的再製品。

這些武家屋敷也不容錯過！

留有藩政時期風情的角館，還能看得到其他許多武家屋敷。當中極具代表性的屋敷也別錯過喔。

曾出現在電影中的屋敷

岩橋家 ●いわはしけ

代代為蘆名氏的家臣，家世地位在佐竹北家之下。是電影《黃昏清兵衛》的拍攝地，在影迷之間也非常有名。

⊙內部不開放，但可在主屋外頭參觀

☎0187-43-3384（仙北市教育委員會文化財課）
營4月中旬～11月下旬、9:00～17:00 休期間中無休
¥免費 P無 所仙北市角館町東勝楽丁3-1
交JR角館站步行15分
MAP附錄P.16 B-2

與小田野直武有淵源的武家屋敷

小田野家 ●おだのけ

為《解體新書》繪製插畫的秋田蘭畫創始人・小田野直武，此為其分家之屋敷。屋敷採用以玄關的「上框」辨別出該家族身分地位的設計。

⊙藩政時代樸實的中級武士屋敷

☎0187-43-3384（仙北市教育委員會文化財課）
營4月中旬～11月下旬、9:00～17:00 休期間中無休
¥免費 P無 所仙北市角館町東勝楽丁10
交JR角館站步行15分
MAP附錄P.16 B-3

柴木圍籬環繞的下級武士屋敷

松本家 ●まつもとけ

為江戶時代末期，建築樣式極簡的下級武士屋敷。主屋為縣有形文化財，從春天到秋天會現場展示板屋細工。

⊙與岩橋家一樣，都曾為電影拍攝地

☎0187-43-3384（仙北市教育委員會文化財課）
營4月中旬～11月初旬、9:00～16:00 休期間中不定休 ¥免費 P無 所仙北市角館町小人町4
交JR角館站步行20分
MAP附錄P.16 A-3

烏龜鏤空雕刻 かめのすかしぼり

主屋楣窗的鏤空雕刻，透過光線映照出影畫。

⊙展現出家世地位的精細工藝

主屋也有販售伴手禮！

⊙深具角館風情的櫻花線香540日圓

主屋 おもや

主屋是高級武士屋敷特有的構造。沒有開放的部分，則是目前仍有人居住中。

可以進到客廳的角館最古老屋敷

武家屋敷石黑家

●ぶけやしきいしぐろけ

第1代當家是侍奉於佐竹北家，擔任負責財政的官職。嘉永6（1853）年，第8代當家・直信從鄰近的川原町移居此地。是角館武家屋敷中最古老，也是唯一一間可以進到客廳參觀的屋敷。有5分鐘的免費導覽，為遊客說明建築物與當時的生活方式，淺顯易懂而深獲好評。

☎0187-55-1496 營9:00～17:00 休無休 ¥高中生以上400日圓，國中小學生200日圓 P無 所仙北市角館町表町下丁1 交JR角館站步行25分
MAP附錄P.16 A-1

⊙在主屋緣廊可欣賞綠意盎然的庭園

文庫藏 ぶんこぐら

這座位在建築物內的倉庫，建於明治大正時期，厚重的黑色石灰牆壁，至今依然使用中。

⊙文庫藏前也展示著重要的古文書等

⊙蓋在建築物裡的倉庫，是雪國特有的建築樣式，即使積雪也能方便物品出入

安藤釀造本店的磚造倉庫相當醒目

保留濃濃商店街色彩

外町（とまち）商家巡禮

與武家屋敷截然不同，角館的另一種風情就在商店街外町。此區有明治～大正時期的摩登屋敷和商店林立，可享受購物和美食的樂趣。

擁有悠久歷史的味噌・醬油釀造廠

安藤釀造本店

●あんどうじょうぞうほんてん

這座秋田最具代表性的味噌・醬油釀造廠，創於嘉永6（1853）年。享保時代因身為地主而繁盛，開始以貢米釀造味噌。送禮自用兩相宜，豐富品項可任君挑選。而提供試吃的「文庫藏」開放民眾入內，逛累的時候可以進來歇歇腿。

☎0187-53-2008
L 8:30～17:00 休 無休
¥ 免費 P 8輛 所 仙北市角館町下新町27 JR角館站步行15分

MAP 附錄P.16 B-5

文庫藏 ぶんこぐら

氣氛有如餐廳，開放為免費休息的場所，遊客可以自由進出。

↑家傳醬油 360mℓ864日圓

↑煙燻米糠白蘿蔔200g648日圓

↑在文庫藏可以試吃醃漬煙燻白蘿蔔的秋田醬菜或味噌湯等

↑家傳顆粒味噌 800g1188日圓

店舖 てんぽ

味噌、醬油、醬菜等鄉土滋味滿點的店內，讓人感受到一股懷舊風情

→利用寬闊的土間作為店鋪，產品也陳設得相當美麗

藏座敷 くらざしき

除了作為販售商品的空間，內部還免費展示西宮禮和繪製的障壁畫。

木頭地板內部是鋪著一整面榻榻米的地板

主屋的摩登門口前，是拍攝美麗紀念照的好位置

主屋 おもや

有3間客廳和地爐房，遊客可以在能欣賞庭園美景的空間享用茶點。

在主屋客廳愜意放鬆享用茶點

可享受美食與購物樂趣的摩登屋敷

秋田角館西宮家

●あきたかくのだてにしのみやけ

西宮家擁有悠遠歷史的家世背景，其祖先為西宮織部，是佐竹本家的直屬家臣。目前的建物是修復自建於明治後期到大正時期的主屋和5間倉庫。倉庫現在為道地餐廳和日式生活用品商店，尤其受到女性顧客歡迎。就一邊欣賞庭園美景一邊逛遍倉庫吧。

0187-52-2438 L10:00～16:30 休無休(主屋、醬菜藏12～翌3月休) ¥免費 P12輛 所仙北市角館町田町上丁11-1 JR角館站步行10分

MAP附錄P.16 B-4

小歇景點

レストラン北蔵

●れすとらんきたぐら

無論在倉庫內部或是露天座席都是氣氛滿點。可以品嘗滋味道地的每日午餐和創意料理等。

開放的露天座席可以飽覽庭園美景

御狩場燒1080日圓，附味噌湯、白飯和沙拉

米藏 こめぐら

改裝自米倉的日式生活用品店，櫻花樹皮工藝品和在地創作者的創意手作都深具人氣。

濃濃復古風情的店內環境也值得留意

日式布料做成的髮圈，各650日圓

五彩繽紛的日式布料筆袋，各180日圓

提供詳細的產品說明

醬菜藏 がっこぐら

約有30種醬菜和佃煮、大福等的商店。秋田名產醃漬煙燻白蘿蔔811日圓，是必買的超人氣商品。

保留江戶時代商家風情的史料館

外町史料館「田鐵家」

●とまちしりょうかんたてつ

這個藏座敷史料館，本身是江戶時代留存至今的商家，現今依然留有當時的風情。田鐵家所使用的生活用品和各種收藏品，全都免費展示。隔壁的角館櫻花樹皮工藝品中心，販售櫻花樹皮工藝品等許多民俗藝品和工藝品。

0187-53-2639
L10:00～17:00(店鋪9:00～18:00)
休無休 ¥入館免費
P2輛 所仙北市角館町中町25
JR角館站步行10分

MAP附錄P.16 B-4

茶葉匙各550日圓～

左起為中長櫻花茶葉罐9504日圓、附腰帶茶葉罐12960日圓、霜降胴盛茶葉罐12960日圓

庭園 ていえん

從門口到史料館，會通過經細心打理的庭園，園內也有可供歇腳的地方。

庭園也是許多人會拍照留念的熱點

史料館 しりょうかん

利用雪國特有的建築內藏座敷當作史料館，免費展示以江戶時代生活用品為主的物品。

史料館位在店鋪深處的藏座敷

藏座敷 くらざしき

蓋在建築物裡頭的藏座敷，不僅是其特色，也是雪國特有設計。內部為史料館。

可免費參觀江戶時代的生活用品等的展示

page 12
乳頭溫泉鄉 田澤湖・大曲 35
秋田城鎮 男鹿・鳥海山 49
橫手・湯澤 77
八幡平 十和田湖 89
白神山地 103

秋田美味大集結 必吃！角館美食

在擠滿熱鬧觀光客的小京都．角館，匯集了在地美味料理到秋田代表性的各種小吃。趕快來看看要吃什麼吧！

【鄉土料理】

●以當季美味迎接客人●

來到角館，食材寶庫秋田縣最自豪的多樣鄉土料理，任君挑選。盡情品嘗發揮在地食材美味的鄉土滋味，無論胃口或心情都大大滿足！

在藏座敷品嘗比內地雞

角館しちべぇ

●かくのだてしちべぇ

這間擁有藏座敷的餐廳，就位在武家屋敷和町人町的交界。嚴選食材，當中特別推薦代表秋田的比內地雞雉燒蓋飯。一吃下去滿口都是濃馥郁肉香和風味。其他還有秋田牛等，許多選用在地食材的菜色。

↑使用極少農藥栽種的黃豆所做的豆腐三昧

0187-54-3295 L11:00～18:30(週日～17:00) 休週二 P7輛 所仙北市角館町横町15 JR角館站步行15分

MAP附錄P.16 B-3

推薦MENU
豆腐三昧 1836日圓
綠豆稻亭烏龍麵 1242日圓

比內地雞雉燒蓋飯 1728日圓
風味濃郁的比內地雞肉，以炭火燒烤做成蓋飯。風味與香氣在嘴裡擴散開來

↑氣氛沉靜的和式座位

↑從角館站前往，就在武家屋敷通的入口處

來品嘗手工自製烤米棒吧

むら咲

●むらさき

使用秋田最自豪的「秋田小町米」，手工自製烤米棒，搭配熬煮3天的香甜雞骨高湯，所打造出的烤米棒火鍋非推薦不可。還有鯉魚甘露煮、添加大量在地產蔬菜的武家飯也都是招牌料理。

←1樓是餐桌座位，2樓則是預約制包廂

0187-55-1223 L11:00～14:00、17:00～21:00 休月2日不定休 P6輛 所仙北市角館町竹原町4-4 JR角館站步行7分

MAP附錄P.16 B-4

烤米棒火鍋 1750日圓
秋田小町米做成的烤米棒搭配比內地雞高湯，如此奢華的組合實在太誘人

推薦MENU
武家飯 1620日圓
香魚熟鮓 700日圓～

醬菜懷石 1500日圓
不僅可以享用各種秋田醬菜，還附上醃漬煙燻白蘿蔔及親子蓋飯

輕鬆享用料亭滋味

食堂いなほ

●しょくどういなほ

角館知名料亭「稻穗」的姊妹店。因為可輕鬆品嘗各種秋田名菜而深具人氣。尤其是有著五彩繽紛醬菜的「醬菜懷石」，以及用雞蛋融合比內地雞、醃漬煙燻白蘿蔔的「稻穗風比內地雞蓋飯」都是推薦菜色。

↑門口擺放著以前使用的白蘿蔔醃漬桶

0187-54-3311 L11:00～15:00 休週四 P6輛 所仙北市角館町田町上丁4-1 JR角館站步行7分

MAP附錄P.16 B-4

推薦MENU
稻穗風
比內地雞蓋飯 900日圓
角館風稻庭涼烏龍麵 1000日圓

栗子糯米飯（梅） 2160日圓
溫潤的滋味讓許多回頭客一點再點。
多達8道的當季小菜等令人大為滿足

↑到處裝飾著以波斯地毯打造的繪畫

藝術品環繞的老屋餐廳
茶寮 百穗苑

●さりょうひゃくすいえん

可以在波斯繪畫地毯等眾多藝術品的環繞下，享用鄉土料理栗子糯米飯，以及店家原創咖啡的餐廳。建築本身是將位在根子（阿仁又鬼（冬季獵人集團）的發源地）的狩獵首領家遷移重建而成，相傳已經有400年歷史。除了可以用餐，還可到2樓的資料館參觀。

☎0187-55-5715 L11:00～15:00（12～翌3月～14:00）、17:00～21:00（晚餐需預約） 休不定休 P50輛 所仙北市角館町川原町23 JR角館站步行25分

MAP附錄P.16 A-1

推薦MENU
栗子糯米飯（松）4860日圓
原創特調咖啡・Shorebian套餐 1270日圓

品嘗大廚手藝下的當季秋田滋味
レストラン 樅の木亭

●れすとらんもみのきてい

這間日本料理宴會餐廳，就位在融入角館街景的田町武家屋敷飯店（→P.110）內。由料理長嚴選山菜、海鮮和當季食材，以細膩的搭配，展現大廚手藝的料理。從午餐到正式的晚餐，可享受到豐富多元的美食。

↑午餐、晚餐都記得先預約喔

☎0187-52-1705 L11:30～13:30、18:00～21:00（2人以上需2天前預約） 休不定休 P9輛 所仙北市角館町田町下丁23 田町武家屋敷ホテル1F JR角館站步行15分

MAP附錄P.16 B-5

推薦MENU
晚間全餐 5400日圓～

特選武家屋敷便當
2916日圓～（僅午餐，需預約）
利用秋田食材盡展大廚手藝的特製便當，品嘗得到充分發揮食材原味的純樸滋味

比內地雞烤米棒膳
2052日圓
吸引許多客人回訪，濃縮美味精華的比內地雞烤米棒火鍋，再搭配稻庭烏龍麵的超值套餐

費時費工的烤米棒火鍋
旬菜料理 月の栞

●しゅんさいりょうりつきのしおり

手工製作的烤米棒，搭配比內地雞熬煮高湯，這是來到秋田才能品嘗到的料理。比內地雞肉丸和烤雞肉串等，都非常適合搭配在地酒享用。還有獨特宅配烤米棒也非常受歡迎，可寄到日本各縣市。

☎0187-53-2880 L11:00～15:00、17:00～22:00 休不定休 P無 所仙北市角館町橫町21 JR角館站步行15分

MAP附錄P.16 B-3

推薦MENU
比內地雞壽喜燒膳 2700日圓
稻庭烏龍麵（冷、熱）972日圓

→店長推薦可到舒適自在的2樓用餐

採用當季食材的健康料理
鄉土料理 東海林

●きょうどりょうりしょうじ

這間歷史悠久的鄉土料理餐廳，從大正時代營業至今。春天有山菜和河魚，夏天有檜木內川的香魚，秋田則是香菇，而冬天為鴨肉，在此可享用當季食材的料理。最受歡迎的則是鴨肉料理。

→可以在沉穩的氣氛中享用角館當季好滋味

☎0187-54-2022 L12:00～14:00、17:00～21:00（需預約） 休不定休 P3輛 所仙北市角館町花場下8 JR角館站步行10分

MAP附錄P.16 B-4

推薦MENU
全餐料理（夜） 5400日圓～
※需預約

全餐料理（午） 3240日圓～
採完全預約制，客人預約後才採購食材。菜色隨季節更換

傳說中的滋味睽違300年再復活！

●おかりばやき

其名正為 御狩場燒

此料理起源於300多年前，角館城主佐竹北家，將打獵來的雉雞或野鴨以山椒味噌調味後烤來吃。現由秋田縣知事，也是第21代當家佐竹敬久正式認定並將之復活。在角館17間店鋪能吃得到每個店家各自下功夫的御狩場燒。

←香氣馥郁的山椒味噌，襯托出細緻而清爽的滋味

→適合搭配御狩場燒的啤酒也登場了。有芬芳的阿爾特老啤酒及清爽的皮爾森啤酒2種

必吃！角館美食

稻庭烏龍麵

●具嚼勁又滑順的感動口感●

日本三大烏龍麵之一的稻庭烏龍麵，為採用傳承古法的手工製乾烏龍麵。一定要試試這滑溜的入喉感！

七代佐藤養助稻庭烏龍麵專賣店 お食事処ふきや

●おしょくじどころふきや

角館唯一一間吃得到稻庭烏龍麵名物「七代佐藤養助」的店。推薦可與柔嫩香甜，並具家庭風味的招牌菜高湯雞蛋卷一同享用。除了稻庭烏龍麵，店內還有豐富的紀念品區，也是必看重點。

☎0187-55-1414
L 10:30～（打烊時間需確認） 休 無休 P 5輛
所 仙北市角館町小人町28 JR角館站步行20分
MAP附錄P.16 A-3

稻庭冷烏龍麵套餐 1250日圓
代表菜色稻庭烏龍麵與人氣高湯雞蛋卷的套餐，還有附紫蘇飯糰，令人滿足愉快

→店內還有紀念品區

↑洋溢家庭風味的人氣高湯雞蛋卷

推薦MENU
稻庭冷烏龍麵 900日圓
高湯雞蛋卷（單點）350日圓

芝麻與醬油評比2種口味 お食事処 桜の里

●おしょくじどころさくらのさと

以稻庭烏龍麵和比內地雞為主，從餐點到下酒菜，有豐富多元的秋田名產。稻庭烏龍麵和比內地雞親子蓋飯的組合，因為能以套餐形式品嘗秋田招牌鄉土美食而深具人氣。還可在店內購買到其他各式各樣的秋田逸品或特產。

稻庭冷二味烏龍麵 972日圓
因可同時吃到著名的自製芝麻醬和和風醬，而深受歡迎

推薦MENU
終極親子蓋飯 1620日圓
稻庭烏龍麵比內地雞親子蓋飯套餐（熱、冷）1728日圓

↑比內地雞串燒還可外帶

↓稻庭烏龍麵和比內地雞親子蓋飯超有人氣

☎0187-54-2527
L 9:00～16:30(用餐10:00～)
休 無休(12～翌年3月為不定休)
P 5輛 所 仙北市角館町東勝楽丁9
JR角館站步行15分 MAP附錄P.16 B-3

擁有滑溜入喉感的稻庭烏龍麵 お食事処藤八堂 珈琲館ぱにあ

●おしょくじどころとうはちどう こーひーかんぱにあ

藤八堂本身為碾割納豆的始祖。口感滑溜的稻庭烏龍麵及只沾鹽享用的天婦羅為推薦美食，還可品嘗到其他講究食材的秋田滋味。打烊時間較晚，因此也可前往享用晚餐。

☎0187-53-2610
L 10:30～19:30 休 不定休
P 4輛 所 仙北市角館町横町20 JR角館站步行15分
MAP附錄P.16 B-3

→愜意舒適的店內環境

推薦MENU
天婦羅稻庭烏龍麵（熱）1420日圓
烤米棒火鍋 1950日圓

天婦羅稻庭烏龍麵（冷）1420日圓
稍微沾點抹茶鹽，滋味頓時豐富了起來。稻庭烏龍麵的麵量可加大

販售佐藤養悅稻庭乾烏龍麵 十兵衛

●じゅうべえ

在此吃得到歷史悠久的「稻庭乾烏龍麵」之一，佐藤養悅總店的稻庭烏龍麵等秋田名產。美味且口感濃郁的比內地雞咖哩飯和拉麵（各為864日圓），都值得推薦。

☎0187-55-1881
L 10:00～16:30 休 不定休 P 無 所 仙北市角館町横町23 JR角館站步行15分
MAP附錄P.16 A-3

↓明亮的氣氛，讓初來乍到的客人也能輕鬆上門

推薦MENU
稻庭烏龍麵比內地雞親子蓋飯套餐 1728日圓
比內地雞雞肉丸子 378日圓

稻庭冷烏龍麵芝麻口味 864日圓
使用角館較少見的「佐藤養悅」烏龍麵。嚼勁和滑順感都深獲好評

刺激食慾的在地蕎麥麵

角館蕎麥麵

角館蕎麥麵使用在地種植的蕎麥粉，各店都充分展現出各自的講究。一定要來嘗嘗、評比各家費盡心思的好滋味。

推薦MENU
十割蕎麥麵 702日圓
雙口味綜合蕎麥麵 1188日圓

↓為人氣名店，假日和旅遊旺季要有排隊的心理準備

十割雙色蕎麥麵 1026日圓
帶殼磨製的鄉村蕎麥和去殼的蕎麥，組成十割雙色蕎麥麵。可以享受兩種不同滋味

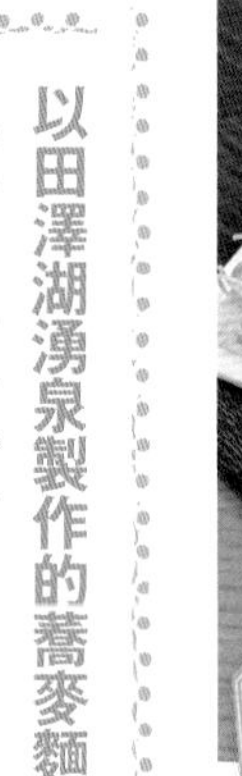

堅持自家栽種、自家磨粉
角館地そば そばきり長助

●かくのだてじそば そばきりちょうすけ

以自家種植、自家磨粉為傲的在地蕎麥麵，可按喜好選擇十割或二八。同時兼營農務的老闆，以有機栽培栽種蕎麥子，並自行磨粉、手工製麵，這樣的在地蕎麥麵，吸引日本全國的蕎麥麵愛好者趨之若鶩。

✆0187-55-1722 ⌚11:00～16:00(冬季11:30～15:00)
休週二 P4輛 所仙北市角館町小人町28-5 交JR角館站步行20分
MAP附錄P.16 A-3

以田澤湖湧泉製作的蕎麥麵
手打ちそば さくらぎ

●てうちそばさくらぎ

使用來自田澤湖的湧泉水，蕎麥粉產地也是田澤湖，堪稱是間講究食材配搭性的店家。用心熬製的高湯和獨門秘傳醬油，譜出柔和圓潤的沾麵醬汁，更加突顯麵體的美味。

↓播放爵士樂的店內，有如和風咖啡館般時尚

推薦MENU
南蠻土雞蕎麥麵 1050日圓
蕎麥麵屋咖哩飯 850日圓

✆0187-54-2155
⌚11:00～15:30、17:00～19:00
休不定休 P4輛
所仙北市角館町川原町20-6
交JR角館站步行25分
MAP附錄P.16 A-1

天婦羅蕎麥麵
1050日圓
講究的粗磨二八蕎麥麵搭配天婦羅的套餐。口感柔和的沾麵醬汁搭配天婦羅，最是對味

香魚天婦羅蕎麥麵
1600日圓(數量限定)
口感輕盈、酥脆的香魚天婦羅，與細膩蕎麥麵風味相當合拍

大啖店家自豪的二八蕎麥麵吧
自家製粉 手打蕎麦の店 角館そば

●じかせいふんてうちそばのみせかくのだてそば

這裡相當注重手工製麵特有的蕎麥原始滋味和香氣，玄蕎麥以低溫管理，每次只取需要的分量磨粉，手工製麵。滋味講究的二八蕎麥麵，帶著甜味與香氣，還有Q彈的口感，是相當具人氣的一品。

↑售完即打烊，品嘗要趁早

推薦MENU
鴨肉蕎麥麵 1300日圓
無海苔蕎麥麵 750日圓

✆0187-53-2054 ⌚11:00～15:00(售完打烊)
休週二(逢假日則翌日休) P4輛 所仙北市角館町岩瀬町17
交JR角館站步行10分
MAP附錄P.16 B-5

於散步空檔享受極致幸福的瞬間
小歇片刻

走在風情萬種的小京都，最不能缺少的行程，就是可度過片刻恬靜時光的歇腳景點。為您介紹讓角館漫步更有趣的，和風系咖啡館和在地人氣甜點！

在復古療癒空間裡
讓時光倒流回從前

ねずねこ

這間復古咖啡館由老闆夫婦自行改建自古民家，一踏入店內彷彿忘卻了時光。從焙煎到冰滴，採用昭和50（西元1970、80）年代的手法完全重現的咖啡，擁有如今已經難再遇到的道地滋味。

☎0187-54-4212 L10:00～17:00(視時期而異) 休不定休 P2輛 所仙北市角館町小人町38-28 交JR角館站步行20分

MAP附錄P.16 A-2

入口有著醒目的貓型招牌

時光悠哉流逝的復古空間

還有展示、販售各種藝術品和珍品

推薦MENU
- ねずねこ特調 500日圓
- 昭和拿坡里義大利麵套餐（附迷你甜點、沙拉、飲料）1000日圓
- 椰子半份 350日圓

以昭和50年代的焙煎方式深焙，層次豐富又香氣馥郁的ねずねこ特調。照片上的迷你甜點為200日圓

店內也有販售雜貨和藝術品

ねずねこ指的是「老鼠與貓咪」

☎0187-49-7339 L4月中旬～11月下旬、10:00～17:00 休期間不定休 P4輛 所仙北市角館町歩行町24-1 交JR角館站步行20分

MAP附錄P.16 A-2

在精美家飾品中
度過舒適意的時光

櫻丸珈琲
●さくらまるこーひー

這間咖啡館位在從武家屋敷通穿過檜木內川的道路上，黑色牆壁與露台相當醒目。店內瀰漫咖啡香氣，講究的家飾品打造出舒適愜意的空間。天氣好時可以坐在露台座位區，所以也受帶寵物人士的歡迎。所有飲料都能外帶享用。

簡約黑色牆壁令人印象深刻

推薦MENU
- 熔岩巧克力蛋糕 450日圓
- 阿芙佳朵 550日圓
- 風味咖啡 450日圓

熔岩巧克力蛋糕會有濃稠的比利時產巧克力流出

熱燙的濃縮咖啡與冰淇淋超速配的阿芙佳朵

能欣賞夾道櫻花樹的
咖啡館

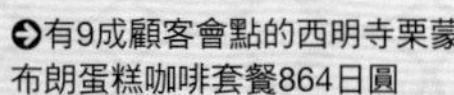

Petits Fraises
●ぷちふれーず

1F為西式甜點店，2F為檜木內川沿岸的咖啡館。春天時可一邊欣賞盛開的染井吉野櫻一邊享用餐點。採用仙北市食材的創意糕點深受歡迎，尤其是以日本最大西明寺栗做成細密栗子泥的蒙布朗，是深具層次與香氣的奢侈一品。

有9成顧客會點的西明寺栗蒙布朗蛋糕咖啡套餐864日圓

☎0187-54-1997 L9:00～19:30(餐廳～18:00) 休無休 P5輛 所仙北市角館町大風呂2 交JR角館站步行15分

MAP附錄P.16 A-4

推薦MENU
- 西明寺栗蒙布朗 454日圓
- 水果聖代 734日圓
- 比內雞蛋柔嫩鬆軟蛋包飯 1015日圓

春天可眺望整片櫻花樹，冬季則可在夾道櫻花樹冬景的凜然氣氛中，度過寧靜的時光

page 12
乳頭溫泉鄉・田澤湖・大曲 35
秋田城鎮・男鹿・鳥海山 49
橫手・湯澤 77
八幡平・十和田湖 89
白神山地 103

↑到處都擺滿貓咪商品。讓愛貓人士無可抗拒

↑店面是從江戶時代至今的武家屋敷

↑手工貓咪雜貨，也可以自行搭配喜歡的顏色

↑緣廊座位可以欣賞綠意庭園與武家屋敷通

結合愛貓人士推崇的貓咪雜貨與和風咖啡館

ねこの店 滑川

●ねこのみせなめかわ

店內擺滿貓咪模樣的雜貨，是間結合雜貨與咖啡館的店家。充滿溫度的手工貓咪雜貨相當受歡迎。一踏入江戶時代至今的武家屋敷，還有貓咪會上前迎接。客人可以在大廳和緣廊享用咖啡。

☎0187-54-2858 L11:00～15:30 休不定休 P2輛 所仙北市角館町東勝楽丁4-3 🚉JR角館站步行15分
MAP附錄P.16 B-2

推薦MENU
- 咖啡 350日圓
- 蘋果汁 300日圓
- 季節甜點套餐 600日圓

從伴手禮到餐點、甜點各種品項豐富

武家屋敷の茶屋

●ぶけやしきのちゃや

可一邊眺望武家屋敷通一邊用餐的店家。秋田小町100%自製味噌烤米棒、霜淇淋等外帶品項也深受歡迎。亦推薦品嘗稻庭烏龍麵和甜點，無論心或胃都大為滿足。

☎0187-53-2703 L4月～11月下旬、9:00～17:00 休期間中無休 P無 所仙北市角館町表町下丁14-1 🚉JR角館站步行20分
MAP附錄P.16 A-2

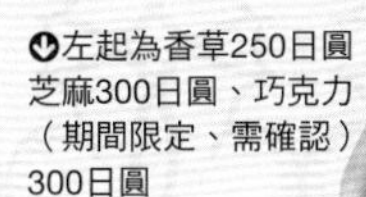

↓左起為香草250日圓、芝麻300日圓、巧克力（期間限定、需確認）300日圓

推薦MENU
- 稻庭烏龍麵 800日圓
- 味噌烤米棒 250日圓
- 芝麻霜淇淋 300日圓

↑建築物寬敞開放，也是深受觀光客歡迎的店家

↑從氣氛沉靜的店內可以將街道景色盡收眼底

↑鄰近檜木內川的夾道櫻花樹，方便前往

↑包著大顆西明寺栗的大福與抹茶組合餐

推薦MENU
- 整粒西明寺栗大福套餐 1188日圓
- 善哉（年糕紅豆湯）1080日圓
- 熱咖啡 648日圓

眼前有整片檜木內川夾道櫻花樹的甜點店

角館甘味茶房 くら吉

●かくのだてかんみさぼうくらきち

是位在角館中心地區的糕點店。突顯溫和香甜紅豆餡的餡蜜，還有抹茶及採用西明寺栗的甜點，都是推薦品項。堅持一貫的品質，並以上乘技術打造的名物「生紅豆餡諸越」和「櫻花米菓」等，伴手禮種類也相當豐富。

☎0187-52-0505 L8:30～17:00(12～翌年3月9:00～) 休不定休 P2輛 所仙北市角館町小人町38-25 🚉JR角館站步行20分
MAP附錄P.16 A-2

在喜歡的角館Cafe

↑氣氛復古懷舊的店內也很受年輕人歡迎

→草莓DX聖代上的草莓多得如小山一般

在蔬果店內品嘗新鮮水果甜點

フルーツパーラー角館 さかい屋

●ふるーつぱーらーかくのだてさかいや

開設於蔬果店內，洋溢懷舊氣息的水果屋。喜歡給大家驚喜的店老闆，不惜成本地使用當季水果做成甜點，並以良心價提供給顧客。有季節限定菜單，並隨時研發新品項！

☎0187-54-2367 L9:30～17:30(蔬果店9:00～18:30) 休不定休 P5輛 所仙北市角館町中菅沢92-81 🚉JR角館站步行5分
MAP附錄P.16 C-4

推薦MENU
- 草莓DX聖代 700日圓
- 香蕉滿滿聖代 450日圓
- 原味刨冰・派（夏季限定）600日圓

時髦和風品味無懈可擊！盤點角館伴手禮！

角館的伴手禮店裡擺滿了許多具小京都風情的和風小物及商品。從日常生活小配件到贈禮逸品，全都是充滿特色的品項！

櫻花概念商品

3600日圓

侘櫻芳香精油

青柳家系列「角館山莊 侘櫻」（→P.110）內的美體美容所使用，100%天然精油保養油

每條650日圓

夢心地手帕

整條手帕都有櫻花刺繡，相當優雅。氣氛沉著的設計，也相當適合日本服飾

每種580日圓～

角館櫻花蠟燭

角館SATOKU GARDEN限定的櫻花蠟燭。光是看到櫻花圖樣就覺得受到療癒

每瓶1890日圓

角館香姫室內芳香劑

有使用紫羅蘭、歐丁香、麝香的Inshine，以及散發枝垂櫻甜美香氣的Sakura。兩種都是擁有沉穩的和風香氣

1550日圓　1080日圓

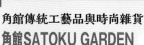

書衣、面紙

布質書衣取自櫻花色澤概念，還附有櫻花花瓣圖樣的書籤。而可放隨身面紙的時尚面紙包，採用兩種色調的淡粉紅色突顯特色

角館傳統工藝品與時尚雜貨

角館SATOKU GARDEN

●かくのだてさとくがーでん

這間伴手禮店位於武家屋敷通中心，高雅店面相當醒目。櫻花樹皮工藝和板屋細工等傳統工藝品亦相當豐富。

↑民藝氣息的建築外觀與街道十分協調

☎0187-53-2230　L9:00～17:00（旺季～18:00）　休無休　P10輛　所仙北市角館町東勝楽丁26　JR角館站步行15分

MAP附錄P.16 B-3

結合現代元素的工藝品

8640日圓

樺之斜塔調味料罐

櫻花樹皮的調味料罐，以磁力相互吸附。如比薩斜塔般的傾斜為獨創設計

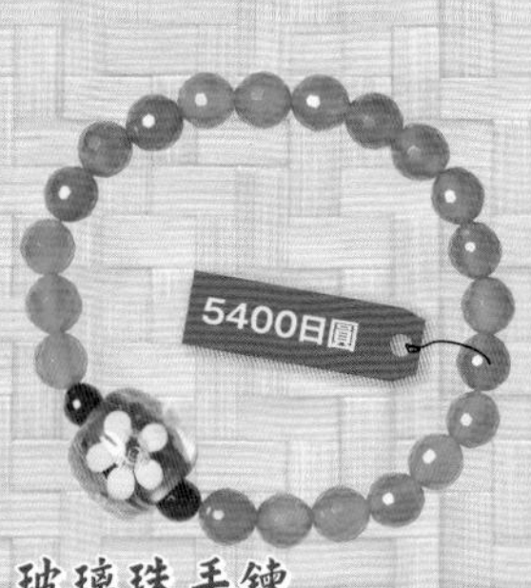

木肌玉杢 9720日圓　栃黒縞 7020日圓

木肌玉杢音樂盒

放在各種木頭中的音樂盒。因為沒有接縫，究竟是從哪裡放進去的令人感到不可思議

5400日圓

玻璃珠手鍊

可愛花朵封在玻璃珠中，讓手鐲展現出清涼感。為展現玻璃透明感的時尚逸品

各2160日圓

樺細工眼鏡掛物項鍊

也可以當作眼鏡掛鍊的櫻花樹皮項鍊。櫻花瓣圖樣適合搭配純色T恤或針織衫

以北東北為首，囊括日本全國工藝品

ART & CRAFT KAZUKI

●あーとあんどくらふとかづき

店家以北東北為中心，網羅日本全國傳統工藝品。彷彿可一窺作者樣貌的細緻飾品，也很吸引人。

↑店家就位在武家屋敷通稍微深處的小路裡

☎0187-54-1565　L9:00～17:00　休不定休　P5輛　所仙北市角館町東勝楽丁2-2　JR角館站步行20分

MAP附錄P.16 B-2

角館傳統工藝

何謂樺細工？

樺細工亦作櫻花樹皮工藝，是利用山櫻樹皮製作的傳統工藝品。擁有傑出抗菌性，多做成茶葉罐或點心盒。因為耐用又可修繕等優點，近來受到不少尋求實在用品的人士矚目。

乳頭溫泉鄉 田澤湖·大曲 35
秋田城鎮 男鹿·鳥海山 49
橫手·湯澤 77
八幡平 十和田湖 89
白神山地 103

極具藝術性的皮革品牌

11萬8800日圓

小町系列提包
使用獨家研發的染料，打造五彩繽紛的提包。採用上等皮革，優雅品味搭上休閒配色有畫龍點睛之效

長夾 37800日圓

對折式皮夾 30240日圓

12960日圓

美久系列錢包
老闆因受啟發，而有了這款令人聯想到墨西哥阿茲特克古文明圖案的錢包。分長夾與對折式皮夾2種

櫻花系列小包
以象徵角館的櫻花為概念打造的系列，在工作室花費了很長的時間，才染出如此鮮豔的粉紅色

來自角館的世界一流品牌

角館の革館
●かくのだてのかくのだて

皮革藝術家兼畫家的老闆，透過角館這間店，將品牌推向全世界。店內匯集了豐富的藝術珍品。

↑如畫廊般的店內，陳列著深具藝術性的皮革製品

☎0187-55-1152 L9:00～17:00 休無休 P4輛 所仙北市角館町田町上丁14-1 交JR角館站步行10分

MAP 附錄P.16 B-5

老店的調味料是最佳伴手禮

外町的安藤釀造本店（→P.20）的調味料也是屹立不搖的人氣伴手禮。從許多產品當中嚴選出最具代表性的商品。

1296日圓

品味組合（各300g）
為甜味、中辣、低鹽的3種口味組合，因可以品嘗比較3種不同口味而相當受歡迎

756日圓

醃漬醬汁 寒麴（900g）
醃漬醬汁裡精心添加了米麴和蒸過的白米，不只蔬菜，也很適合用於麴漬魚類

1620日圓

安藤醬汁御用袋裝組
（甜醬汁、白醬汁各360ml）
有甜醬汁與超人氣的白醬汁，2瓶裝在可愛的御用袋裡為一組。2種都要稀釋過後再用

安藤釀造北浦本館
●あんどうじょうぞうきたうらほんかん

位在國道46號Bypass的老牌釀造廠特產店

由安藤釀造直營的郊外型特產店，有味噌、醬油、醬菜等豐富品項，還有醬油霜淇淋也是招牌產品。

☎0187-55-2200 L9:00～17:00 休無休（1、2月週三休） P70輛 所仙北市角館町雲然山崎42-1 交JR角館站搭計程車10分

MAP 附錄P.13 C-2

↑因為是郊外型店面，故擁有廣大的停車場

和風花紋單品

1620日圓

枝垂櫻隨身鏡
以象徵角館的枝垂櫻為概念打造的折疊式鏡子，優點為其方便隨身攜帶的大小

各種216日圓

和風橡皮圈
箭羽紋、市松紋和梅花紋等傳統和風花紋橡皮圈。還有其他豐富多樣的和服花紋，光是在挑選就很開心

540日圓

916日圓

和紙髮簪、和紙髮圈
櫻花造型的髮簪採用櫻花花紋和紙做成，另外還有同花色的髮圈，可以成套搭配使用

2484日圓

卡套
可以裝卡片鑰匙的卡套，採用陶器類及茶具的設計，打造出以器物為圖案的和風花紋，悠游其中的金魚相當可愛

2808日圓

口金化妝包
口金包採用的和風鐵線花紋，有祝福夫婦圓滿或成就戀情之意，也常使用在新娘嫁衣。大開口的口金包方便拿取化妝用品

活用西陣織和風花紋的實用雜貨齊全豐富

りとる·わん

採用京都西陣織傳統和風花紋的雜貨，品項相當豐富，會按時節更換顏色和花紋。

↑位在餐飲店林立的城鎮中心位置

☎0187-54-1170 L10:00～18:00 休週二（旺季會營業） P無 所仙北市角館町橫町17 交JR角館站步行15分

MAP 附錄P.16 B-3

追加情報

角館

●かくのだて

仙北市立角館町平福紀念美術館

景點

●せんぼくしりつかくのだてまちひらふくきねんびじゅつかん

展示與角館相關的畫家們作品

美術館冠名平福穗庵、百穗，父子倆都是角館出身的近代日本畫巨擘。包含平福的作品在內，館內展覽著許多鄉土畫家及與角館相關的現代畫家作品。

✆0187-54-3888
L 9:00～16:30（12月～翌年3月～16:00）
休 無休（12月～翌年3月週一休）
¥ 300日圓，國中小學生200日圓　P 20輛
所 仙北市角館町表町上丁4-4
JR角館站步行25分
MAP 附錄P.16 A-1

↑建於佐北竹家家臣的屋敷遺址，北歐風建築令人印象深刻

↑也是目前一線畫家和年輕畫家發表作品的場所

新潮社紀念文學館

景點

●しんちょうしゃきねんぶんがくかん

了解新潮社與日本文學的軌跡

新潮社的創辦人佐藤義亮生於角館，而這間文學館便是用以彰顯其豐功偉業。除了展出可以了解近代日本文學軌跡的珍貴資料，也有秋田相關文人的介紹等。每年還會舉辦數次企劃展覽。

✆0187-43-3333（仙北市綜合資訊中心）
L 9:00～16:30（12月～翌年3月～16:00）
休 週一　¥ 300日圓，國中小學生150日圓
P 30輛　所 仙北市角館町田町上丁23
JR角館站步行10分
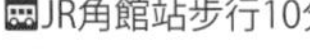
MAP 附錄P.16 C-4

↑新潮社歷代社長都會寄贈自家發行刊物至角館

大村美術館

景點

●おおむらびじゅつかん

來感受裝飾藝術的美吧

這間美術館收藏了近400件法國裝飾藝術家雷內・拉利克的玻璃作品。讓民眾得以欣賞20世紀前半，在法國蓬勃發展的裝飾藝術作品。

✆0187-55-5111　L 10:00～17:00（12月～翌年3月～16:00）　休 週四（12月～翌年3月週三、四休，逢假日則前日休）　¥ 800日圓　P 1輛
所 仙北市角館町山根町39-1
JR角館站步行20分
MAP 附錄P.16 B-2

↑展覽室採用的照明，讓玻璃作品彷彿漂浮其中

↑以法國裝飾性藝術品為主的展覽品相當豐富

仙北市觀光資訊中心「角館站前藏」

景點

●せんぼくしかんこうじょうほうせんたーかくのだてえきまえぐら

可在這裡索取觀光資訊

JR角館站前的大倉庫是兼具免費休息處的觀光資訊中心，並可在此得知前往武家屋敷通、市區內餐飲店或旅館等資訊。積雪時還提供長靴租借服務。

✆0187-54-2700（角館町觀光協會）
L 9:00～18:00（10～翌年4月中旬～17:30）　休 無休
¥ 入館免費，寄物300日圓（每件）　P 無
所 仙北市角館町上菅沢394-2　JR角館站即到
MAP 附錄P.16 D-5

→因為就在車站旁，所以一抵達角館站就能馬上過去看看

角館樺細工傳承館

景點

●かくのだてかばざいくでんしょうかん

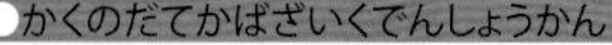

近距離觀賞資深師傅手藝

在此可以學習到有關櫻花樹皮工藝師傅們技術的歷史，還可以實際觀賞技術展演。館內設有展覽室、實演室、物產觀光服務大廳＆咖啡館，物產觀光服務大廳可免費使用。

✆0187-54-1700
L 9:00～16:30（12月～翌年3月～16:00）
休 無休　¥ 300日圓，國中小學150日圓　P 無
所 仙北市角館町表町下丁10-1
JR角館站步行20分
MAP 附錄P.16 A-2

↑展示保留櫻花樹皮工藝品歷史的名品及200年前的作品

區域專欄　與導覽員漫步角館街道

如果想在角館玩得更盡興，可以跟「角館歷史導覽員」一起同行，1人即可報名參加。路線分別有從角館樺細工傳承館前出發的武家屋敷通「內町路線」，以及仙北市綜合資訊中心出發的「外町路線」。

←需於3天前預約

角館歷史導覽員公會

●かくのだてれきしあんないにんくみあい

MAP 附錄P.16 A-2（內町路線）
MAP 附錄P.16 C-4（外町路線）
✆0187-55-1670
¥ 每團90分鐘2000日圓（1～5人）、3000日圓～（6人以上）

區域專欄

乘著人力車來趟風雅的漫步

搭乘人力車走訪武家屋敷也很有趣。在角館樺細工傳承館前，可以搭乘角館人力社的人力車。聆聽武家屋敷歷史的同時，欣賞別具風情的街景。1輛可坐2人，15分鐘2人搭乘3000日圓起跳。

人力車座位的高度可欣賞到不同的新鮮景色

角館人力社
●かくのだてじんりきしゃ

MAP附錄P.16 A-2

090-2970-2324
營9:00～17:00（冬季僅接受預約客） 休無休
¥15分3000日圓、30分5000日圓、1小時9000日圓 P無 所仙北市角館町表町下丁10-1（角館樺細工伝承館前待機所） JR角館站步行20分

お食事処古来堂
美食
●おしょくじどころこらいどう

自家工廠製麵收服味蕾

這間餐館就位在角館歷史村・青柳家占地內。以稻庭烏龍麵為主，供應當季鄉土料理。在自家工廠調製的麵體，擁有卓越滑順感和恰到好處的嚼勁，滋味獨樹一格。另外也有甜點、在地啤酒和在地清酒等可享用。

0187-52-8015 營11:00～15:00 休不定休
¥天婦羅稻庭烏龍麵（熱、冷）1300日圓，櫻花稻庭烏龍麵（冷）1000日圓，醬汁稻庭烏龍麵（熱、冷）1080日圓 P無 所仙北市角館町表町下丁3 JR角館站步行20分
MAP附錄P.16 A-2

溫暖的天婦羅稻庭烏龍麵擁有極佳的滑溜口感

レストラン風雅
美食
●れすとらんふうが

義大利麵愛好者都來朝聖的店家

以在地小麥製成的「仙北小麥披薩」與自製義大利麵聞名的餐廳。堅持盡量使用在地食材，還有使用自製麵條的拉麵也很受歡迎。

0187-54-2784 營11:00～14:30 休週一（逢假日則營業）
¥義大利麵＆生火腿900日圓～，披薩900日圓～，自家製麵醬油拉麵700日圓～ P7輛 所仙北市角館町小館34-8 JR角館站步行15分

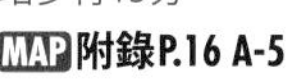
MAP附錄P.16 A-5

食材都盡量取自當地

角館簓舞
景點
●かくのだてのささらまい

傳承超過400年歷史的獅子舞

「簓舞」是一邊敲著名為「簓」的木製樂器一邊跳舞的活動。相傳在400年前，佐竹氏在更換領地時，最前面的隊伍為了驅邪而有這樣的儀式，並就此流傳下來。

0187-54-2700（角館町觀光協會）
營8月15日 P無 所仙北市角館町內各所
JR角館站步行10分
MAP附錄P.16 B-4

這是2隻公獅爭搶1隻母獅的舞蹈

古城山城跡
景點
●ふるしろやまじょうし

山麓櫻花豔麗盛開

城跡就位在武家屋敷通北側，從中世紀開始於山頂建築居所，位於北麓的城下町，由蘆名氏搬遷至南麓，爾後形成現在的城鎮。在山上，可以將角館街景和檜木內川堤盡收眼底。

0187-54-2700（角館町觀光協會）
營免費入園
P10輛 所仙北市角館町古城山
在JR角館站搭羽後交通巴士角館總站往田澤湖方向8分，角館高校前下車，步行20分
MAP附錄P.13 C-2

春天可從山上俯瞰染上櫻花色的城鎮

角館武家屋敷資料館
景點
●かくのだてぶけやしきしりょうかん

近身感受江戶時代的武家生活

資料館改建自武家屋敷之一的河原田家米倉，展出許多具歷史性的珍貴物品，如武家所使用的武器裝備、盔甲，還有秋田藩發行的錢幣、佐竹家相傳的史料等。

0187-53-2902
營9:00～16:00 休不定休 ¥300日圓，兒童200日圓
P10輛 所仙北市角館町東勝楽丁9 JR角館站步行15分
MAP附錄P.16 B-3

展示實際使用過的武器和生活用品

角館祭典
景點
●かくのだてのおまつり

絕不能錯過曳山的「山衝撞」

祭典期間會有數十台曳山登場，狹路相逢後，一旦協商失敗就會演變成「山衝撞」。曳山互相衝撞的場面超震撼。風雅的秋田美人手舞也一定要看。

華麗的曳山互相撞擊的「山衝撞」

有350年悠久歷史的神明社和藥師堂的祭典

0187-54-2700
（角館祭典執行委員會）
營9月7～9日
P1000輛（使用附近付費停車場） 所仙北市角館町內各所
JR角館站步行15分（橫町十字路口）
MAP附錄P.16 B-3

雪洞舞火
景點
●ひぶりかまくら

浮現於雪景中的火圈

用火點燃裝滿炭的稻草袋後，在身體周圍環繞舞動，這就是角館的小正月活動。利用火焰為稻田驅邪，祈求整年的無病消災、五穀豐收。在雪原上展開的火圈看來相當夢幻。（14日町內會有數十個地方舉行）

舞動熊熊燃燒的稻草袋的英勇火祭

雪中展開的火圈乘載著祈禱

0187-54-2700
（角館町觀光協會）
營2月13・14日 P80輛（櫻並木停車場） 所仙北市角館町 桜並木停車場（13日）、町內各所（14日） JR角館站步行20分（橫町橋）
MAP附錄P.16 A-2

安藤醸造 花上庵
購物
●あんどうじょうぞうかじょうあん
就以老店的味噌與醬油當伴手禮吧
安藤醸造創業於江戶時代末期，主打商品為味噌、醬油、醬菜，本店是該店家的伴手禮店。店內販售標榜無添加物，長時間純天然釀造的產品。店鋪就位在武家屋敷通上，散步的時候可順路過去看看。

☎0187-55-4422 營8:30～17:00 休無休（冬季有不定休） ¥家傳顆粒味噌300g 540日圓，白醬汁360ml 648日圓 P無 所仙北市角館町表町下丁8 交JR角館站步行20分
MAP附錄P.16 A-2

↑透過試吃醬汁和醬菜，挖掘出自己喜歡的產品也很有意思

もっちりまんじゅう武家店
購物
●もっちりまんじゅうぶけてん
柔嫩Q彈吃了就上癮的滋味
店址位在武家屋敷通的小路旁。著名的「Q彈饅頭」有具彈性的外皮，裡面包裹著香甜恰到好處的紅豆內餡。口味選擇豐富，有黑糖、清酒、抹茶等，顏色亦繽紛美麗。

☎0187-55-5219（佐藤商事） 營4～11月、9:00～17:00 休期間中無休 ¥Q彈饅頭1顆80日圓 P無 所仙北市角館町小人町 交JR角館站步行20分
MAP附錄P.16 A-2

↑還有2入裝的「櫻花口味」最適合贈禮

角館桜皮細工センター（武家屋敷通り店）
購物
●かくのだてかばざいくせんたー（ぶけやしきどおりてん）
以山櫻樹皮製作的傳統工藝品
櫻花樹皮工藝以獨家工法，展現每位工匠的不同技藝。這裡有傳統工藝師一邊實際製作，一邊向民眾解說產品。現場也可以購買產品，找到喜歡的就帶回家吧。

☎0187-55-5631 營9:00～17:00 休無休 ¥櫻皮茶葉罐2520日圓～，櫻皮髮簪2000日圓～ P無 所仙北市角館町表町下丁18 交JR角館站步行20分
MAP附錄P.16 A-2

↑來欣賞傳統工藝師的櫻花樹皮工藝實演吧

お食事処 源八
美食
●おしょくじどころげんぱち
品嘗招牌菜芝麻豆腐
這是角館首間推出「芝麻豆腐」的日式餐廳。可按季節品嘗到不同的當季美味。米飯則是使用100％在地契作農家的角館產「秋田小町」。

☎0187-54-2462 營11:30～13:30、17:30～21:30（週日～21:00） 休週二 ¥松華堂便當1550日圓（平日需預約）、滷豬肉700日圓、鬆軟豆腐600日圓 P2輛 所仙北市角館町西勝楽町105 交JR角館站步行10分
MAP附錄P.16 B-4

↑吃得到招牌菜芝麻豆腐，並且100％使用秋田小町的松華堂便當

↑秋田腔滿天飛的家庭氣氛吸引消費者前來→一家人努力經營的小店

藤木伝四郎商店
購物
●ふじきでんしろうしょうてん
為生活注入活水的櫻花樹皮工藝
嘉永4（1851）年創業以來傳承七代，持續創作超過160年以上的高品質櫻花樹皮工藝品。該店以個性豐富的材料、能夠延續200年傳統的深厚技術，還有「傳統即是革新」的理念，為生活帶來一股新活水。

☎0187-54-1151 營10:00～17:00 休週三（逢假日則翌日休） ¥櫻皮工藝茶葉罐8640日圓～ P2輛 所仙北市角館町下新町45 交JR角館站步行15分
MAP附錄P.16 B-5

↑輪筒4色茶葉罐（櫻、楓、素筒、胡桃）

→建築外觀洋溢著老店風情的店鋪

お食事処·茶房さくら小町
美食
●おしょくじどころさぼうさくらこまち
享受小吃的古今滋味
仙北市神代地區的在地美食「合掛神代咖哩」深具人氣。昭和30年代的咖哩與現代風咖哩並陳，白飯上還加顆半熟蛋，可嘗到兩種不同風味。

☎0187-53-2070（角館民宿酒店） 營7:00～20:30（供餐11:00～） 休無休 ¥神代咖哩飯1200日圓 P9輛 所仙北市角館町中菅沢14 交JR角館站即到
MAP附錄P.16 D-5

↑神代咖哩飯有附味噌湯和沙拉

角館わいわい酒蔵土間人
美食
●かくのだてわいわいさかぐらどまにん
白天咖啡館，晚上居酒屋的倉庫改裝店
直接活用舊有倉庫，打造出私廚風格空間的古董餐廳。披薩使用在地的安藤釀造味噌製作，還有濃稠的湯豆腐都是人氣餐點。午餐時段的套餐組合也很豐富多元。

☎0187-52-1703 營11:00～22:30（週五、週六～23:00，午餐～14:00） 休無休 ¥安藤さんち味噌烤披薩702日圓 P15輛 所仙北市角館町下中町30 交JR角館站步行10分
MAP附錄P.16 B-4

→白天晚上都有趣的倉庫樣式店家

區域專欄
白米之鄉秋田的在地酒
秋田自古以來就有豐富的原料「白米」和純淨的水源，因此當地有許多釀酒廠，生產各式各樣的在地酒，並開設了網羅大量秋田在地酒的試飲專區。春天出貨的「櫻花葡萄酒」，使用天然櫻花酵母，帶有溫和香甜氣味而不酸澀。（售完打烊）

↑店家特製刈穗「古都 角館」純米吟釀（左）、櫻花葡萄酒（右）

モンマート地酒のふじた
●もんまーとじざけのふじた
MAP附錄P.16 D-5

☎0187-53-2656 營7:30～21:30 休無休 ¥刈穗「古都角館」純米吟釀720ml2160日圓、櫻花葡萄酒1620日圓 P5輛 所仙北市角館町中菅沢94 交JR角館站即到

唐土庵工場店

購物

●もろこしあんこうじょうてん

近距離參觀諸越餅製作流程

建於國道46號Bypass旁的郊外型店鋪，內部附設工廠。來到整片玻璃帷幕的工廠，不但能購物，還能參觀製作過程及細心的人工作業。另外也可體驗製作「手打諸越」，每人500日圓，所需時間約30分鐘。

☎0120-17-6654 🅛4～11月的8:30～17:30（參觀工廠9:00～12:00、13:00～15:00，體驗活動10:00～、14:00～） 休期間中休週三、週日 ¥生諸越（原味2顆×6包）485日圓，生諸越3種綜合（2顆×6包）1080日圓 🅟10輛 所仙北市角館町小勝田下村21 🚃JR角館站搭計程車10分

MAP附錄P.13 C-2

➲此處不只提供購物，還能參觀工廠及親手做糕點

きもの旅しゃなり

玩樂

●きものたびしゃなり

身穿古董和服漫步角館

換上古董和服，漫步在充滿懷舊風情的角館街道。不妨享受在挑選腰帶和配件的搭配上吧。當天想臨時前往體驗也可行。

☎0187-63-6751

🅛10:00～17:00（歸還～16:30） 休不定休 ¥和服體驗4000日圓，浴衣體驗3000日圓 🅟3輛 所仙北市角館町中町25 外町史料館たてつ 1F 🚃JR角館站步行10分

MAP附錄P.16 B-4

➲著裝後的街道漫步更加令人開心

角館溫泉

溫泉

●かくのだておんせん

於小京都湧泉的純泡湯不住宿設施

擁有高挑天花板的寬闊浴場，浴池也相當寬大。透明無色而偏熱的溫泉，據說能改善動脈硬化與婦科慢性病。

☎0187-52-2222 🅛7:00～22:00（12～3月7:30～） 休第3週四 ¥泡湯費600日圓，兒童300日圓，大休憩區休息1日300日圓 🅟10輛 所仙北市角館町下中町28 🚃JR角館站步行12分

MAP附錄P.16 B-4

➲亦有旅館「角館溫泉 町宿貓之鈴」

渡部菓子店

購物

●わたなべかしてん

質樸而滋味高雅的角館銘菓

2個梅花形狀的日式糕點盛放在竹葉上，帶有小米風情的黃色花瓣相當可愛，堪稱是角館的知名點心。糯米包覆內餡後再蒸過便完成，吃得到Q彈與高雅甜味。

☎0187-53-2208

🅛8:30～18:30 休不定休 ¥鳴門餅（2顆裝）162日圓 🅟3輛 所仙北市角館町田町上丁88-8 🚃JR角館站步行15分

MAP附錄P.16 C-4

➲購買後請盡早食用，以免變硬

後藤福進堂

購物

●ごとうふくしんどう

來此才能品嘗到的日式糕點

這間創業超過130年的日式糕點老店，擁有許多深具巧思的豐富熱門商品：櫻皮羊羹採用推出式包裝，不怕弄髒手，還有金柑饅頭、添加抹茶的茶梗羊羹等。

☎0187-53-2310

🅛8:00～19:00 休第2、4週一 ¥櫻皮羊羹259日圓，金柑饅頭1顆108日圓，茶梗羊羹259日圓 🅟10輛 所仙北市角館町東勝楽丁12-2 🚃JR角館站步行15分

MAP附錄P.16 B-3

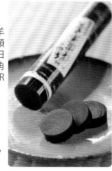

➲做成圓筒狀的櫻皮羊羹，推出後用線截斷就能享用

食彩 町家館

購物

●しょくさいまちやかん

了解秋田飲食文化的複合設施

加工、販售在地農家手工醃漬菜和燻製澤庵果醬等。2樓的「町家館かくのだ亭」販售稻庭烏龍麵和比內地雞親子蓋飯等許多在地人愛吃的料理。

☎0120-86-4931

🅛1樓7:00～17:00、2樓11:00～14:30 休無休 ¥青豆糖1000日圓 🅟10輛 所仙北市角館町横町42-1 🚃JR角館站步行15分

MAP附錄P.16 B-4

➲店內販售許多アグリガーデン獨創甜點和秋田伴手禮

ゆかり堂製菓 駅通り店

購物

●ゆかりどうせいかえきどおりてん

手工製的樸實日式糕點深獲好評

販售各式麻花捲、煎餅和諸越餅等等的日式糕點店。招牌「落葉麻花捲」是延續自古傳統的手工糕點，懷舊滋味受到許多人的喜愛。

☎0187-54-1782

🅛9:00～18:00（10月21日～翌年3月20日8:30～17:30） 休無休 ¥黑糖落葉麻花捲（9個裝）378日圓 🅟2輛 所仙北市角館町中菅沢92-29 🚃JR角館站步行5分

MAP附錄P.16 D-4

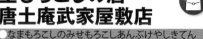

➲日式糕點店內販售許多象徵角館的知名角館點心

生もろこしの店 唐土庵武家屋敷店

購物

●なまもろこしのみせもろこしあんぶけやしきてん

以諸越餅添色的日式糕點

紅豆炒過的風味和微帶嚼勁的口感，是秋田知名點心「諸越」的特色。這裡販售保留些許炒紅豆風味的生諸越，可以品嘗比較滋味有何不同。

☎0187-52-8170

🅛8:30～17:30（冬季9:00～16:30） 休無休 ¥生諸越餅（2個×10包入）785日圓 🅟無 所仙北市角館町表町下丁17 🚃JR角館站步行20分

MAP附錄P.16 A-2

➲除了生諸越餅之外，還有包紅豆餡的生諸越「紅豆餡諸越」也很搶手

安藤釀造 麹くらぶ

購物

●あんどうじょうぞうこうじくらぶ

販售甜酒和調味料等

建築物以120年前的「マルヨ蔵」為雛型進行修繕、改建。販售甜酒和調味料等麴製品，也吃得到各種用麴製作的甜點、飲品。

☎0187-53-2008（安藤釀造）

🅛9:00～17:00 休週三（冬季為不定休） ¥甜酒864日圓，午餐750日圓起～ 🅟3輛 所仙北市角館町下新町34 🚃JR角館站步行15分

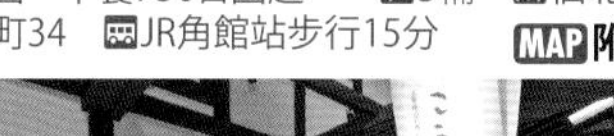

MAP附錄P.16 B-5

➲販售以甜酒與調味料「寒麴」等為主的麴製品

從角館延伸腳步

盡情徜徉大自然景觀 搭乘秋田內陸縱貫鐵道 邂逅日本原始風景！

從角館搭乘北上的地方支線「秋田內陸縱貫鐵道」，一邊欣賞田園風光般的景致，一邊愜意享受鐵道之旅！

秋 ⊖滿山楓紅的比立內站～奧阿仁站間的山中鐵橋

冬

春 ⊕從米內澤站～桂瀨站之間，有整片的油菜花田 ⊖列車穿梭在白雪妝點的羽後太田站～角館站之間

夏 夏天的米內澤站～桂瀨站之間有爭奇鬥艷的向日葵

徜徉大自然的地方支線

秋田内陸縱貫鐵道

●あきたないりくじゅうかんてつどう

全長94.2km的地方支線連接角館站到北秋田市鷹巢站，列車奔馳於以又鬼狩獵之鄉聞名的阿仁地區、花景出名的百名山「森吉山」西麓等秋田縣內首屈一指的自然之間，讓旅途充滿萬種風情。

☎0186-82-3231
¥角館站～鷹巢站1670日圓
MAP附錄P.11 A-3

鷹巢－西鷹巢－小ケ田－大野台－合川－上杉－米內澤－桂瀨－阿仁前田－前田南－小渕－阿仁合－荒瀬－萱草－笑內－岩野目－比立內－奥阿仁－阿仁又鬼－戸澤－上檜木内－左通－羽後中里－松葉－羽後長戸呂－八津－西明寺－羽後太田－角館

著名動畫電影《你的名字》之聖地

這個知名車站因為與創紀錄的電影場景相似，每天都有粉絲前來。

⊖在車站候車室還有許多粉絲留下的心情紙條

沿線都有溫泉和登山健行好去處！

附設又鬼資料館的山中溫泉旅館

阿仁又鬼站

打當溫泉獵人之湯

●うっとうおんせんまたぎのゆ

在這間位於阿仁山間的溫泉旅店，可品嘗到熊火鍋等獵人料理和鄉土料理，秋田話稱此為「Jyango（鄉下之意）料理」。另有展示又鬼獵人文化的資料館。

⊕可邊泡湯邊欣賞山色的露天溫泉

☎0186-84-2612 L不住宿純泡湯9:00～21:30／住宿IN16:00、OUT10:00 休不定休 ¥泡湯費600日圓，1泊2食9800日圓～ P50輛 所北秋田市阿仁打当仙北渡道上ミ67 交秋田内陸縱貫鐵道阿仁又鬼站搭接駁車5分（需預約） MAP附錄P.11 A-2

到名山輕鬆享受四季分明的景致

阿仁合站

森吉山

●もりよしざん

為標高1454m的獨立山峰，在平緩山腹上可見整片盎然的原生林。可以搭乘空中纜車到山脊，輕鬆感受200名山景色。夏天有高山植物，秋天則有山毛櫸林楓葉可欣賞。

⊕天氣好時，可見一望無際的日本海

☎0186-62-1851（北秋田市觀光物產協會） 交秋田內陸縱貫鐵道阿仁合站搭計程車30分，在阿仁滑雪場轉乘阿仁空中纜車20分，終點站下車，步行1小時45分 MAP附錄P.11 A-1

沿線景點還有這些！

「日本瀑布百選」第2名的名瀑布

阿仁又鬼站

安瀑布

●やすのたき

落差達90m的2段式結構而獲選入「日本瀑布百選」。相傳曾有美麗女子因悲戀而投瀑布輕生，因而被視為成就戀情的聖地，吸引情侶造訪。通往瀑布的樹林步道不太好走，建議時間充分者再前往。

☎0186-62-1851（北秋田市觀光物產協會） L自由參觀（11～翌年5月，需確認） P30輛 所北秋田市阿仁打当 交秋田內陸縱貫鐵道阿仁又鬼站搭計程車30分，安瀑布入口停車場步行45分

MAP附錄P.11 B-2

⊖流水如簾幕般美麗的名瀑布

阿仁礦山的風華歷史

阿仁合站

傳承館·異人館

●でんしょうかんいじんかん

在傳承館，可以了解從鐮倉時代開始採挖金礦、銀礦，而風華一時的阿仁礦山歷史。而異人館據說為西式建築先驅，更早於鹿鳴館和尼古拉教堂（東京聖者復活大教堂）。

☎0186-82-3658 L9:00～16:30 休週一（逢假日則翌日休） ¥400日圓 P10輛 所北秋田市阿仁銀山字下新町41-22 交秋田內陸縱貫鐵道阿仁合站步行5分

MAP附錄P.4 E-5

⊖鄰近阿仁合站，交通便利

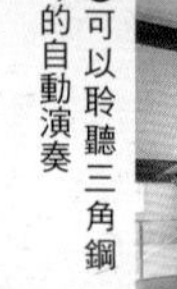

造訪名曲發源地

米內澤站

濱邊之歌音樂館

●はまべのうたおんがくかん

西式建築風格的紀念館，向世人展出《濱邊之歌》作曲者，亦即舊森吉町出身的成田為三，其個人音樂及豐功偉業。透過螢幕播放的影片可以了解成田為三的作品與生平。

☎0186-72-3014 L10:00～17:00 休週一 ¥540日圓 P40輛 所北秋田市米内沢寺の下17-4 交秋田內陸縱貫鐵道米內澤站步行15分

MAP附錄P.4 E-4

⊖可以聆聽三角鋼琴的自動演奏

金氏世界紀錄認證的綴子大太鼓

鷹巢站

大太鼓之館

●おおだいこのやかた

此處展示著獲金氏世界紀錄認證，直徑長達3.71m的太鼓，每年綴子神社大祭典必登場。其他還有從全球40個國家蒐集而來的140個太鼓。鄰近公路休息站 たかのす，交通方便。

☎0186-63-0111 L9:00～17:00 休無休 ¥420日圓 P150輛 所北秋田市綴子大堤道下62-1 交JR鷹巢站搭秋北巴士12分，綴子坂下車，步行5分

MAP附錄P.12 H-3

⊕大太鼓巨大到得抬頭仰看

乳頭溫泉鄉（にゅうとうおんせんきょう） 田澤湖（たざわこ） 大曲（おおまがり）

愜意放鬆在憧憬的祕湯與豐富大自然中

超好玩！人氣景點 鶴之湯溫泉 ➜P.37

超好逛！人氣觀光 田澤湖 ➜P.40

超好看！人氣活動 大曲煙火 ➜P.46

超好買！人氣伴手禮 蜂蜜產品 ➜P.45

CONTENTS

前往田澤湖的交通方式

- 秋田站 → 秋田新幹線小町 1小時 → 田澤湖站 → 羽後交通巴士 12分 → 田澤湖畔
- 秋田機場 → 共乘計程車秋田AIRPORTLINER乳頭號(需在1日前預約) 1小時35分 → 田澤湖
- 東北道盛岡IC → 國道46·341號 55分 → 田澤湖

前往大曲的交通方式

- 秋田站 → 秋田新幹線 30分 → 大曲站
- 秋田道大曲IC → 國道105號、縣道36號其他 15分 → 大曲市區

前往乳頭溫泉鄉的交通方式

- 秋田站 → 秋田新幹線小町 1小時 → 田澤湖站 → 羽後交通巴士 48分 → 乳頭蟹場溫泉
- 秋田機場 → 共乘計程車秋田AIRPORTLINER乳頭號(需在1日前預約) 2小時10分 → 乳頭溫泉鄉
- 東北道盛岡IC → 國道46·341號 1小時10分 → 乳頭溫泉鄉

憧憬的秘湯

在乳頭溫泉鄉度過療癒時光

名湯寶庫「東北」最具代表性的乳頭溫泉鄉，是位於山間的祕湯，當地有別具風情的7間溫泉旅館。前往時光愜意的人氣溫泉鄉，好好慰勞旅程的奔波勞累吧！

鶴之湯溫泉

這是溫泉鄉具代表性的乳白色混浴露天溫泉。背依大自然的開放式溫泉，是許多溫泉迷們憧憬的名湯。

深厚的乳白色泉水，即使男女混浴也不尷尬

原來乳頭溫泉鄉這麼好玩

乳頭溫泉鄉是秋田縣東部十和田八幡平國立公園內，位於乳頭山麓的7間溫泉旅館總稱。超過10處的湧泉引至各自的旅館，因為可沉浸在大自然與祕湯氣氛之中，而被譽為溫泉迷憧憬的祕湯。

樂趣之1 按照湯巡帖進行溫泉巡禮

各旅館都有販售「湯巡帖」（1800日圓，時效1年），提供入住旅客前往其他6間旅館泡湯，還有行駛於各旅館之間的循環巴士「湯巡號」可搭乘。如果是當天來回的旅客，只有要搭乘湯巡號的話，可以購買「湯巡地圖」（600日圓）。

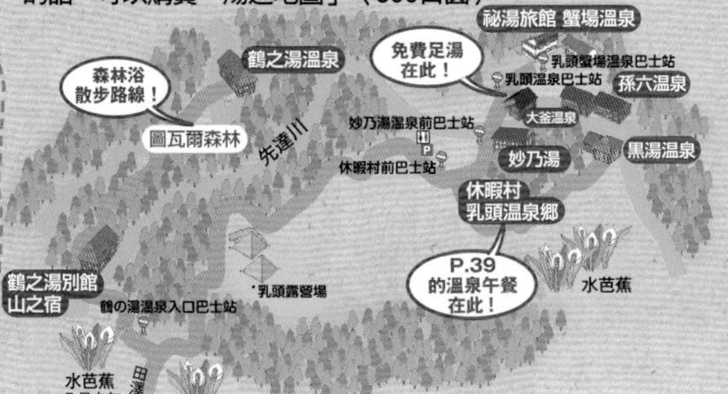

樂趣之2 漫步圖瓦爾森林

因為獲前德國駐日大使卡爾圖瓦爾盛讚為「理想的散步路徑」，因而以此命名。基本上是條好走的路線，但由於也有陡坡和吊橋等，建議還是要穿雙好走的鞋子。

山毛櫸原生林和溪流等豐富大自然歡迎旅客們到來

樂趣之3 大啖在地名產吧

配料有山藥丸子和山菜、香菇等，滋味純樸

有日本唯一使用天然山毛櫸酵母製造的在地啤酒，還有放入泉源煮成的溫泉蛋等，每間旅館都有販售各式伴手禮。此外，如果入住鶴之湯溫泉，晚餐還可品嘗到名產「山藥鍋」。

人氣No.1 鶴之湯溫泉大解剖！

乳頭溫泉鄉中高人氣的鶴之湯溫泉。從乳白色混浴露天溫泉到深具韻味的室內浴池等，一舉介紹鶴之湯溫泉的魅力！

室內浴池尤其受到女性遊客歡迎

白湯

湧泉量為鶴之湯之最，引自與混浴露天溫泉相同的泉源。也有保暖湯或美人湯之稱。

室內浴池充滿山中小屋的懷舊氣氛

中之湯

據說有助舒緩神經痛和眼睛疾病，因而又暱稱為「眼睛之湯」。在消除疲勞方面有一定好評。

黑湯

即便出浴也不覺得冷，而有熱水盆之湯的稱號。另外也以求子之湯聞名，因此受到許多年輕主婦喜愛。

據說惡劣氣候之前，泉水顏色會變黑

有許多友善女性的溫泉也是其特色

大白之湯

大正方形的女性專用浴池，是鶴之湯裡最為開放的一池。適合不太敢泡混浴露天溫泉的女性使用。

大白之湯（女性用露天溫泉）
白湯
瀧之湯
室內溫泉（住宿客專用）
黑湯
鶴之湯（混浴露天溫泉）
女性用露天溫泉
東本陣
中之湯
1號館
湯之澤
事務所
本陣
2號館
新本陣
本陣
3號館
水車小屋
本陣入口
鶴の茶舍
停車場

如此的鄉村感也是造就其人氣的原因之一

本陣入口

鶴之湯的入口外觀讓人彷彿置身古裝劇，真的是相當有祕湯氛圍。

洋溢祕湯氛圍的本陣住宿區最具人氣

本陣

茅草屋頂的本陣，是氣氛相當符合祕湯之名的住宿區。房間點煤油燈照明，旅客還能圍著地爐享用餐點。

鶴の茶舍

當日來回的旅客也可在這間茶店享用到餐點和茶飲。13時開始也會供應850日圓的名產山藥鍋定食。

店內展示著乳頭溫泉鄉的四季風景照

還有別館喔！

靜謐的私房溫泉旅館

鶴之湯別館 山之宿

●つるのゆべっかんやまのやど

這間獨棟旅館，位在鶴之湯溫泉前方約1.5km處。與鶴之湯溫泉同樣擁有乳白色泉水，可享受露天與室內浴場兩種泡湯趣。最適合喜歡充滿祕湯感設備的旅客。

使用在地木材打造出厚重的曲屋風格建築

露天溫泉可包場使用

☎0187-46-2100
IN15:00、OUT10:00 ¥1泊2食16350日圓～21750日圓 P15輛 所仙北市田沢湖田沢先達沢湯の岱1-1 JR田澤湖站搭羽後交通巴士40分，在アルパこまくさ下車，搭鶴之湯小型巴士5分(需聯絡)

入浴資訊

泉質	含硫磺、氯化鈉、氯化鈣、碳酸氫鹽泉
效能	慢性皮膚病、婦科慢性病、糖尿病等

MAP附錄P.12 F-4

乳頭溫泉鄉的代表 乳白色的大露天溫泉

鶴之湯溫泉

●つるのゆおんせん

為乳頭溫泉鄉歷史最悠久的旅館，乳白色混浴露天溫泉堪稱是溫泉鄉的代名詞。有4個溫泉泉源和8個溫泉，在一間旅館就能進行泉質各異的溫泉巡禮。

☎0187-46-2139
IN15:00、OUT10:00 ¥1泊2食8790日圓～16350日圓 P50輛 所仙北市田沢湖田沢先達沢国有林50 JR田澤湖站搭羽後交通巴士37分。鶴の湯温泉入口下車，步行30分(アルパこまくさ巴士站有接駁車)

MAP附錄P.12 F-4

東本陣也有地爐房型且相當受歡迎

以炭火燒烤的河魚和名產山藥鍋

無論哪個季節造訪都有不同風采的魅力旅館

入浴資訊

不住宿純泡湯	10:00～15:00 休無休(露天溫泉週一休，逢假日則翌日休) ¥600日圓、小學生300日圓
泉質	含硫磺、氯化鈉、氯化鈣、碳酸氫鈉鹽泉
效能	高血壓、動脈硬化症、風濕、皮膚病等

在乳頭溫泉鄉度過療癒時光

可眺望森林與溪流的2個開放式混浴露天溫泉

入浴資訊

不住宿純泡湯	10:00～15:00 休週二 ¥800日圓，兒童400日圓
泉質	含鈉、鎂的硫酸鹽泉、單純泉
效能	動脈硬化症、消化器官病症、皮膚病等

妙乃湯

●たえのゆ

擁有和風時尚洗鍊氛圍的溫泉旅館。可在7個浴場享受來自金之湯、銀之湯2個泉源的溫泉。還有專以女性愛好的家飾品打造的房間，被譽為友善女性的溫泉旅館。

0187-46-2740　IN15:00、OUT10:00　¥1泊2食13218日圓～22722日圓　P20輛　所仙北市田沢湖生保内駒ヶ岳2-1　JR田澤湖站搭羽後交通巴士46分，妙乃湯溫泉前下車即到

MAP附錄P.12 G-4

↑時尚和風樣式深受女性好評

←面朝先達川的櫻館客房

祕湯旅館 蟹場溫泉

●ひとうのやどがにばおんせん

約離旅館50m的溪流沿岸樹林中，就見混浴露天溫泉的蒸騰熱氣冉冉升起，別具情懷。乳頭溫泉鄉難得一見的無色透明溫泉，讓身體打從內部暖了起來。

入浴資訊

不住宿純泡湯	9:00～16:30 休無休 ¥600日圓，小學生300日圓
泉質	單純硫磺泉
效能	糖尿病、皮膚病等

0187-46-2021　IN14:00、OUT10:00　¥1泊2食9870日圓～15270日圓　P20輛　所仙北市田沢湖田沢先達沢50　JR田澤湖站搭羽後交通巴士48分，乳頭蟹場溫泉下車即到

MAP附錄P.12 G-4

↓靜謐的客房讓人愜意悠閒

↓男性專用室內溫泉是來自較熱的泉源

←「唐子之湯」傍晚的燈籠照明打造出夢幻氣氛

↓湯量豐富的「上之湯」混浴露天溫泉

在溫泉鄉最深處的
旅館感受湯治場的風情

黒湯溫泉

●くろゆおんせん

住宿區、泡湯區等建築物都包圍在山毛櫸林之中，讓這間溫泉旅館充滿祕湯的氛圍。混浴的「上之湯」、男女分開的「下之湯」，都分別設有露天和室內兩種可享用。冬季不營業。

入浴資訊

不住宿純泡湯	4月中旬～11月中旬，9:00～16:00 休期間中無休 ¥600日圓，小學生300日圓
泉質	單純硫磺泉(硫化氫類型)
效能	動脈硬化症、高血壓、末梢循環不良等

0187-46-2214　IN15:00、OUT9:30　¥1泊2食12570日圓～　P50輛　所仙北市田沢湖生保内黒湯沢2-1　JR田澤湖站搭羽後交通巴士45分，休暇村前下車步行25分(旅館的接駁車需預約)

MAP附錄P.12 G-4

↓山毛櫸林環繞的旅館堪稱名符其實的祕湯

↓最低限度的設備展現滿滿的湯治場氛圍

孫六温泉

●まごろくおんせん

洋溢著往昔以溫泉治病場所而繁盛一時的氣氛，滿有鄉間氣息的一間旅館。在先達川河灘發現泉源的溫泉，因其功效而被稱為「山之藥湯」。此處擁有4個泉源，並有室內和露天浴池。

0187-46-2224 IN15:00、OUT9:30 ¥1泊2食9870日圓～ P15輛 所仙北市田沢湖田沢先達沢国有林 JR田澤湖站搭羽後交通巴士47分，乳頭溫泉下車，步行15分

MAP附錄P.12 G-4

入浴資訊

不住宿純泡湯	7:00～17:00 休不定休 ¥520日圓，兒童260日圓
泉質	單純硫磺泉、鐳礦泉
效能	腸胃病、外傷、皮膚病等

溫泉旅館仍殘留著往昔溫泉治病場所的氛圍

從住宿區沿著河川往下走到入浴區泡湯

潺潺流水聲伴隨直到客房

混浴露天浴池在19時～20時30分為女性專用

從約2坪大的房間到寬闊的房型(新館)都有

門口前方的足湯區也很有人氣

大釜温泉

●おおがまおんせん

這間溫泉旅館移築自充滿懷舊氣息的木造校舍，遼闊大浴場盈滿微微帶綠的乳白色溫泉水，除了有檜葉打造的露天浴池，夏天還能享受足湯樂趣。還有以野菜製作的家庭風晚餐也深獲好評。

0187-46-2438 IN14:00、OUT9:30 ¥1泊2食10800日圓～12960日圓 P50輛 所仙北市田沢湖田沢先達沢国有林50林班 JR田澤湖站搭羽後交通巴士47分，乳頭溫泉下車即到

MAP附錄P.12 G-4

入浴資訊

不住宿純泡湯	9:00～16:30 休不定休 ¥600日圓，小學生300日圓
泉質	酸性，含氯化砷、氯化鈉，硫酸鹽泉
效能	真菌病、慢性膿皮症、風濕性疾病等

移築自木造校舍洋溢風情的溫泉旅館

男性專用露天浴池。據說綠白色溫泉殺菌效果強

休暇村乳頭溫泉鄉

●きゅうかむらにゅうとうおんせんきょう

擁有泉質和溫度各異的2種泉源，山毛櫸林環繞的露天浴池和遼闊室內浴池，都能享受到天然溫泉。晚餐為提供多達40種菜色的創意自助餐類型。還有烤米棒火鍋等每天會推出不同的鄉土火鍋都頗具好評。

0187-46-2244 IN15:00、OUT10:00 ¥1泊2食11200日圓～ P100輛 所仙北市田沢湖生保内駒ヶ岳2-1 JR田澤湖站搭羽後交通巴士45分，休暇村前下車即到

MAP附錄P.12 G-4

旅館旁就有巴士站。堪稱乳頭溫泉鄉玄關口的地理位置

客房有西式或日式可以選擇。

在山毛櫸林的環繞下，迎著舒適清風的露天浴池

入浴資訊

不住宿純泡湯	11:00～17:00 休不定休 ¥600日圓，兒童300日圓
泉質	碳酸氫鈉泉、單純硫磺泉
效能	動脈硬化症、高血壓等

超划算 午間套餐一定要嘗嘗看

休暇村乳頭溫泉鄉的松花堂便當還附贈泡湯（2700日圓～，5名以上才能預定，需5日前預約）相當划算。享受完溫泉之後，就用秋田知名料理大快朵頤一番。

推薦MENU

秋田牛排御膳	2880日圓
秋田小鉢	1950日圓
比內地雞親子蓋飯	1460日圓

附生魚片和鄉土火鍋的松花堂便當

午餐就享用在地品牌牛

無論是露天浴池或鄉土火鍋都令人大滿足

盡情徜徉日本第一深湖

田澤湖遊玩行程

日本最深的湖泊「田澤湖」大有看頭，除了有能量景點散布四處，還可以兜風、搭乘觀光船等。盡情享受在玩法多樣的湖畔度假勝地吧！

誰是辰子公主？

她是為祈求永恆的美貌而化身為龍的傳說美少女，田澤湖畔最具代表性，閃耀金色光輝的「辰子像」就是以其形象打造。據傳她與秋田縣西部的八郎潟之主「八郎太郎」是一對戀人。

琉璃色湖畔旁的度假勝地

たざわこ
田澤湖

位於秋田縣中東部，深達423.4m的日本最深湖泊。太陽光落在深不見底的湖水，讓湖面呈現一片蔚藍。遊湖方式豐富多樣，搭乘觀光船的湖面散步也很不錯。

☎0187-43-2111（仙北市田澤湖觀光資訊中心「Folake」） 所仙北市田沢湖田沢 交JR田澤湖站搭羽後交通巴士12分，田沢湖畔下車即到

MAP P.45 B-2

遊玩行程1

船行40分的湖上巡禮

たざわこゆうらんせん
搭乘田澤湖觀光船來趟湖上巡禮

會經過御座石神社和辰子像繞行一圈

搭船處幾乎就是在辰子像的正對岸

觀光船從田澤湖Rest House前的白濱出發，一趟航行大約40分鐘。可欣賞到日本水深最深的湖──田澤湖那驚艷的藍色湖面及風景，同時感受乘船之趣。

☎0187-43-0274（田澤湖Rest House）
營4月下旬～11月上旬、9:00、11:00、13:00、15:00發船（7月20日～8月20日增加10:00、12:00、14:00、16:00班次）
休期間中無休
¥1200日圓，兒童600日圓
P100輛（Rest House停車場）
所仙北市田沢湖田沢春山148
交JR田澤湖站搭羽後交通巴士12分，田沢湖畔下車即到

MAP P.45 C-2

遊玩行程2

結緣神社

うきぎじんじゃ
到浮木神社祈求好姻緣！

位在辰子像旁，附近也有攤販

位在辰子像旁的結緣神社，宛如突出於湖面，歷經歲月風霜而變色的木造建築充滿歷史感。也可以抽個籤看看運勢喔。

☎0187-43-2111（仙北市田澤湖觀光資訊中心「Folake」） 營自由參拜 P無
所仙北市西木町西明寺潟尻
交JR田澤湖站搭羽後交通巴士30分，潟尻下車即到

MAP P.45 A-3

遊玩行程4 辰子公主相關能量景點 鏡石（かがみいし）

依照沿路的指標前進

途經搭建於沼澤上的「許願橋」

許願橋旁有塊「成真岩」

抵達綁有注連繩的「鏡石」了！

相傳辰子公主上山採野菜時，把這塊岩石當作鏡子以便化妝。從御座石神社出發需爬山15分、300m左右，建議穿運動鞋前往。 MAP P.45 A-1

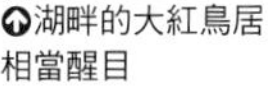

↑湖畔的大紅鳥居相當醒目

遊玩行程3 供奉辰子公主 到御座石神社（ございしじんじゃ）參拜

神社周邊散布著辰子公主傳說相關景點、7品種樹木從同一株生長出來的「七種木」等不可思議的特色景點。附近還有咖啡廳和伴手禮店，也相當適合散步。

☎0187-43-2111（仙北市田沢湖觀光資訊中心「Folake」） 境內自由參觀 P50輛 所仙北市西木町桧木内相内潟1 JR田澤湖站搭羽後交通巴士1小時，御座石神社下車即到 MAP P.45 A-1

↑神社境內也有辰子像坐鎮

遊玩行程5 繞行一周約30分 兜風也好愉快！

田澤湖一圈約20km， 30～40分左右的兜風也很愉快。在湖的北側和南側，可以感受到不同的田澤湖風情。

↑繞湖兜風

兜風途中小歇片刻

品嘗元祖味噌烤米棒

たつこ茶屋（たつこちゃや）

名產辰子米棒是將白飯裹在棒上，再刷上特製甜鹹味噌醬燒烤的烤物。味噌的馥郁香氣令人垂涎三尺，搭配醃漬煙燻白蘿蔔超對味。店內有大地爐，可以看著米棒在眼前烤好。除了辰子米棒，還有稻庭烏龍麵、香烤岩魚等餐點。

☎0187-43-0909 4月下旬～11月上旬、9:00～16:30 休期間中不定休 P30輛 所仙北市田沢湖潟中山40-1 JR田澤湖站搭羽後交通巴士26分，大沢下車即到 MAP P.45B-3

↑就是要趁熱吃的辰子米棒300日圓

湖邊行程結束後就用午餐來填飽肚子吧 田澤湖周邊午餐吃這些！

跑遍田澤湖的景點後飢腸轆轆，就到湖畔享用午餐吧。湖景陪伴下的用餐時光就是不一樣！

種類豐富的自助餐相當熱門

たざわこはーぶがーでんはーとはーぶ

田澤湖香草園 Heart Herb

↑鬆軟蛋包飯864日圓

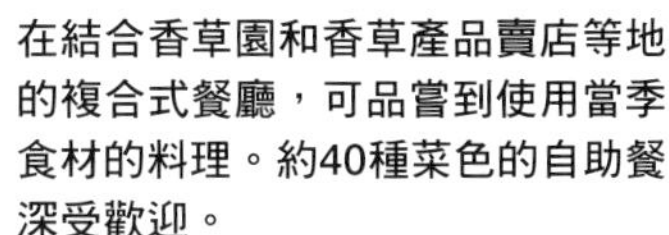

在結合香草園和香草產品賣店等地的複合式餐廳，可品嘗到使用當季食材的料理。約40種菜色的自助餐深受歡迎。

☎0187-43-2424 10:00～16:00（週六、日、假日9:00～17:00） 休無休（11月中旬～翌年4月上旬為週一～五，逢假日則開園） P200輛 所仙北市田沢湖田沢潟前78 JR田澤湖站搭羽後交通巴士12分，田沢湖畔下車步行20分 MAP P.45 B-2

↑自助午餐為週六、日及假日的11：00～14：30，1728日圓（小學生864日圓，兒童540日圓）

←在可飽覽田澤湖風光的餐廳享用草本茶

↑（左）人氣第一名是行者蒜臘腸1188日圓。（右上）可以透過大片玻璃窗，環視田澤湖景。（右下）灑上起司增添柔滑口感的拿坡里義大利麵1188日圓

概念強打「讓蔬菜更美味」

こはんのもりれすとらんおらえ

湖畔の杜レストラン ORAE

這間餐廳的每個座位都能飽覽田澤湖風光。隨季節調整的菜色，使用了大量蔬菜，健康滿點深獲好評。快來品嘗大自然的恩典吧。

☎0187-58-0608 11:30～20:00（有變動，需確認） 休不定休 P43輛 所仙北市田沢湖田沢春山37-5 JR田澤湖站搭羽後交通巴士12分，公園入口下車，步行10分 MAP P.45 B-2

從田澤湖輕鬆出發的健行路線

抱返溪谷

だきがえりけいこく

田澤湖出發 車程20分

獨特夢幻的藍色溪流美景使人陶醉

抱返溪谷是知名的新綠與楓紅勝地，號稱東北的耶馬溪，美麗溪流擁有令人屏息的獨特藍色，魅力滿點！沿著1.5km的完善步道，特色景點一一展現眼前。到折返點的回望瀑布路程約30分，算是負擔不大的散步路線，可以看到大人小孩輕鬆漫步其中的身影。

MAP 附錄P.13 D-2
0187-43-2111（仙北市田澤湖觀光資訊中心「Folake」）
自由參觀（11月下旬～4月下旬禁止通行） P 120輛 所 仙北市田澤湖卒田～角館町廣久內 JR角館站搭計程車15分

與田澤湖同為秋田具代表性的觀光景點，抱返溪谷擁有東北首屈一指的美麗溪谷風光。快來進行單程約30分的健行，一路上都能欣賞到山間美景！

Start! 停車場 →即到→ 1 抱返神社 →約3分→ 2 神岩橋 →約7分→ 3 茣蓙石 →約5分→ 4 若狹急流 →約10分→ 5 誓願寺 →約4分→ 6 回望瀑布 Goal!

路線導覽
路線長度・全1.5km
所需時間・約30分（單程）

步道途中也可看到冷泉湧出

6 回望瀑布
みかえりのたき

瀑布就像穿著和服的女性，讓人不禁頻頻回頭凝望，因而得名

5 誓願寺
せいがんじ

抱返溪谷首屈一指的風景名勝。流過深潭的噴濺水花有如線香煙霧，因而得名

4 若狹急流
わかさのきゅうりゅう

據說流入水庫前的激流，會發出有如野獸吼叫般的聲響

隨季節變化呈現帶綠的藍、清澈的藍等豐富樣貌的溪流

3 茣蓙石
ござのいし

為抱返溪谷的奇岩之一，寬闊平坦的巨岩，就像好幾片攤開的草蓆（茣蓙）

2 神岩橋
かみのいわはし

吊橋搭建在溪谷入口處，全長80m。是秋田縣內最古老的吊橋

染得又黃又紅的溪谷堪稱絕景

Check!

抱返紅葉祭
だきかえりこうようさい

祭典於10月上旬～11月上旬舉辦，紅色群山與藍色溪流呈現美麗對比，令人目眩神迷。停車場在賞楓期間需收費，普通客車300日圓。由於人潮眾多，建議在角館站搭乘接駁巴士等大眾交通運輸前往。

0187-43-2111（仙北市田澤湖觀光資訊中心「Folake」）

1 抱返神社
だきがえりじんじゃ

神社就位在抱返溪谷的入口處，在老杉樹的環繞下，充滿著莊嚴的氣氛

商店

抱返賣店的拉麵和口味豐富的美味霜淇淋皆獲好評
0187-44-2910

玉川

乳頭溫泉鄉出發 車程15分

田澤湖高原

たざわこうげん

引以為傲的豐富大自然和溫泉

在大自然豐富的田澤湖周邊，有許多景點不分季節都相當有趣。在盡情遊遍之後，就悠悠哉哉泡個湯，慰勞旅程中疲憊的身軀吧。

秋田駒岳的高山植物

珍車 花季6～8月
大多分布於東日本的高山植物，花謝之後的果實形狀就好像風車一樣。

輪葉沙參
花季7月中旬～8月中旬
幾乎分布於本州山區的多年草高山植物。淡紫色吊鐘狀為其特色。

白山石楠花
花季7月中旬～下旬
石楠花中開花最晚的品種。花朵為3～4cm漏斗狀，並且有粉色斑點。

可找嚮導同行
如果要在秋田駒岳登山健行，建議可請嚮導同行。
「山の案内人」嚮導事務所／
☎0187-43-1740

秋田駒岳

●あきたこまがたけ

標高1637m，以秋田縣最高峰男女岳為主峰，為秋田最具代表性的名山。每到6月中旬～7月下旬，從8合目開始到山頂一帶，可以看到荷包牡丹、北萱草等100種以上的花卉。

☎0187-43-2111
(仙北市田澤湖觀光資訊中心「Folake」)
P 50輛
所 仙北市田澤湖生保內駒ヶ岳
交 到8合目可在JR田澤湖站搭羽後交通巴士1小時，駒ヶ岳八合目下車(6～10月的週六、日及假日運行，6月下旬～8月中旬每日運行)
MAP 附錄P.12 G-5

Alpa komakusa

●アルパこまくさ

可作為登山健行的據點

駒岳山麓的不住宿溫泉設施。此處提供登山資訊，作為登山健行據點亦很方便，此處也有公車站。MAP 附錄P.12 E-5

☎0187-46-2101
L 食堂11:00～15:00
休 無休(11～4月週四休)
P 200輛
所 仙北市田澤湖生保內駒ヶ岳2-16
交 JR田澤湖站搭羽後交通巴士35分，アルパこまくさ下車即到

泡湯資訊
L 9:00～19:00(12～3月為9:30～17:30)
¥ 520日圓，小學生300日圓，小學以下兒童免費

此處還有秋田駒岳資訊中心

露天風呂水澤溫泉

●ろてんぶろみずさわおんせん

不住宿溫泉來這裡！

為水澤溫泉鄉的泡湯設施，深約1m的露天浴池，盈滿乳白的混濁色溫泉。由於相當滋潤肌膚，因而備受好評。

☎0187-46-2111
休 需洽詢
P 60輛
所 仙北市田澤湖生保內下高野73-15
交 JR田澤湖站搭羽後交通巴士25分，水沢溫泉鄉下車即到
MAP 附錄P.12 E-5

盡情享受大自然環繞下的泡湯樂趣

泡湯資訊
L 9:00～21:00
¥ 600日圓，小學生300日圓

民宿白星

●ぺんしょんしろいほし

享受湖景和溫泉的樂趣

擁有天然溫泉的包租浴池也有極致美景，可將駒岳和田澤湖風光盡收眼底。還能在庭院進行BBQ、到天文台內看星星。

☎0187-46-2525 L IN15:30、OUT10:00
¥ 1泊2食8950日圓 P 10輛 所 仙北市田澤湖生保內下高野72
交 JR田澤湖站搭羽後交通巴士27分，田沢湖スキー場前下車即到
MAP 附錄P.12 E-5

可以觀測星星和享受BBQ

追加情報 田澤湖周邊

●たざわこしゅうへん

刺卷濕原水芭蕉群生地

●さしまきしつげんみずばしょうぐんせいち

景點

欣賞國道沿線的水芭蕉

從國道46號稍微南下的地方，有約3公頃的溼地。環繞在水柯子之中的濕地，最佳賞景期為4月上旬～5月上旬，可看得到群生的水芭蕉和臭菘。

➡有完善的木棧道方便參觀

✆0187-43-2111（仙北市田澤湖觀光資訊中心「Folake」）自由參觀 P80輛 所仙北市田沢湖刺巻 JR刺巻站步行15分

MAP 附錄P.13 D-1

豬牙花群生之鄉

●かたくりぐんせいのさと

景點

整片淡紫色絨毯美得令人忘我

在特產品西明寺栗的栗園中，開滿整片可愛的淡紫色豬牙花花朵。這是日本最大規模的群生地，賞花期為4月中旬～5月上旬，這時也有不少縣外遊客造訪。

✆0187-42-8480（西木町觀光協會豬牙花館內）
4月中旬～5月上旬、8:00～17:00 休期間中無休
¥門票300日圓 P80輛 所仙北市西木町小山田八津地区·鎌足地区
秋田內陸縱貫鐵道八津站步行5分

MAP 附錄P.11 A-6

➡這麼大規模的野生豬牙花實屬罕見

田澤湖金色大觀音

●たざわここんじきだいかんのん

景點

來參拜閃耀金色光芒的觀音吧

為開運招福，便於昭和62（1987）年興建這座高達35m的大觀音。在鑄造方式打造而成的高觀音像中，這座為日本之最，底座為帶有聲光效果的夢幻宮殿，還可以進行四國八十八所靈場的踏砂巡禮。

➡穿過繽紛的大門就能看到正面的觀音像

✆0187-46-2016（森之風田澤湖酒店）
9:00～15:00 休週四（12～翌年3月資料館休館）
¥300日圓（12～翌年3月免費參拜） P100輛
所仙北市田沢湖生保內下高野82-117 JR田澤湖站搭羽後交通巴士20分，大觀音入口下車步行12分

MAP P.45 C-2

秋田藝術村

音樂劇等趣味無限

●あきたげいじゅつむら

人氣蕨劇團的主場，以原創音樂劇表演深受歡迎。在觀劇之後，可好好泡個湯，或是到餐廳喝在地啤酒……。工藝館的雕刻體驗也是旅途好回憶。

✆0187-44-3939 視設施而異 休不定休 ¥免費入村 P200輛 所仙北市田沢湖卒田早稲田430 JR角館站搭免費接駁巴士7分

MAP 附錄P.13 C-2

蕨劇場

●わらびげきじょう

世界知名的奇蹟音樂劇場，舞台比觀眾席還要寬闊，能讓觀眾欣賞到動感的原創劇作。

✆0187-44-3915
休¥視公演而異（需洽詢）

➡舞台比觀眾席還要寬闊的開放式劇場

森林工藝館

●しんりんこうげいかん

可以體驗製作飾品、名牌等木雕，還有陶笛彩繪、陶器製作體驗（需預約）。

➡製作、販售原創木工藝品

✆0187-44-3981
9:00～16:00 休不定休

TAZAWAKO BEER RESTAURANT

●たざわこびーるれすとらん

➡透過餐廳的大片玻璃窗，可欣賞美麗的中庭

可品嘗到附設工廠製造的在地啤酒「田澤湖啤酒」。田澤湖啤酒（每杯）410日圓，午餐餐點950日圓起。

✆0187-44-3988 11:00～16:30（週五、六、日～20:30）
休週二（11～翌年3月為週二、三）

Yupopo溫泉飯店

●おんせんゆぽぽ

在寬廣的檜木大浴場享受溫泉之餘，還能欣賞庭園美景。餐飲店和賣店，也提供住宿。

➡洗臉方巾、浴巾（租借）各100日圓

✆0187-44-3333
10:00～22:00 休不定休
¥650日圓，小學生400日圓

＊同時品嘗懷舊與現代的滋味＊ 聚焦合掛神代咖哩!!

合掛神代咖哩能夠同時品嘗到昭和30年代的咖哩與現代咖哩兩種風味。食材幾乎是取自當地。

荷包蛋
白飯上可以選擇加荷包蛋或溫泉蛋，拌在醬汁中一起吃

懷舊風咖哩
傳統咖哩的味道較清淡，可以淋上醬汁享用

現代風咖哩
以多蜜醬為底的現代風咖哩，每間店有各自獨家滋味

➡神代咖哩飯900日圓。當季醬菜也很美味

販售正統神代咖哩 レストラン味彩

●れすとらんあじさい

這間是深受在地人支持的和洋料理餐廳。現代風格的神代咖哩，需費工燉煮1整天才使咖哩有層次豐富的滋味。

✆0187-44-2255
11:00～20:00 休不定休 P20輛
所仙北市田沢湖神代街道南111-3
JR生田湖站步行10分

MAP 附錄P.13 C-2

分量滿點的神代咖哩飯 お食事処ばっきゃ

●おしょくじどころばっきゃ

此為「秋田藝術村」裡的餐飲店。除了可大啖秋田鄉土料理到平民小吃，還有田澤湖啤酒可喝。

✆0187-44-3955（Yupopo溫泉飯店）
11:00～21:45 休不定休 P200輛 所仙北市田沢湖卒田早稲田430 JR角館站搭免費接駁巴士7分

MAP 附錄P.13 C-2

➡神代咖哩飯1026日圓，附沙拉、味噌湯

THAT SOUNDS GOOD!

咖啡廳

●さうんずぐっど

森林中的寧靜午茶時光

位在田澤湖畔的這間民宿，晚上作為咖啡廳營業（週六、日及假日中午也營業）。自家焙煎的咖啡和瑪芬為人氣商品。第1個週六晚上有現場演奏，每年也會舉辦數次爵士音樂會。

☎0187-43-0127

🕒18:30～23:00（週六、日及假日11:00～16:00也營業） ¥咖啡324日圓，瑪芬216日圓 P10輛 所仙北市田沢湖田沢潟前160-58 🚌JR田澤湖站搭羽後交通巴士12分，田沢湖畔下車步行20分

MAP P.45 B-1

↑座落於田澤湖畔森林中

フィールズ

購物

香氛與草本商品專賣店

田澤湖香草園Heart Herb內的草本商品專賣店。販售精油、草本護膚用品等純正芳療用品。另有頗受歡迎的體驗教室。

☎0187-43-2424（田澤湖香草園Heart Herb）

🕒10:00～16:00（4月中旬～11月上旬的週六、日及假日9:00～17:00） 休11月中旬～翌年4月上旬週一～五（逢假日則營業） ¥精油648日圓起，體驗教室（手作草本肥皂）648日圓 P200輛 所仙北市田沢湖田沢潟前78 🚌JR田澤湖站搭羽後交通巴士12分，田沢湖畔下車步行20分

MAP P.45 B-2

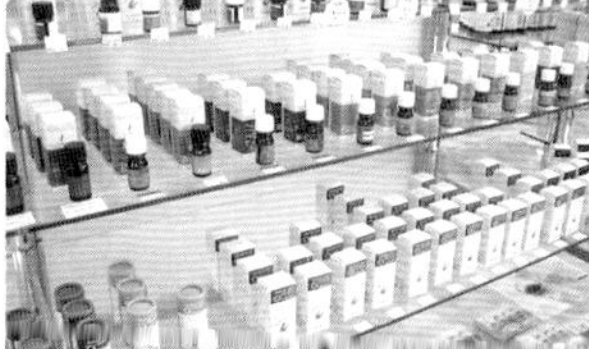

↑芳療精油品項豐富齊全

→除了草本相關產品，也有豐富的秋田伴手禮

山のはちみつ屋

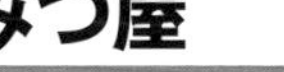

購物

●やまのはちみつや

有超多蜂蜜相關伴手禮！

在圓頂型的店內陳列著許多蜂蜜相關商品。不妨一邊試吃一邊挑選喜歡的商品，或是購買藥粧品等種類豐富的蜂蜜周邊商品。

☎0187-43-3838

🕒9:00～17:30（披薩工房10:00～17:00、視時期而異） 休無休（披薩工房週四休） ¥EM美白化妝水1944日圓，蜂蜜楓糖175g 988日圓 P100輛 所仙北市田沢湖生保内石神163-3 🚌JR田澤湖站搭羽後交通巴士10分，田沢湖橋下車即到

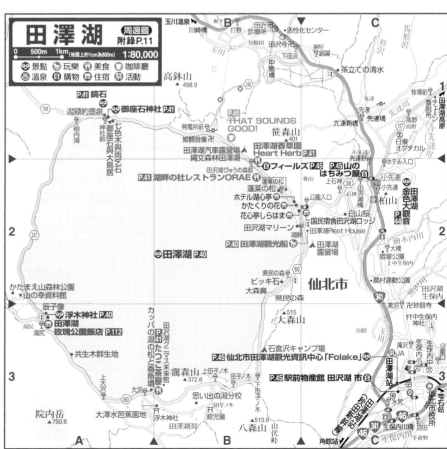

MAP P.45 C-2

↑免費休息區「Queen Bee's Café」

→EM美白化妝水，添加蜂膠及天然草本

←EM護膚霜，是小嬰兒也可使用的乳霜

→蜂蜜楓糖可以搭配鬆餅享用

駅前物産館 田沢湖 市

購物

●えきまえぶっさんかんたざわこいち

移築自古民家的站前物產館

物產館移築自鎧畑地區古民家，並改作商店使用。除了有蜂蜜、在地酒等田澤湖周邊特產之外，還販售當地栽種的山菜和農產品。也有蕎麥麵店可用餐。

☎0187-43-3511

🕒9:00～18:00 休無休 ¥民、工藝品108日圓～，在地產蔬菜時價 P20輛 所仙北市田沢湖生保内水尻59-40 🚌JR田澤湖站即到

MAP P.45 C-3

↑在移築自古民家的建物內享受購物和用餐

來此索取旅遊資訊

區域專欄

這是位在JR田澤湖車站內的觀光服務處。提供田澤湖、角館、西木區詳盡的觀光資訊及手冊，此外亦能協助區域內的住宿訂房。

←就位在JR田澤湖車站內，方便前往

仙北市田澤湖觀光資訊中心「Folake」

●せんぼくしたざわこかんこうじょうほうせんたーふぉれいく

MAP P.45 C-3

☎0187-43-2111 🕒8:30～17:30 休無休

P20輛 所仙北市田沢湖生保内男坂68

🚌JR田澤湖車站內

田澤湖 周邊圖 附錄P.11

0 500m 1km（地圖上約1cm為800m） 1:80,000

景點 玩樂 美食 咖啡廳 溫泉 購物 住宿 活動

大曲煙火

日本全國煙火師的熱情點亮了夜空

大曲是創意煙火的發源地，從明治43（1910）年開始，每年都會舉辦日本全國煙火競技大會「大曲煙火」，總會吸引來自日本各地的無數觀光客造訪，一同沉醉在技藝超群的煙火師們華麗的煙火當中。

8月第4週六

推薦煙火Best 3

2 創意煙火

有星點緩緩垂落的冠菊，還有在綻放後的幾秒鐘又開出千朵煙花的造型等。這是相當需要煙火師創意和技術的項目。照片提供／大曲商工會議所。

照片提供／大曲商工會議所

1 鑲嵌煙火

意指以同心圓狀展現正圓形的菊型煙火，參賽的煙火則需要打造4層以上的圓形。最理想的狀態就是以正圓形綻開後，每層再同時一起消失。

照片提供／大曲商工會議所

日本全國煙火競技大會「大曲煙火」

●ぜんこくはなびきょうぎたいかいおおまがりのはなび

凝聚了日本煙火師們的技術與創意，集結煙火藝術於一堂的最高潮。大會分為「白晝煙火」和「黑夜煙火」兩部分，而夜晚部分更分為10號尺寸的「層層鑲嵌組」、「自由尺寸組」及表現性豐富的「創意煙火組」，組成了各自角逐冠軍的比賽。

0187-62-1262（大曲商工會議所）
需確認 有付費觀賞座位（需確認）
18000輛 大仙市雄物川河川敷
JR大曲站步行30分

MAP 附錄P.13 C-3

有些區域會從前一天就進行交通管制，尤其散場的壅塞是可預期的。盡量把時間安排充裕或搭乘大眾交通運輸。

※活動舉辦期間和內容可能會有變更。敬請事先確認。

大會當天活動熱鬧滾滾!

(2013年的情形)

大曲站前歡迎太鼓

照片提供／大仙市

大會當天上午，JR大曲站前廣場由大曲太鼓道場進行迎賓表演。太鼓激昂的聲音迴盪在充滿熱鬧祭典氛圍的街上更加炒熱氣氛。

煙火講座

由日本花火鑑賞士會的花火鑑賞師，為民眾講解欣賞煙火的重點。免費講座每1小時舉行1次，每次約20分鐘。

☎0187-62-6887(大曲煙火俱樂部)

講座會場 花火庵

街頭音樂Show

街頭會設置幾個特設舞台，由各界音樂家表演唱歌、跳舞。

大曲 煙火週

各位知道嗎?

大仙市把煙火大會開始前一週訂為煙火週，期間會舉辦各種活動，每天也會施放不同煙火。詳情請洽大區商工會議所。

享受在地美食!

在地美食王國・秋田

煙火大會當天和前一天，秋田在地美食會通通集結在特設會場，趁這大好機會一次盡享秋田好滋味！

➲男鹿人氣小吃「男鹿鹽汁炒麵」(右)。添加白神蔥的「白神蔥炒麵」也很搶手(左)

大曲煙火原創

小包巾 600日圓

➲小包巾上頭滿布小煙火，深受女性顧客喜愛

※照片為示範

HANABI OMAGARI T

2500日圓

➲男女老幼都愛的高人氣T恤， 還有人買了就馬上穿

大曲煙火

煙火球米果

1620日圓

(122g 附煙火筒)

➲煙火筒的造型做擺飾品也OK

大仙市觀光資訊中心 GRAND PORT

這裡也Check

●だいせんしかんこうじょうほうせんたーぐらんぽーる

觀光資訊中心位在JR大曲站2F，可以利用電腦搜尋旅遊資訊，還能買伴手禮。伴手禮中有各種煙火商品，幾乎令人眼花撩亂。

☎0187-86-0888

L 9:00～18:00(煙火當天～19:00) 休 無休

P 無 所 大仙市大曲通町6-5 JR大曲站2F

JR大曲車站內

MAP 附錄P.13 C-3

這裡可獲旅遊資訊和買伴手禮!

➲擠滿來買煙火商品的遊客

照片提供／大曲商工會議所

照片提供／大曲商工會議所

照片提供／大曲商工會議所

照片提供／大曲商工會議所

當日流程表

〈第1部 白晝煙火組〉

17:30 大會開始火炮大雷

17:35 比賽開始

18:15 結束大雷

〈第2部 黑夜煙火組〉

18:50 大會開始火炮大雷

19:05 比賽開始

21:30 結束

3 白晝煙火

白晝煙火是只在日本大曲才有舉辦的項目。以煙龍、煙菊進行比賽，競賽的重點是利用紅色、藍色和黃色等彩煙，展現出豐富燦爛的色彩。

大曲

●おおまがり

姫神公園

玩樂

●ひめがみこうえん

仙北平原一覽無遺的丘陵公園

此為大曲的代表性公園，亦入選「新觀光秋田30景」。出羽丘陵一帶為完善的公園設施，可俯瞰市鎮西邊和雄物川，眼前則是整片遼闊的仙北平原。

0187-66-4908(大仙市都市管理課公園班)
自由入園 P70輛 所大仙市花館松山地內
JR大曲站搭計程車10分

MAP附錄P.13 C-3

可遠眺至奥羽山脈

史跡の里交流プラザ柵の湯

溫泉

●しせきのさとこうりゅうぷらざさくのゆ

仿造払田柵跡的不住宿溫泉

仿造鄰近的払田柵跡，使用大量木材打造出厚重建築感。溫泉水具良好功效，附設三溫暖的大浴場和充滿開放感的露天浴池等都甚獲好評。

0187-69-3311 7:00～20:00 休第3週二(逢假日則營業，個人湯屋週一～五休) ¥泡湯費400日圓，兒童200日圓；包租浴池600日圓，兒童300日圓 P120輛 所大仙市板見内一ツ森149 JR大曲站搭計程車15分

MAP附錄P.13 D-3

具紓解疲勞、肌膚美容功效的溫泉令人放鬆

レストランシマダ

美食

在老牌西餐廳享用美味肉類料理

由嶋田火腿直營的西餐廳，自德國學成歸國的老闆所自製香腸堪稱絕品。由於工廠就在隔壁，因此可吃到剛做好的香腸。還有漢堡排等肉類料理也有一定好評。

0187-62-3278 11:00～14:00、17:00～20:00 休週一(逢假日則翌日休) ¥漢堡排午間C套餐1058日圓 P30輛 所大仙市若竹町26-23 JR大曲站步行10分

MAP附錄P.13 C-3

可品嘗到堅持德國工法製作的火腿與香腸

大仙市產業展示館

景點

●だいせんしさんぎょうてんじかん

修復自秋田藩主下榻的驛站旅店

這間資料館，是重建自秋田藩主佐竹公在參勤交代時下榻的驛站旅店「鞠水館」。館內除作為個人或同好會的作品展覽場地，也展出部分煙火相關文物。

0187-62-5855 9:00～16:00 休週一 ¥免費 P20輛 所大仙市大曲大町7-3 JR大曲站步行10分

MAP附錄P.13 C-3

重建作為文教設施

神岡嶽雄館

景點

●かみおかがくゆうかん

棒球迷必逛博物館

舊神岡町被視為秋田縣少年棒球的發源地，此館不僅展示縣內棒球相關資料，還有職棒、美國大聯盟等與棒球有關的各種文物。

0187-72-2501 9:00～17:00 休週一 ¥免費 P85輛 所大仙市神宮寺下川原前開102 JR神宮寺站步行15分

MAP附錄P.7 D-5

欣賞、了解、享受棒球的博物館

古四王神社

景點

●こしおうじんじゃ

秋田具代表性的珍貴建築物

元龜元(1570)年，由飛驒的名匠甚兵衛建造。因神社的雕工出色，本殿在明治41(1908)年，成為秋田縣首座特別保護建造物(現在的重要文化財)。

0187-63-8972(大仙市文化財保護課)
境內自由參觀 P10輛 所大仙市大曲古四王際30 JR大曲站搭羽後交通巴士10分，上高畑下車步行10分

MAP附錄P.13 D-3

建物沒有使用任何1根釘子興建

六郷湧水群

景點

●ろくごうゆうすいぐん

町內各處湧現清澈名水

六鄉在過去被稱為「百清水」，因為有來自奧羽山脈的伏流水湧現各處。如今在鄉鎮裡依舊遍布著清水，而獲選為日本名水百選。此外，部分湧泉還有瀕臨絕種的九刺魚(八棘多刺魚)棲息。

據說這御台所清水曾使用於君主的餐點中

0187-84-0110(美鄉町觀光資訊中心)
自由參觀 P20輛
所美鄉町六鄉 大曲巴士總站搭羽後交通巴士20分，六鄉上町站下車

MAP附錄P.13 D-3

払田柵跡

景點

●ほったのさくあと

建於約1200年前的古代市公所遺址

此為平安時代負責儀式、行政和軍事的市公所遺跡(古代城柵)，以現今最大規模城柵而聞名。昭和6(1931)年獲選為秋田縣首座國家指定史蹟。包含外柵南門等，目前正持續進行修復。

0187-69-2397(12～翌年3月預約請撥0187-63-8972) 9:00～16:00 休無休(12～3月為預約制) ¥免費 P20輛 所大仙市払田仲谷地95 JR大曲站搭計程車15分

MAP附錄P.13 D-3

可親身感受那遼闊的規模

秋田城鎮(あきたタウン) 男鹿(おが) 鳥海山(ちょうかいさん)

生剝鬼、秋田竿燈祭
給您滿滿的秋田魅力

超好玩！人氣景點 男鹿水族館GAO ➔ P.66

超好吃！人氣美食 烤米棒火鍋 ➔ P.54

超好開！人氣兜風 鳥海山 ➔ P.75

超好看！人氣活動 生剝鬼 ➔ P.69

前往男鹿的交通方式

秋田站
JR男鹿線 50分
羽立站
秋田中央交通巴士 40分
男鹿溫泉中央

秋田道秋田中央IC
秋田道 17分
秋田道昭和男鹿半島IC
國道101號等 50分
男鹿溫泉

前往鳥海山的交通方式

秋田站
JR羽越本線 1小時15分
象潟站
象潟聯合計程車共乘登山巴士 35分
鳥海山（鉾立）

秋田道秋田中央IC
秋田道、日本海東北道 55分
日本海東北道象潟IC
縣道58·131號 25分
鳥海山（鉾立）

前往秋田城鎮的交通方式

秋田機場
利木津巴士 30～35分
秋田站

秋田道秋田中央IC
縣道62號 10分
秋田市區

CONTENTS

秋田竿燈祭

震撼 夢幻

萬盞燈籠燦爛點綴夜空

喔嗨咻！

與青森睡魔祭、仙台七夕祭名列東北三大傳統節慶活動。約280根竿燈吊著近1萬盞燈籠，點亮了整個夜空，一起前往夢幻的秋田竿登祭瞧瞧吧。

何謂「竿燈」？

源自趕跑睡魔的活動，用竹竿高舉燈籠成隊行進，這就是竿燈的由來。竿燈高12m、重50kg，串著46盞燈籠，另外也有兒童用的小尺寸。

觀賞好位置

建議選擇付費觀眾席

建議選擇可好好坐著欣賞的付費觀眾席看活動。春天開始受理當年度的預約，詳情請上秋田竿燈祭官網確認。

竿登祭主會場在此！

活動在二丁目橋交叉路口和山王十字路之間舉行，此路段亦被稱為竿燈大道。付費觀眾席就設在大道中央。

秋田竿燈祭會場圖

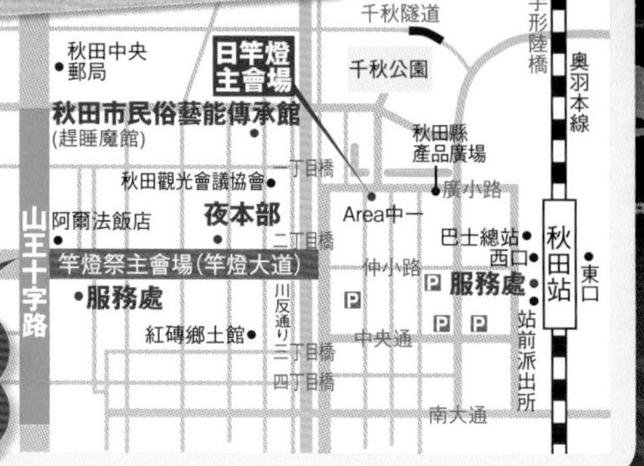

8月3～6日

夜空中搖曳的稻穗與舉燈手的巧技令人感動

秋田竿燈祭

●あきたかんとうまつり

原本為驅除盛夏疾病與邪魔的「趕睡魔」活動，如今定型為此形式的秋田傳統活動。以市中心約1km的範圍為會場，高舉46盞燈籠的280根竿燈在夜空中舞動。

✆018-888-5602（秋田竿燈祭執行委員會） 🕒日竿燈4、5日9:00～15:40，6日9:20～15:00；夜竿燈18:50～20:50 ¥有付費觀枡席（可坐6人）20000日圓，S席2600日圓，A席2100日圓（需預約） P1000輛（詳情需洽詢） 所秋田市竿燈大通周邊 交JR秋田站步行15分

MAP 附錄P.15 D-4

日竿燈也要Check!

↑日竿燈比的是技法。評審也會嚴格審查

↓號子聲強而有力炒熱會場氣氛

MAP 附錄P.14 F-4

不同於夜晚的重頭戲，這是大展竿燈巧技的炫技會，就在Area中一的熱鬧廣場進行。以握撐、掌握、額、肩、腰5種技法，每種30秒的方式，各自以慣用的巧技較勁。

↑等待出場時也充滿緊張氣息

了解竿燈名稱和妙計

額

這是深具重量感的一招大技。竿燈置於額頭再張開雙臂，找到平衡後靜止。

肩

這項技法好撐又好學。竿燈直沉落肩，重心腳和肩膀成一直線

腰

這是非常需要訓練的華麗招式。雙腳打開並腰間微傾，掌握平衡。

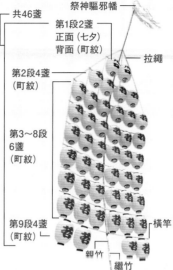

祭神驅邪幡
共46盞
第1段2盞 正面（七夕） 背面（町紋）
拉繩
第2段4盞（町紋）
第3～8段6盞（町紋）
第9段4盞（町紋）
橫竿
親竹
繼竹
手巾
短上衣
腰帶
短褲
忍者鞋或襪子＋草鞋

握撐

以讓下一位掌竿者好拿的方式支撐。2人一起撐起竹竿，下一位掌竿者再加上繼竹。

掌撐

以手掌高高撐起，是具力道又豪邁的竿燈基本技法。需要能在靜止情況下穩住竿燈。

體驗更多竿燈祭樂趣 親手觸摸竿燈

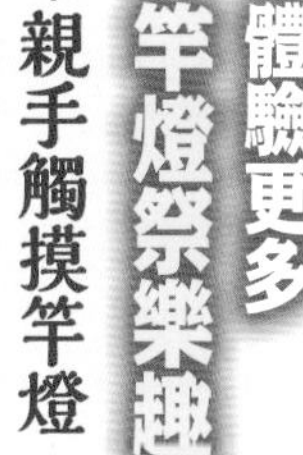

↑這讓平常摸不到竿燈的觀光客都好開心

從表演結束後20時35分開始，一般觀光客就能摸摸看竿燈了。這部分深受女性和孩童歡迎，也有很多人會一起拍照留念。

竿燈回返也是另一重頭戲

祭典結束後，竿燈會回到所屬地區，這時就是秀竿燈的時間了。在當地居民的歡呼聲中高舉竿燈，實在是別有意思的場景。

↑穿梭在電線之間的回返竿燈

→為了表達對在地民眾的感謝，有時也會有不同於以往的表演

小吃攤嘗遍美味

主會場的東西兩側設有攤位，可以讓遊客大飽口福。有橫手炒麵、燒烤內臟和田澤湖啤酒等，集結秋田縣各地著名美味小吃。雖然竿燈令人期待，但這裡的魅力也不遑多讓！

↑人多熱鬧的美食攤位

祭典流程看這裡

夜本番（竿燈大道）※預定

8/3～6

18:15	開始交通管制
18:50	竿燈入場
19:25	竿燈表演開始
20:35	近距離接觸（可拍照和觸摸竿燈）
20:50	竿燈退場
21:30	交通規制解除

日竿燈（Area中一 熱鬧廣場）

8/4～5 9:00～15:40 … 妙技會　8/6 9:20～15:00

※皆為大致表定時間。

也想來這裡看看

秋田市民俗藝能傳承館（趕睡魔館）

●あきたしみんぞくげいのうでんしょうかん ねぶりながしかん

除了展示東北三大祭之一的秋田竿燈祭文史資料外，還有介紹秋田市的民俗活動和藝術表演歷史。1F所展示的竿燈可以實際拿起來試試看。

☎018-866-7091 L9:30～16:30 休無休 ¥100日圓，高中生以下免費 P7輛 所秋田市大町1-3-30 交JR秋田站搭秋田中央交通巴士5分，ねぶり流し館前下車即到 MAP 附錄P.15 D-3

↑據傳竿燈的由來為七夕活動「趕睡魔」，因而得此名

←展示著貨真價實的竿燈

秋田城鎮 到熱門景點散步

漫步感受有全新景點誕生的秋田魅力

Check! 寬7m、深27m卻沒使用任何釘子的建物，得以一窺富商面目

⊙重現昭和初期的店家模樣

在JR秋田站西側的街區，主要為生活用品店和咖啡廳林立的區域，當中有包含千秋公園在內等主要觀光景點。一起來漫步城鎮街區，尋訪熱門景點吧。

街景盡收眼底的城跡公園

景點1 千秋公園

●せんしゅうこうえん

此為秋田藩主佐竹氏居住的城堡，依自然地形築起的久保田城跡。廢城後整建為公園，站在曾為瞭望台的御隅櫓，可一覽市區街景。

✆018-888-5753（秋田市建設部公園課） 自由入園（御隅櫓、佐竹資料館9:00～16:30，御隅櫓12～翌年3月休） ¥御隅櫓、佐竹資料館參觀費各100日圓 P14輛（30分100日圓，12～翌年3月無法使用） 所秋田市千秋公園1-1 JR秋田站步行15分（到二之丸）

⊙春天整片怒放的櫻花吸引遊客造訪

Check! 從御隅櫓的觀景室可環顧櫻花、新綠、楓紅等四季分明的風景

⊙御隅櫓直到3F都是展覽室

MAP 附錄P.14 F-2

千秋公園的新景點 秋田文化產業設施「松下」

●あきたぶんかさんぎょうしせつまつした

改建自昔日的高級日式料亭，經營起「茶寮」、「酒房」和「秋田舞妓事業」，成為一處可親身體驗秋田文化的複合設施。

✆018-827-3241（綜） 7:00～18:00（酒房14:00～20:00，週六10:00～，週日10:00～15:00；茶寮9:00～18:00，週六日7:00～） 休週一（逢假日則翌日休，酒房為不定休） P14輛（30分100日圓） 所秋田市千秋公園1-3 JR秋田站步行15分

⊙單一農園採收的咖啡500日圓，季節甜點350日圓 ※季節甜點價格視時期而異 ⊙松下2F大廳可欣賞舞妓豔冠群芳的舞蹈（預約制） ⊙在具開放感的「茶寮」感受季節風情的同時放鬆身心

MAP 附錄P.14 F-3

⊙建築內的倉庫為藝廊空間

⊙從外觀也能看得出是個大型商家

⊙1F的土間走廊從門口一路至深處

江戶時代後期珍貴的批發商舊家

景點2 舊金子家住宅

●きゅうかねこけじゅうたく

此舊家曾為江戶時代的二手衣商、明治時期的和服商而繁盛一時。按照江戶時期的都市規劃，縱深的傳統建築樣式為其特色。房舍使用至昭和時代末期，之後獲指定為有形文化財。

✆018-866-7091（秋田市民俗藝能傳承館） 9:30～16:30 休無休 ¥100日圓（高中生以下免費） P7輛 所秋田市大町1-3-30 JR秋田站搭秋田中央巴士5分，ねぶり流し館前下車即到

MAP 附錄P.15 D-3

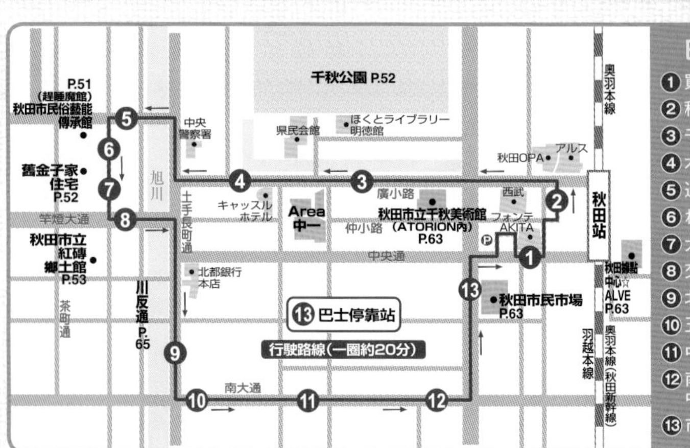

巴士站列表

1. 買物広場
2. 秋田駅西口
3. 千秋公園入口
4. 木内前
5. 通町
6. ねぶり流し館前
7. 大町通り
8. 交通公社前
9. 北都銀行前
10. 五丁目橋
11. 中通六郵便局前
12. 南大通り・中通病院前
13. 市民市場前

市中心市區循環巴士「GURURU」

繞行秋田市內的超值巴士，最適合市中心主要觀光設施之間的移動。票價1次或1圈100日圓，還有無限次數的1日周遊券300日圓。

秋田市觀光服務處 租借自行車

位在JR秋田站剪票口前，若為秋田市外來的觀光客可以免費租借（4～11月，限量10台）。

MAP 附錄P.14 H-4

鬆餅超人氣的咖啡廳

景點 4 Cafe Pamplemousse 秋田店

●かふぇぱんぷるむぅすあきたてん

上面放有棉花糖的空中鬆餅1296日圓

從水果到使用蔬菜、培根的餐點，擁有各種豐富多元的鬆餅口味。食材講究，嚴選健康好物提供顧客。

☎018-801-6677 🕒11:00～21:00 休無休 P2輛 所秋田市大町3-1-6 那波ビル 🚌JR秋田站搭秋田中央巴士4分，交通公社前下車即到

MAP 附錄P.15 D-4

Check! 店內到處看得到小鴨及繪本，充滿玩心。另有書房般的空間

具開放感的店內大約有上千個小鴨玩具

舒適滿點的裝飾家咖啡廳

景點 5 Cafe Èpice

●かふぇえぴす

辛辣巧克力咖啡與司康套餐950日圓

充滿懷舊氣息的咖啡廳，在旭川景色中度過悠閒時光。店名是「辛辣」之意，在這樣不同於日常的空間的確感受刺激。只想買手工西點也OK。

☎018-827-6622 🕒11:00～19:00 休週一、二 P無 所秋田市大町3-1-12 川反中央ビル2F 🚌JR秋田站搭秋田中央巴士4分，交通公社前下車即到

MAP 附錄P.15 D-4

Check! 整棟大樓都包裹在藝術氣氛之中，當中也有畫廊和生活選物店進駐

就連手工西點都能成為精美裝飾的空間

這裡還有熱門景點
- ●秋田市民俗藝能傳承館（趕睡魔館）→P.51
- ●秋田縣產品廣場 →P.61

舊秋田銀行總行變身鄉土資料館

景點 3 秋田市立紅磚鄉土館

●あきたしりつあかれんがきょうどかん

從明治42（1909）年起費時約3年打造的舊秋田銀行總行，如今變身鄉土資料館，展出鄉土版畫家勝平得之的作品等，同時另設有人間國寶金工家——關谷四郎紀念室。

☎018-864-6851 🕒9:30～16:30 休不定休 ¥200日圓（高中生以下免費） P8輛 所秋田市大町3-3-21 🚌JR秋田站搭秋田中央巴士5分，赤れんが鄉土館下車即到

MAP 附錄P.15 D-4

Check! 外觀以文藝復興時期風格為基調，內部裝潢採巴洛克式建築手法

從天花板到地板材料全都相當豪奢值得一看

書庫和金庫室也改為展覽空間

雙色的紅磚館亦受指定為國家重要文化財

Check! 絕讚雜貨這裡買!

祝福盤皿
2916日圓
餐盤上的重點紅色和缺角般的設計樣式相當新穎

藤川明信片
162日圓起
畫家藤川孝之原創的繽紛明信片

純銀鎚紋胸針
10800日圓
由工藝家坂本喜子創作，打出漂亮鎚紋的純銀胸針

老闆親自挑選的生活用品選物店

まど枠 ●まどわく

為了推廣高水準的秋田工藝品，老闆親自開店展售本身所喜愛的產品。現在觸角已延伸至日本全國的創作者作品。

☎018-827-6212 🕒11:00～18:00 休週一、二(逢假日則營業) P無 所秋田市大町3-1-12 川反中央ビル3F 🚌JR秋田站搭秋田中央巴士4分，交通公社前下車即到

MAP 附錄P.15 D-4

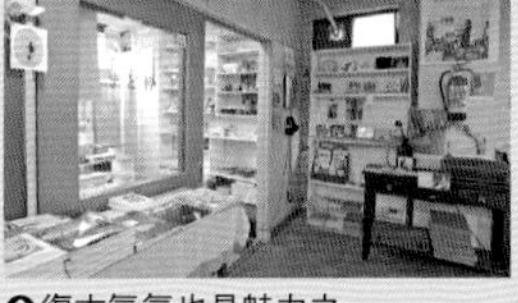

復古氣氛也是魅力之一
也會定期舉辦企劃展

滿滿的秋田製造手工商品

design shop 秋田贔屓

●でざいんしょっぷあきたびいき

在這間設計店鋪中，陳列了約70位秋田相關創作者各自的手作工藝品。除了可購買創作者的作品外，還能訂做客製化商品。

☎018-853-7470 🕒10:00～18:30 休週三 P無 所秋田市大町1-2-40 🚌JR秋田站搭秋田中央巴士4分，交通公社前下車即到

MAP 附錄P.14 E-3

Check! 重新整修明治時期的酒屋。這個區域四處可見懷舊建物

就連店鋪外觀都很有風格

歷史悠久的建築最適合展售有歷史的工藝品

十文字和紙書套
各2500日圓
色調溫暖的十文字和紙書套，擁有舒適的手感

櫻皮工藝名片夾
5000日圓
擁有漂亮櫻花樹皮紋路的名片夾，並加入巧思防止名片掉出

衛矛奶油刀 衛矛叉、湯匙
各1400日圓
以做弓箭的木材為材料，特色是有韌性、不容易變形

大集合!

配料
有口感清脆的芹菜和香氣獨特的舞菇等。滿滿都是秋田的著名食材。
比內地雞
少油脂、具風味的秋田品牌雞。熬過湯頭後當配料吃依然美味極致。
烤米棒
用美味的秋田米，以炭火仔細燒烤而成。不會軟爛散開並帶有Q彈口感。
1人份 2200日圓
1人份 1700日圓(未稅)

Q彈口感最棒了!烤米棒火鍋

將米飯粗磨成泥後，包裹在杉木上進行燒烤成米棒，接著切塊入鍋成為「烤米棒火鍋」。凝聚配料精華的湯頭就是味道的關鍵!

到秋田比內地雞生產負責人的直營店品嘗講究滋味

本家あべや

●ほんけあべや

店家直接在店內處理雞肉，就為提供顧客最新鮮的雞肉。調和「笹錦」和「秋田小町」2種白米所做成的烤米棒，以手工塑形並經炭火燒烤得香氣馥郁。比其他家厚上2～3倍為此店的特色。

018-825-1180 11:00～14:30(週六、日～16:30)、17:00～22:00 休無休 P Area中一的停車場(收費) 所秋田市中通1-4-3 JR秋田站步行7分

MAP附錄P.14 F-4

➲用新鮮而充滿美味精華的雞骨熬製湯頭

接待人員 佐藤清美先生

味之POINT

以備長炭烤的烤米棒，其白米相當講究，利用杉木棒捏出的成品手工感滿點。

這些都推薦

比內地雞親子蓋飯	1058日圓
比內地雞拉麵(平日午餐限量30份)	824日圓
比內地雞水炊鍋	1944日圓

➲可品嘗到比內地雞濃郁風味的講究好店

➲比一般的烤米棒更大更有份量，口感滿點

位在旭川河畔川反通特有的濃郁滋味

喰処 北洲

●くいどころほくしゅう

這間位在川反通，創業60餘年的老牌餐飲店，其炭烤手工烤米棒火鍋堪稱極品。還有400日圓的沾附手工味噌烤米棒，每天限量10支，巨大程度令人震撼。

018-863-1316 17:30～23:00 休週日 P無 所秋田市大町4-1-11 JR秋田站搭中央交通巴士5分，北都銀行前下車即到

MAP附錄P.15 D-5

這些都推薦

鹽汁鍋	1500日圓(未稅)
鯨魚茄子鍋	1400日圓(未稅)
鹽烤日本叉牙魚	580日圓(未稅)

➲河面倒映著搖曳路燈洋溢川反特有風情

味之POINT

由於前一代女主人就是來自烤米棒的主場「大館」，因而傳承了道地的滋味。

老闆 藤嶋武春先生

➲現點現烤的味噌烤米棒充滿炭烤香氣

關於烤米棒的發源地

據說秋田名產「烤米棒」，起源自過去獵人或在山林幹活的人們趁著工作空檔食用的火鍋。發源地眾說紛紜，也有一說是來自大館北鹿地區或鹿角。無論哪種說法，看來都是來自把剩飯變美味的「獵人料理」。

➲衍生自秋田山間獨有環境的鄉土料理

這絕不能錯過！

秋田美食

秋田擁有豐富的食材，更是令人大快朵頤的鄉土料理寶庫。以下介紹造訪秋田必嘗的在地美食！一起來感受那打從心裡暖出來的佳餚吧。

味之POINT
講究捏法和烤法，以不易軟爛的烤米棒著名。

1人份 2640日圓（圖為2人份）

濃縮了舞茹和比內地雞高湯的烤米棒火鍋

安倍太郎先生

這些都推薦

綜合醃漬白蘿蔔	1320日圓
鯨魚貝鍋	1100日圓
比內地雞雞翅	550日圓

食材講究 秋田的鄉土滋味

お多福 ●おたふく

食材進貨十分講究，「鯨魚貝鍋」小火鍋使用鹽味鯨魚肉和茄子，還有比內地雞餐點也都很受歡迎，可盡情品嘗秋田滋味。全套料理5500日圓起，也相當值得推薦。

2F和式座位可飽覽川反街景

☎018-862-0802 🕒11:30～14:00、17:00～22:30(LO21:30)(週六午間需預約) 休週日、假日 P無 所秋田市大町4-2-25 🚌JR秋田站搭中央交通巴士5分，北都銀行前下車即到
MAP附錄P.15 D-5

吸飽極致湯頭的烤米棒

津ねや ●つねや

位在川反中心地區，吃得到烤米棒火鍋等鄉土料理的老店，也是當地知名的壽喜燒店。推薦品嘗蒲燒鰻魚。

1人份 2268日圓（圖為3人份）

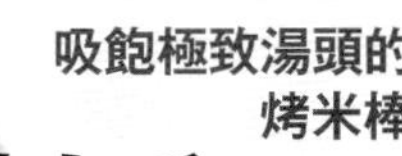

味之POINT
費時1整天熬煮的湯頭和炭火手烤米棒格外美味。

老闆娘 田宮佳榮女士

這些都推薦

壽喜燒	2268日圓～
蒲燒鰻	1728日圓～
鄉土料理全餐	4320日圓～

☎018-862-3312 🕒17:00～22:00(LO21:30) 休週日 P3輛 所秋田市大町4-2-18 🚌JR秋田站搭秋田中央交通巴士5分，北都銀行前下車即到
MAP附錄P.15 D-5

位在幾近川反通中心點的老牌餐飲店

堅守傳統製法 道地自製米棒

秋田きりたんぽ屋 ●あきたきりたんぽや

在這裡，終年都能吃到烤米棒的起源「獵人料理」。以傳統製法仔細烤出的烤米棒，還有介紹由來的紙偶戲，不僅遊客喜愛，就連當地民眾也一致好評。

位在秋田站前，氣氛輕鬆又方便

1人份 980日圓（圖為2人份）

☎018-801-2345 🕒16:00～凌晨1:00(週日11:30～) 休無休 P無 所秋田市中通2-7-6 緑屋ビル1F 🚌JR秋田站即到
MAP附錄P.14 G-4

味之POINT
烤米棒用手掐斷而非刀切，得以充分吸附每天熬製的招牌湯頭。

員工 木村里江女士

這些都推薦

獵人式酥炸比內地雞	980日圓
日本叉牙魚壽司	580日圓
鮀漬白蘿蔔	480日圓

用來做烤米棒的飯量為普通的2倍，分量滿點

日本叉牙魚的極品風味！鹽魚汁火鍋

以秋田特產日本叉牙魚和時令蔬菜為食材，並用魚醬「鹽魚汁」調味火鍋。被稱為Q彈子的魚卵口感也絕讚。

日本叉牙魚
淺色白肉魚，魚刺小而少，方便食用。具彈性的魚卵極美味，被暱稱為Q彈子。

湯頭
湯頭使用以鹽漬日本叉牙魚和沙丁魚等，做成名為鹽魚汁的秋田特有魚醬。

1人份 1500日圓（圖為2人份）

咬下會在口中彈開的Q彈魚卵口感令人愉悅

うまい肴 然

●うまいさかなぜん

氣氛沉靜的店家，以豐富的鍋物料理聞名。為日本叉牙魚產季的冬天，最受歡迎的就是鹽魚汁火鍋。Q彈子（日本叉牙魚卵）具彈性及嚼勁的口感令人著迷。

018-884-1321
L 17:00～23:30
休 無休 P 無 所 秋田市中通5-3-25
JR秋田站搭秋田中央交通巴士5分，北都銀行前下車即到
MAP 附錄P.15 D-6

↑從川反經過五丁目橋即可看到雅致的店面

秋田谷敏代女士

味之POINT
為11月下旬～12月下旬的限定餐點，可品嘗到新鮮日本叉牙魚。

這些都推薦

蔥花鮪魚泥佐海膽	864日圓
燒烤男鹿棒星鰻	864日圓
燒烤比內地雞	1242日圓

耗時費工 追求食材的美味

遊食 さい賀

●ゆうしょくさいが

這間川反的和風餐廳，可輕鬆享用到明治19（1886）年創業的割烹老店「かめ清」的好滋味。以肥美新鮮的日本叉牙魚為食材的鹽魚汁火鍋為招牌菜色之一。

018-862-2729 L 11:30～14:00、17:00～22:00(午餐需預約) 休 週日
P 無 所 秋田市大町4-1-16 JR秋田站搭秋田中央交通巴士5分，北都銀行前下車即到
MAP 附錄P.15 D-5

這些都推薦

烤米棒火鍋(內有比內地雞)	2200日圓
自製日本叉牙魚壽司	980日圓
比內地雞稻庭烏龍麵(溫)	1320日圓

味之POINT
大量昆布與鹽魚汁熬成湯頭，再放入整尾日本叉牙魚。

料理長 奈良鐵也先生

↑此人氣店家擁有時尚外觀，也吸引許多饕客造訪

1人份 2200日圓

↑火鍋中鹽魚汁的獨特香氣打造令人食指大動

一次盡享秋田料理和美酒 令人驚艷的店鋪

秋田川反漁屋酒場 秋田本店

●あきたかわばたいさりやさかばあきたほんてん

1人份 1058日圓（圖為2～3人份）

↑縣內釀酒廠的在地酒種類齊全，熱呼呼的火鍋和在地酒最速配了

↓店頭的生剝鬼充滿秋田氣氛

網羅秋田縣內所有釀酒廠的在地酒、鄉土料理，無論是美酒或在地滋味都能盡情享受。此外，每天約21時（預定）會有生剝鬼登場！還可一起合影留念。

018-865-8888
L 17:00～23:30 休 無休 P 無
所 秋田市大町4-2-35
JR秋田站搭秋田中央交通巴士8分，大町五丁目下車即到
MAP 附錄P.15 D-5

味之POINT
日本叉牙魚以維持鮮度的方式保存，讓顧客整年都吃得到。

店長 松本忍先生

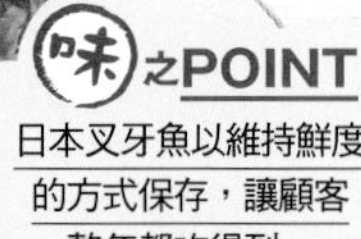

這些都推薦

當季綜合生魚片	3218日圓
秋田比內地雞綜合串燒	1620日圓
火盆煮烤米棒火鍋(2～3人份)	3672日圓

角館
12
乳頭溫泉鄉 田澤湖・大曲
35
秋田城鎮・男鹿・鳥海山
page 49
橫手・湯澤
77
八幡平 十和田湖
89
白神山地
103

滑溜的入喉感 稻庭烏龍麵

擁有展現師傅手藝的強韌嚼勁與滑溜的入喉感，別處吃不到的獨特口感，絕對讓人驚艷。

麵
以手工延展拉製，全程純手工製麵是基本要件。麵條呈現纖細、平扁的淡黃色。
醬油醬汁和芝麻味噌醬汁皆為極品
雙味烏龍麵
880日圓
醬汁
可享受2種醬汁，除了有鰹魚滋味的醬油醬汁，還有風味豐富的芝麻味噌醬。

稻庭烏龍麵的美味 秘訣

以職人工法製成的稻庭烏龍麵，全程手工製作，待揉製麵糰熟成後，以雙手搓揉如製繩般使麵條細細延展。充滿嚼勁和滑溜的入喉感，是費時費工的手工製麵才能有的特色。

在秋田站前 品嘗稻庭烏龍麵

佐藤養助 秋田店

●さとうようすけあきたてん

稻庭烏龍麵的老店佐藤養助總店（→P.88）的直營店。基本款為可品嘗醬油醬汁和芝麻味噌醬汁的雙味烏龍涼麵。是可一次吃到兩種口味的誘人餐點。

018-834-1720 11:00～21:00(LO20:00) 休不定休，準同西武秋田店的公休日 P無 所秋田市中通2-6-1 西武秋田店B1 JR秋田站步行3分

MAP 附錄P.14 G-4

←方便於購物後享用

生麵與乾麵的評比餐
1025日圓

←生麵與乾麵的評比餐可品嘗到芝麻醬汁與鰹魚醬汁口味

這可是很少見的！稻庭烏龍生麵

寬文五年堂秋田店

●かんぶんごねんどうあきたてん

↑除了有餐桌座位也有和式座位，可放鬆自在享用

這是唯一一間可以吃到，號稱擁有夢幻Q彈口感的稻庭烏龍生麵店家。店內最受歡迎的，就是生麵與乾麵的評比餐，還可自由選擇搭配溫麵和冷麵。

0120-1728-86 11:00～14:30、17:00～21:30(週六、日及假日11:00～21:30，午餐時段～14:00) 休無休 P使用Area中一停車場(收費) 所秋田市中通1-4-3 JR秋田站步行7分

MAP 附錄P.14 F-4

秋田名物齊聚一堂

どん扇屋トピコ店

●どんおうぎやとぴこてん

除了有稻庭烏龍麵、橫手炒麵之外，還有烤米棒火鍋、鹽魚汁火鍋等秋田名物，全都能一次在這間店吃到。因位在車站內，也方便前往。

↑可於等電車空檔愜意前往

018-887-4535 10:00～21:30 休無休 P109輛(Topico ALS第1停車場) 所秋田市中通7-1-2 秋田ステーションビルトピコ3F JR秋田站直通

MAP 附錄P.14 H-4

稻庭烏龍麵
950日圓

↓高湯風味醬汁最適合搭配卓越入喉感的麵條

這絕不能錯過！

秋田美食大集合！

凝聚滿滿的美味 比內地雞

比內地雞肉質扎實，越嚼越香，身為秋田品牌雞肉，最自豪的就是怎麼料理都好吃！

可品當到比內地雞各種滋味的豐富綜合串燒（圖片僅供參考）

比內地雞
深具濃郁滋味，除了串燒吃外還有雞肉丸子、烤米棒火鍋等，可品嘗各種美味。

比內地雞等8種澎湃綜合 2300日圓（未稅）

比內地雞為何？
改良自國家天然紀念物的比內雞的品種，即為比內地雞。以放養方式飼育出緊實肉質為其特色。

充滿比內地雞風味的「比內燒烤米棒」（2000日圓）滋味多層次

濃郁肉香！比內地雞串燒

酒季亭比内や秋田店

●しゅきていひないやあきたてん

可享受到以比內地雞料理為主的秋田鄉土滋味。除了必吃肉香鮮明的串燒之外，湯頭美味的「比內燒烤米棒」也很推薦。

018-823-1718 17:00～23:00 休無休 P無 所秋田市大町4-2-2 JR秋田站搭秋田中央交通巴士8分，赤れんが郷土館前下車即到

MAP附錄P.15 D-4

位在紅磚鄉土館斜對面的2F店鋪

比內地雞鍋（1人份）※2人份以上起鍋 1940日圓

享用一整鍋的比內地雞肉！

鄉土料理 芝良久

●きょうどりょうりしばらく

在店內地爐燒烤的自製炭烤米棒，以及使用當季食材的秋田美食相當出名。推薦菜色為可享用完整比內地雞的比內地雞鍋。

018-865-4809 17:30～22:00 休週日 P6輛 所秋田市山王1-2-17 JR秋田站搭秋田中央交通巴士8分，県庁第二庁舎前下車步行3分

MAP附錄P.7 A-4

美味滿點的火鍋，令人想喝到一滴不剩

位於縣廳街的鄉土料理店

最後加入產自能代的「片栗平烏龍麵」，打造火鍋的二次美味來做收尾

美味的比內地雞與自製豆腐

かまくら家

●かまくらや

推薦可點用比內地雞炙烤石燒，吃得到比內地雞原始風味。還有添加自製豆腐的菜色也很受歡迎。雪洞造型的座位等，無論滋味或氣氛都是滿滿的秋田感。

018-862-9055 17:00～23:00 休無休 P無 所秋田市大町4-2-19 JR秋田站搭秋田中央交通巴士5分，北都銀行前下車即到

MAP附錄P.15 D-5

如同店名所示，店門口的「雪洞」相當吸睛

生搾肉味噌豆腐470日圓，為手工豆腐搭配馥郁肉味噌的小點

比內地雞炙烤石燒 1240日圓

以石燒豪邁享受比內地雞濃郁美味

秋田三大名產
醃漬煙燻白蘿蔔‧地膚子‧蓴菜

醃漬煙燻白蘿蔔、地膚子、蓴菜，這三大名產可以說是秋田鄉土料理最稱職、最為人熟知的綠葉，雖然是配菜，卻深具存在感，是秋田獨有的逸品。

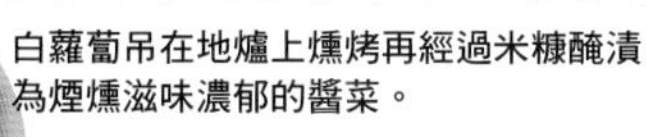

醃漬煙燻白蘿蔔

白蘿蔔吊在地爐上燻烤再經過米糠醃漬，為煙燻滋味濃郁的醬菜。

➲9道小菜盛放在同一大盤上的絮語調色盤午餐1800日圓

➲厚切醃漬煙燻白蘿蔔600日圓，味道層次豐富又濃郁

在裝潢時尚的店內
品嘗調色盤午餐最受歡迎

御廚‧光琳 なかいち店

●みくりやこうりん なかいちてん

店家將現採的在地蔬菜和漁港直送的新鮮海味等，費盡心思雕琢在料理中。店內有可坐在大片玻璃窗旁的吧檯景觀座位、包廂等，裝潢亦繽紛有個性。可單點的醃漬煙燻白蘿蔔，厚實而有滿足感。

➲吧檯景觀座位可眺望充滿綠意的千秋公園

☎018-832-2002 ⏰11:00～15:00(LO14:00)、17:00~23:00(LO22:00)(週日及假日~22:00(LO21:00)) 休無休 P使用Area中一停車場(收費) 所秋田市中通1-4-3 🚃JR秋田站搭步行7分 MAP 附錄P.14 F-4

網羅秋田名產
鄉土料理套餐大滿足

第一会館川反店

●だいいちかいかんかわばたてん

提供許多以秋田鄉土料理為主，並活用當季食材的季節料理。當中的小町御膳套餐，有地膚子等豐富齊全的秋田鄉土料理，搭配在地酒品嘗最享受。

☎018-823-4141
⏰17:00～22:30 休不定休 P40輛
所秋田市大町5-1-17
🚃JR秋田站搭秋田中央交通巴士5分，北都銀行前下車即到 MAP 附錄P.15 D-6

➲小町御膳2160日圓，盡享秋田特有美食

➲店內除了有和式座位，也有餐桌位和吧檯區

地膚子

以掃帚草的果實加工製成，有「田野魚子醬」之稱。彈牙爽脆的口感近似魚卵。

➲與山藥泥相當搭的地膚子，也常作為下酒菜

蓴菜

生長於淡水沼澤，葉子會浮於水面的一種水草。產季為4月下旬到9月上旬，盛產期為6月左右。食用部分為覆蓋著果凍狀黏液的新芽。

➲梅子風味的稻庭烏龍麵搭配滑溜的蓴菜，滋味清爽

鄉土色彩濃厚的稻庭烏龍麵
是秋田特有風味

無限堂秋田駅前店

●むげんどうあきたえきまえてん

這道以稻庭烏龍麵加以變化的料理深具人氣。蓴菜梅子烏龍冷麵的清爽滋味，深獲客人喜愛。另有附設甜點店むげん茶房，可享用餡蜜、善哉紅豆湯等。

➲在甜點店還可享用餡蜜等甜品

☎018-825-0800 ⏰11:00～14:00、17:00～21:30(週六、日及假日11:00~21:30) 休無休 P無 所秋田市中通2-4-12 🚃JR秋田站步行4分

MAP 附錄P.14 G-4

➲別具風格的店家就建於秋田站前的仲小路旁

秋田伴手禮系列

把秋田美味和工藝品帶回家

秋田縣是飲食和傳統工藝的寶藏地，有非常多適合當作伴手禮的物品。口耳相傳的話題甜點、時尚工藝品及有些獨特的雜貨等，你想選哪一樣呢？

美味好豐富

甜點&美食

充滿秋田特色的美食，可以直接上桌享用或當點心！

使用名水百選秋田六鄉的天然湧泉所打造的氣泡水

➲柔和軟水、淡淡檸檬香與碳酸氣泡，調配成爽快感十足的氣泡水。無比順口為一大特色。

仁手古氣泡水
300㎖ 134日圓

以辛辣咖哩醬搭配烤米棒食用

咖哩de烤米棒
1人份 432日圓

➲烤得焦香的烤米棒沾裹濃稠咖哩醬，先甜後辣的美妙滋味讓人上癮

以生剝鬼禮盒包裝香氣芬芳的黑豆米果

秋田粢黑豆米菓
16片裝 1000日圓

➊使用秋田縣產白米，鹹味恰到好處的米菓。還有限量生剝鬼包裝

以樹莓奶油和米粉組成的海綿蛋糕卷

五城目樹莓蛋糕卷
1080日圓

➋使用大量五城目出產的樹莓，擁有Q彈口感的蛋糕卷

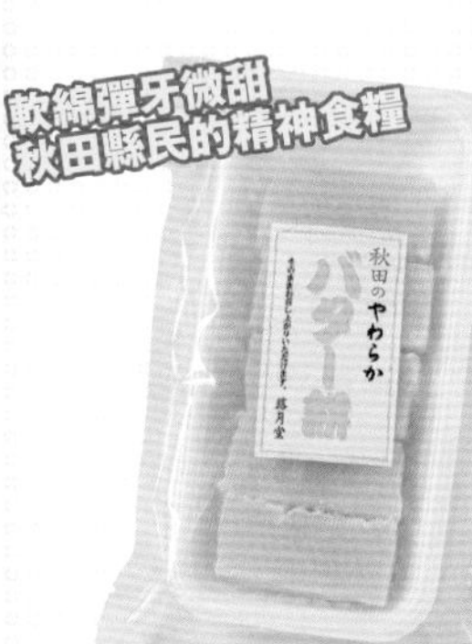

軟綿彈牙微甜秋田縣民的精神食糧

奶油麻糬
5入裝 486日圓

➋在麻糬粉裡揉入奶油製成滋味豐富的點心，打開就能吃最適合當點心

將醃漬煙燻白蘿蔔加入起司蛋糕中的銘菓

醃漬煙燻白蘿蔔起司[KE]け
1個 162日圓

➊「け」在秋田方言中有「請吃」、「請來一下」的意思。起司蛋糕與醃漬煙燻白蘿蔔的口感和獨特風味非常合拍

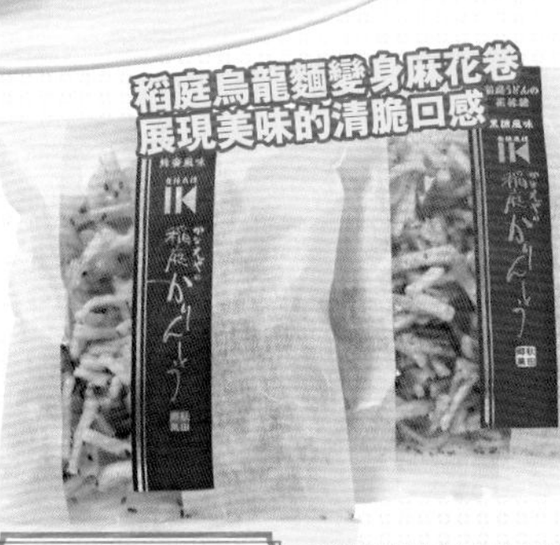

稻庭烏龍麵變身麻花卷展現美味的清脆口感

稻庭麻花卷
1袋 389日圓

➊使用以白神山地天然水與北海道麵粉製成的稻庭烏龍麵「粹鳳」上麵。堅持純手工製作，在鍋中將麵體沾附糖蜜

還有這些好物!

秋田在地酒Check!

身為產米之鄉、酒之鄉的秋田，在地釀酒廠要來獻上自信的人氣之作！

高清水 甜點吟釀
500㎖ 1080日圓
豐富酸味中帶點甜味，屬於全新領域的日本清酒

天壽大吟釀
720㎖ 2700日圓
從原料米開始採一條龍製作，是香氣馥郁的名酒

大吟釀 福小町
720㎖ 2700日圓
使用山田錦，精米研磨至40%。入口瞬間的強烈衝擊相當醒腦

福祿壽純米大吟釀十五代彥兵衛
720㎖ 2700日圓
純手工製作的夢幻逸品，完整鎖住鮮釀的吟釀香氣

純米大洋釀 香氣浪漫
720㎖ 2700日圓
利用酵母帶出果香，展現白米的細膩風華

包裹白色巧克力散發微微毛豆香

➋用比利時巧克力包裹香氣馥郁的毛豆「秋田香五葉」

青豆糖
80g 1000日圓

大展工匠神技
傳統工藝品

秋田特有的工藝品，擁有令人一見鍾情的美。

美麗木紋與造型的便當盒

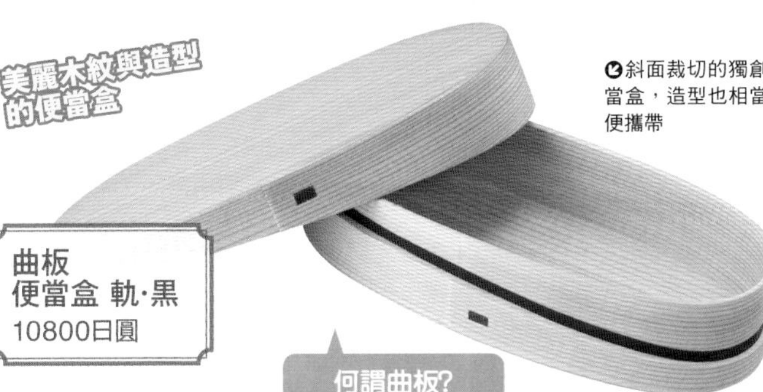

曲板
便當盒 軌·黒
10800日圓

斜面裁切的獨創便當盒，造型也相當方便攜帶

何謂曲板?
以杉木或檜木等薄木材彎曲後製作的木製品。重量輕並具出色的殺菌效果

曲板
萬用杯 喜
(橄欖綠·褐紅)
各5940日圓

所有場合都適用隨時都好用的曲板工藝

曲板萬用杯以一致的調性展現時尚與便利性

手工組子杯墊
3個裝　1080日圓

門窗師傅挑戰秋田杉製的組子

取樹齡200年的天然秋出杉白色部分，以及始終沉眠於神代舊土中的神代杉黑色部分為材料，以手工細膩打造的組子工藝品

何謂組子?
以門窗類工法為本的傳統工藝品，師傅利用木材組合出各種圖樣，過程中不使用任何一根釘子

繼承傳統工法融入現代空間的逸品

櫻皮工藝圓筒雙色點心盒
各4320日圓

何謂櫻皮工藝?
貼上山櫻樹皮並打磨而成的工藝品。具殺菌、除濕功能(→P.28)

搭配各種素材和設計的時尚圓筒點心盒

板屋細工
狐狸筷架
6個1組　1080日圓

真的好像狐狸在說話一樣

利用色木槭樹幹與樹皮的對比打造有溫度的筷架

何謂板屋細工?
以色木槭的樹幹剝裂編織或削切而成的木工製品之統稱

有趣小玩意
個性商品

秋田其實是個相當幽默的地方，就連個性商品也很多!

這裡買得到!

秋田縣產品廣場
●あきたけんさんひんぷらざ

從食品到傳統工藝一應俱全的物產店

位在資訊發布據點「Atorion」(→P.62)裡的物產展銷賣場，販售許多縣內工藝品，像是銀線細工和櫻皮細工等在地名產。還有秋田在地酒等食品類也非常豐富。

018-836-7830　L9:30～18:30　休3月第1週日、9月第2週日、3和9月最後週日　P400輛　所秋田市中通2-3-8 アトリオンB1　交JR秋田站步行5分

MAP 附錄P.14 F-4

茶巾手巾
婆婆鐵勺冰淇淋
616日圓

可愛圖案展現秋田的夏季風情

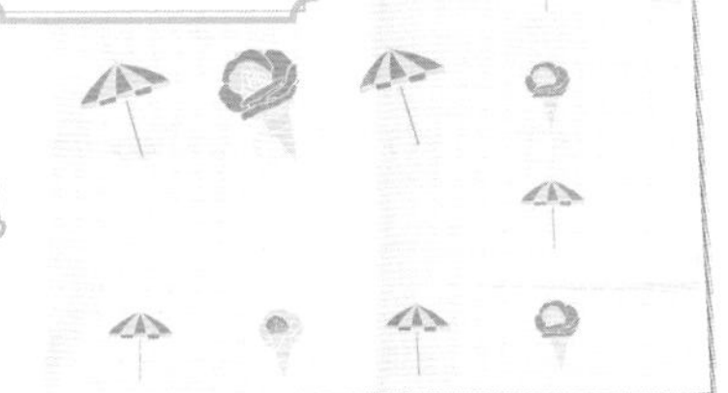

手巾上布滿代表秋田夏天的「婆婆鐵勺冰淇淋」圖案

秋田犬吊飾
378日圓

搖頭晃腦充滿可愛魅力秋田犬吊飾

指定為國家天然紀念物的6種日本犬中，秋田犬是唯一的大型犬。秋田犬保存會對於「秋田犬」的日文名稱不採音讀說法，而是用訓讀的「inu」。可愛的表情令人無可招架

生剝鬼不倒翁
1個　324日圓

生剝鬼是男鹿傳統民俗活動，本應該很恐怖，做成不倒翁卻能這麼可愛

永遠都能再起身可愛的不倒翁生剝鬼

追加情報

秋田城鎮

●あきたタウン

秋田市大森山動物園 Akigin Omorin之森

景點

●あきたしおおもりやまどうぶつえんあきぎんおもりんのもり

隔著玻璃與獅子面對面

有大象、長頸鹿、水豚和小熊貓等，到猛獸區「王者之森」還可隔著玻璃看獅子、老虎。人氣「餵食時間」則能親眼見到餵食動物的情形。

018-828-5508 3月第3週六～11月、1～2月的週六、日及假日9:00～16:00（冬季10:00～14:30） 休期間中無休 ¥720日圓，高中生以下免費 P430輛 所秋田市浜田潟端154 JR秋田站搭秋田中央交通巴士36分，大森山動物園下車即到

MAP附錄P.7 A-4

東北虎的「餵食時間」

金剛鸚鵡梅瑞普擁有超高人氣

雄偉的非洲象

零距離專區可摸得到兔子

袋鼠一家總是一同遊戲

秋田城跡史跡公園

規模廣大超有氣勢

將秋田城周邊挖掘調查發現的遺址，原地重建整頓為史跡公園。從秋田城跡歷史資料館步行5分，即可到秋田城主要設施、政廳。東門及古代水洗式廁所等修復建築也別錯過。

史跡公園內以奈良工法修復的東門

秋田城跡

●あきたじょうあと

最北的古代城柵官衙遺跡

秋田城修築於天平5（733）年，目的是為管轄蝦夷和出羽國。以原始工法照舊修復的東門一定要看看。此處還挖掘出日本奈良時期珍貴的古代水洗式廁所，並加以修復。

018-845-1837（秋田城跡歷史資料館） 自由入園（4～11月9:00～16:00有免費導覽） P40輛 所秋田市寺內大畑地內 JR秋田站搭秋田中央交通巴士20分，秋田城跡歷史資料館前下車，步行3分 MAP附錄P.7 A-3

秋田城跡歷史資料館

●あきたじょうあとれきししりょうかん

探究古代秋田城之謎 重現當代風華

資料館內介紹並解說秋田城跡，並展示、公開挖掘調查的出土文物和調查成果。並採用嶄新展示手法，如以紅外線攝影機進行解析體驗的專區等。

018-845-1837 9:00～16:30 休無休 ¥200日圓，高中生以下免費 P30輛 所秋田市寺內燒山9-6 JR秋田站搭秋田中央交通巴士20分，秋田城跡歷史資料館前下車即到

MAP附錄P.7 A-3

以立體透視模型展現古代城柵官衙遺跡秋田城全貌

造訪秋田城跡前可先來資料館看看

平安時代最新進的盔甲實品展示

秋田的夏季風情

區域專欄

每當秋田步入夏天，總會看見到處都有「婆婆鐵勺冰淇淋」的攤子。命名起源於賣冰的幾乎都是上年紀的阿姨，拿著類似鐵鏟的東西將冰淇淋盛裝到甜筒裡而有此名。草莓口味的粉紅色和香蕉口味的黃色冰淇淋，組合出花朵般的形狀。在秋田觀光途中，如果看到攤子的大陽傘，不妨吃吃看喔。

0185-46-2066（進藤冷菓）

擁有傳統懷念滋味的冰淇淋

秋田縣立博物館

●あきたけんりつはくぶつかん

一起來了解秋田歷史與自然

透過人文展示室、自然展示室等常設展，解說秋田的歷史與自然。先覺紀念室則介紹152位秋田相關人士。分館的舊奈良家住宅為國家重要文化財。

018-873-4121 9:30～16:30（11～3月為～16:00） 休週一（逢假日則另補休） ¥免費（特別展另外收費） P160輛 所秋田市金足鳰崎後山52 JR追分站步行20分

MAP附錄P.7 C-2

從舊石器時代開始，依時代介紹秋田歷史

Atorion

●アトリオン

來此獲取秋田資訊吧

這間秋田市中心區的複合設施內，有秋田市立千秋美術館（→P.63）和音樂廳。B1的秋田縣產品廣場（→P.61）有豐富齊全的秋田物產供採購。

018-836-7865（大星大樓管理秋田事業所） 8:00～22:00（視設施而異） 休¥視設施而異 P使用鄰近收費停車場 所秋田市中通2-3-8 JR秋田站步行5分

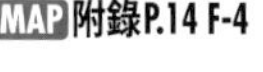
MAP附錄P.14 F-4

要找伴手禮來B1的秋田縣產品廣場最適合

秋田縣立中央公園

玩樂

●あきたけんりつちゅうおうこうえん

在冒險公園動動身體吧

擁有田徑場、棒球場等體育設施，還有烤肉廣場的廣大公園，當中最具人氣的，就是以巨大冒險塔為代表物的冒險公園，其規模為日本之最。

✆018-886-3131（秋田縣綜合公社中央公園事務所） 🅛9:30～15:00（6～8月～16:30，冒險公園、露營區開放時間為4月中旬～11月下旬） 休期間中無休 ¥冒險公園420日圓，兒童220日圓 🅟301輛 所秋田市雄和椿川軽井沢55 🚌JR秋田站搭計程車15分

MAP 附錄P.7 C-4

➲大人小孩都能盡情活動身體

仁別森林博物館

景點

●にべつしんりんはくぶつかん

學習樹木文化的博物館

可學習到秋田杉等仁別的自然、森林鐵道相關知識，並且展出曾實際用於林業的機械和森林鐵道列車。博物館附近有步道，可漫步森林之中。

✆018-827-2322
🅛5月上旬～11月上旬10:00～17:00（10、11月～16:00） 休週二～四（逢假日則營業） ¥免費 🅟15輛 所秋田市仁別務沢国有林22林班 🚌秋田中央IC 25km

MAP 附錄P.7 D-2

➲在館內或步道都有志工可協助導覽

秋田國際大麗菊園

景點

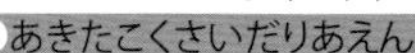

●あきたこくさいだりあえん

多達700品種大麗菊齊聚一堂

寬闊園內約有700個品種、7000株的鮮豔大麗菊爭奇鬥艷。當中還有巨花專區，可看到直徑超過30cm的大麗菊。園區熱衷研發新品種，每年都會公布全新花種。

✆018-886-2969 🅛8月中旬～11月上旬，日出～日落，視設施而異 休期間中無休 ¥400日圓，國中生以下免費 🅟300輛 所秋田市雄和妙法糠塚21 🚌JR四小屋站搭秋田市MY TOWN BUS 25分，糠塚華の里下車即到

MAP 附錄P.7 C-4

➲附近還有餐廳、商店等設施

Kur Dome The Boon

玩樂

●クアドーム　ザ・ブーン

擁有溫水泳池的大型室內園區

這間位在太平山度假村公園內的溫泉休閒設施，為圓頂型室內，當中有泳池和全長77m的滑水道。在戲水過後，還可以好好泡個溫泉，裡頭亦有餐飲處和休息區。

✆018-827-2301 🅛10:00～19:30（泳池～18:30） 休週四不定休 ¥510日圓，國高中生410日圓，3歲～國小生300日圓 🅟700輛 所秋田市仁別マンタラメ213 🚌JR秋田站搭秋田中央交通巴士35分，クアドーム　ザ・ブーン下車即到

MAP 附錄P.7 C-3

➲游完泳後可到溫泉浴場好好放鬆一下

太平山三吉神社

景點

●たいへいざんみよしじんじゃ

祈求勝利成功、事業繁榮的神社

三吉神社供奉勝負的守護神「三吉靈神」，此處為日本總本宮。相傳建於白鳳2（673）年，靈峰太平山頂上還有奧宮（僅限夏季開放）。1月17日的三吉梵天祭為著名的武勇祭典。

✆018-834-3443 🅛8:30～17:00 休無休 ¥免費參拜 🅟120輛 所秋田市広面赤沼3-2 🚌JR秋田站搭秋田中央交通巴士7分，三吉神社入口下車步行3分

MAP 附錄P.7 B-3

➲當地稱「三吉」為「miyoshi」或「sannkichi」

秋田市立千秋美術館

景點

●あきたしりつせんしゅうびじゅつかん

前來欣賞秋田相關藝術品

會舉辦小田野直武等人的秋田蘭畫、秋田知名創作家和作品的系列展，還有日本國內外優秀作品企劃展。另有洋畫家岡田謙三紀念館。展期需確認。

✆018-836-7860 🅛10:00～17:30 休不定休，準同Atorion ¥300日圓，大學生200日圓，高中生以下免費（企劃展另外收費） 🅟無 所秋田市中通2-3-8 Atorion內 🚌JR秋田站步行5分

MAP 附錄P.14 F-4

➲位在市中心，相當便於參觀

區域專欄

品項齊全豐富的市民廚房

➲販售新鮮食材、伴手禮等店家林立

➲鄰近秋田站，便於採買伴手禮

這個無論是主婦或專業廚師都青睞的在地市場，除了有鮮魚、蔬菜等生鮮食品，也有秋田銘菓、在地酒等豐富伴手禮。還有市場直營的壽司店、餐飲店等餐廳，午餐時段前來看看也不錯。

秋田市民市場

●あきたしみんいちば

MAP 附錄P.14 G-5

✆018-833-1855

➲成排的新鮮海產，光看都覺得開心

🅛5:00～18:00（視店鋪而異） 休週日、10月19日 🅟400輛 所秋田市中通4-7-35 🚌JR秋田站步行3分

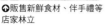

秋田據點中心☆ALVE

景點

●あきたきょてんせんたーあるうぇ

旅行途中輕鬆方便前往的去處

直通秋田站的複合設施，1、2F有餐廳、超商、網咖和商務旅館，用途多而便利。還有多達5廳的劇院。

✆018-836-4290（秋田新都心大樓） 🅛休¥視設施而異 🅟320輛（收費） 所秋田市東通仲町4-1 🚌JR秋田站即到

MAP 附錄P.14 H-5

➲藉由室內通道直通秋田站

むげん茶房

咖啡廳

●むげんさぼう

在甜點店品嘗和風甜點和烏龍麵

位於無限堂秋田站前店1F，是間和風甜點深具人氣的店家。午餐時段提供可按喜好選擇稻庭烏龍麵的套餐。堅持使用紅豆、寒天等簡單素材製作的甜點品項也值得一嘗。

018-825-2263 L11:00～18:30 休無休 ¥奶油紅豆餡蜜620日圓，抹茶聖代700日圓 P無 所秋田市中通2-4-12 JR秋田站步行5分 MAP附錄P.14 G-4

還提供餡蜜等可以外帶的品項

異人館

咖啡廳

●いじんかん

度過無以形容的美好時光

key coffee的托那加咖啡大師的認證店。爬滿常春藤的西式洋房，隱約帶有懷舊氣息。1F的咖啡廳可享用咖啡、鬆餅、法式吐司等。最適合來此度過一段寧靜時光。

018-864-3590 L9:00～22:00 休無休 ¥奶油焗烤1000日圓，咖啡500日圓 P20輛 所秋田市八橋本町1-1-46 JR秋田站搭秋田中央交通巴士12分，球技場前下車即到 MAP附錄P.7 A-4

如今仍散發著昔日咖啡廳的氣氛

広栄堂

咖啡廳

●こうえいどう

刨冰躍升秋田的知名排隊美食

這間刨冰專賣店只限定夏天營業。將含有大顆果肉的新鮮果汁做成糖漿，這些刨冰約有70種。當中最受歡迎的，就是暱稱為「葡霜」的「生鮮葡萄柚霜淇淋」。

018-832-5736 L6月中旬～9月10:00～17:30 休週一（逢假日則翌日休） ¥生鮮葡萄柚霜淇淋520日圓 P7輛 所秋田市南通みその町6-21 JR秋田站搭秋田中央交通巴士12分，球技場前下車即到 MAP附錄P.7 B-4

鬆軟刨冰加上霜淇淋的生鮮葡萄柚霜淇淋

充滿季節感的料理，器皿和擺盤都相當美麗

割烹 入舟

美食

●かっぽういりふね

可品嘗秋田在地酒和當季美味的日本料理店

昭和58（1983）年創業，可嘗到使用利尻昆布、去除血和肉的柴魚片、烤飛魚、小魚乾等地正宗日本料理。根據季節提供豐富的在地蔬菜、海鮮和在地酒，訂位時可先告知需求，也可提供鄉土料理。

018-863-6060 L11:30～13:30(需預約)、17:00～21:30 休不定休 ¥季節懷石全餐(午餐，需預約)6000日圓～，主廚推薦全餐(晚餐)6000～15000日圓 P2輛 所秋田市山王2-10-10 JR秋田站搭秋田中央交通巴士9分，高陽幸町下車即到 MAP附錄P.15 A-2

無限堂大町本店

美食

●むげんどうおおまちほんてん

稻庭烏龍麵的製造商直營店

店內活用充滿風情的商家氣氛，在此可品嘗到稻庭烏龍麵、烤米棒和日本叉牙魚等鄉土料理，添加比內地雞和香菇的無限烏龍麵也是人氣餐點。

018-863-0008 L11:00～14:00、17:00～21:30 休無休 ¥蓴菜梅子烏龍冷麵960日圓，烤米棒火鍋1110日圓～，每週特餐800日圓～ P14輛 所秋田市大町1-3-2 JR秋田站搭秋田中央交通巴士6分，大町通り下車即到 MAP附錄P.15 D-3

提供和式座位、餐桌位、包廂等各種席位

VILLA FLORA

美食

●ヴィラフローラ

可俯瞰大麗菊園的餐廳

建於秋田國際大麗菊園（→P.63）山丘上的餐廳。享受窗外景色的同時，還能品嘗以西式手法烹調秋田時令食材的全餐料理。另也有賣店可購買特產等。

018-881-3011 L11:00～20:00 休第1、3週二 ¥全餐料理5400日圓～(需預約) P30輛 所秋田市雄和妙法糠塚1-1 JR四小屋站搭秋田MT TOWN BUS 25分，糠塚華の里下車即到 MAP附錄P.7 C-4

絕讚景致和料理令人滿足

Yufore

溫泉

●ユフォーレ

享受SPA池的溫泉浴

除了大浴場之外，還有結合各種浴池及溫水泳池的SPA池、訓練室等的綜合設施。另附設餐廳，提供選用在地食材的各式餐點。

018-884-2111 L10:00～21:00（SPA池為～19:00） 休2、7月不定休 ¥600日圓，兒童300日圓（SPA池1000日圓，兒童500日圓） P300輛 所秋田市河辺三内丸舞1-1 秋田站中央IC 19km MAP附錄P.7 D-3

有露天風呂等多元浴池可享受SPA樂趣

秋田市雄和故鄉溫泉「Yuashisu」

溫泉

●あきたしゆうわふるさとおんせんゆあしす

可輕鬆享受泡湯的人氣溫泉

這間溫泉設施也有提供住宿，還有落瀑沖擊、三溫暖及可包租的家族浴池。大浴場為源泉放流溫泉，因離市中心不遠就能享受正宗溫泉而深獲好評。還有餐廳、休息區等，設施相當完善。

018-887-2575 L6:00～8:00、9:00～20:30 休第4週三（逢假日則翌日休） ¥泡湯費360日圓，兒童180日圓 P90輛 所秋田市雄和神ヶ村舟卸145-2 協和IC 14km MAP附錄P.7 C-5

有和風包廂、小屋共4棟，也可住宿

品嘗米糰鍋

區域專欄

秋田料理ちゃわん屋，提供豐富的秋田鄉土料理，最受歡迎的就是米糰鍋。所謂的米糰，就是將白米搗成泥做成丸子狀。以雞骨熬製高湯，再加醬油調味，鍋中添加的配料也與烤米棒火鍋幾乎相同，不妨嘗嘗以比較看看。

米糰鍋1人份1400日圓。據說米糰鍋發源自八郎潟附近。

秋田料理 ちゃわん屋

●あきたりょうりちゃわんや

MAP附錄P.15 D-5

018-864-5202 L17:00～23:00 休週一 P無 所秋田市大町4-2-7 JR秋田站搭秋田中央交通巴士8分，赤れんが郷土館前下車即到

到川反通吃晚餐

かわばたどおり

集結1000間以上的餐飲店

如欲享受秋田城鎮的夜晚，可到東北屈指可數的美食街「川反」。品嘗過秋田在地酒、鄉土料理之後，帶著微醺醉意散散步吧。

可品嘗到海鮮等鄉土料理

秋田乃瀧 ●あきたのたき

在這氣氛輕鬆的居酒屋吃得到使用日本海海鮮的料理、秋田鄉土料理。而所謂的石燒沖壽喜火鍋，就是放入熱燒的石頭瞬間烹調的知名火鍋。

☎018-824-1010
L17:00～22:30
休週日 P無
所秋田市大町3-1-15
JR秋田站搭秋田中央交通巴士4分，交通支社前下車即到
MAP附錄P.15 D-4

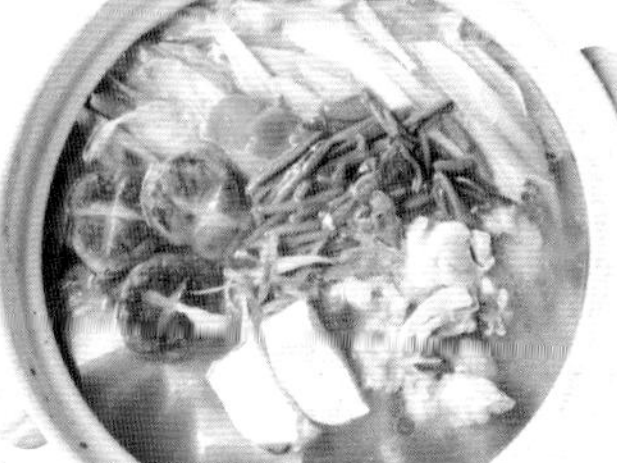

➲雞與起司貝鍋 1人份840日圓（圖為3人份）

愉悅入心的秋田在地酒

酒蔵 熊親爺 ●さかぐらくまおやじ

最期待就是秋田清酒大師老闆講究的在地酒。酒單上將品牌和成分等標示得一清二楚，適合與鄉土料理一同享用。

☎018-866-9084 L17:30～凌晨1:00 休週日不定休 P無 所秋田市大町4-3-7 JR秋田站搭秋田中央交通巴士8分，赤れんが郷土館前下車即到
MAP附錄P.15 D-4

➲在寧靜店內享受在地酒和鄉土料理

有豐富齊全在地酒的道地居酒屋

居酒屋蘇州 ●いざかやそしゅう

仿造酒廠的入口相當醒目，可品嘗到日本叉牙魚、地膚子等許多可當下酒菜的秋田鄉土料理，搭配豐富在地酒最為享受。

☎018-863-6892
L18:00～23:00 休週日（逢假日前日則翌日休）
P無 所秋田市大町5-1-11 JR秋田站搭秋田中央交通巴士5分，北都銀行前下車即到
MAP附錄P.15 D-5

➲可跟店家討論挑選在地酒

為暢飲在地酒而造訪

AQULA ●あくら

位在秋田舊市區的中心地帶，秋田在地啤酒「AQULA BEER」釀造廠聚集的一角。改建自老舊酒廠的建物林立，深具風情。

☎018-862-1841
L休視店鋪而異 P無 所秋田市大町1-2-40
JR秋田站搭秋田中央交通巴士4分，交通支社前下車即到 MAP附錄P.14 E-3

➲曾獲市民票選榮獲都市景觀獎

可度過熱鬧時光的啤酒餐廳

RESTAURANT PLATZ ●れすとらんぷらっつ

啤酒餐廳隔壁就是啤酒工廠，除了有簡單的單點料理外，AQULA BEER霜淇淋等原創餐點也很多。

☎018-883-4366
L17:00～22:30 休無休

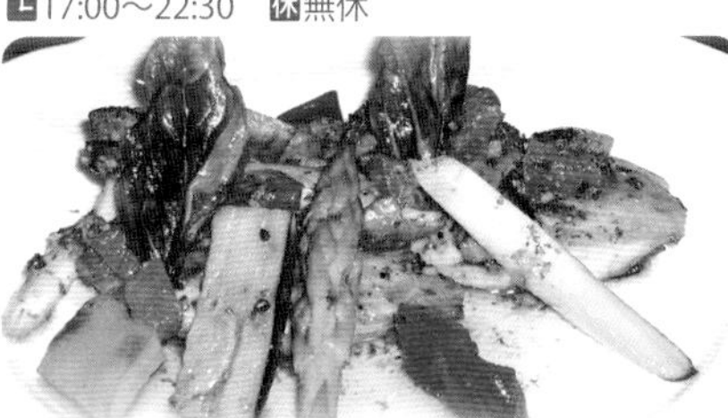

➲全都是跟啤酒超搭的料理

暢飲比較各個秋田在地啤酒吧

BIER KAFFEE AQULA ●びあかふぇあくら

位於在地啤酒工廠2F的復古景觀啤酒咖啡廳，在享受人氣臘腸、生火腿之餘，還可品嘗工廠直送的新鮮啤酒。

☎018-864-0141
L17:00～22:30 休無休

➲有餐桌席也有吧檯座位區

➲最適合送禮的生剝鬼饅頭 12入972日圓

フジタ製菓 購物

●ふじたせいか

馨香融於舌尖的美味諸越

紅豆粉和凝固上白糖組成的諸越，經過兩面烘烤做成「雙面烤諸越」，酥脆口感和融於舌尖的美妙令人驚豔。而以生剝鬼的臉為形狀的生剝鬼饅頭，也很適合作為秋田伴手禮。

☎018-833-7906 L9:00～17:00 休週六、日及假日 ¥雙面烤諸越130g 324日圓 P2輛 所秋田市牛島東7-10-43 JR秋田站車程20分
MAP附錄P.7 B-4

金萬 JR秋田駅トピコ店 購物

●きんまんじぇいあーるあきたえきとぴこてん

始終受縣民愛戴的秋田銘菓

深受喜愛的銘菓「金萬」是秋田必買伴手禮。添加雞蛋的白豆沙餡，包裹在微甜蜂蜜香氣的餅皮當中，再烤得膨膨地便完成。店家始終堅守創業以來的不變好滋味。

☎018-833-0620
L8:00～20:00 休無休 ¥金萬10入裝648日圓
P109輛（收費）
所秋田市中通7-1-2 秋田站大樓Tópico 2F
JR秋田站直通
MAP附錄P.14 H-4

➲濕潤的餅皮與高雅的香甜，男女老少都喜歡

區域專欄 秋田推薦伴手禮

在秋田縣內各間ラグノオ都很受歡迎的「芝麻糬」，大量使用秋田縣產的秋田小町米粉，做成軟綿的外皮，裡頭包入含有黑芝麻的卡士達奶油，中心則是濃稠的芝麻醬。

➲芝麻糬單顆125日圓，5顆裝625日圓，10顆裝1250日圓

秋田ラグノオ

●あきたらぐのお

☎018-896-1244

跟我們
一起玩嘛!

體形大且超可愛的豪太是GAO的人氣偶像

來去看北極熊豪太!

男鹿水族館 GAO

おがすいぞくかんがお

男鹿水族館GAO展示日本叉牙魚、男鹿海底生物等共400品種1萬隻的海洋生物，還有人氣王北極熊等各式各樣的生物，都在等待大家的來臨喔！

約80噸的大水槽可見到鯛魚、松原魟、藍海龜等在其中悠游

穿過隧道時抬頭可見神秘的世界

亮點1 北極熊 豪太&胡桃

調皮的北極熊豪太和伴侶胡桃是超級可愛的明星動物。在餵食時間可看到他們可愛的表情和玩耍的姿態，讓遊客都忍不住笑開懷。

擅長找食物的胡桃吃東西相當優雅

隔著玻璃窗可好好觀察牠們玩耍的模樣

晃來晃去找玩具的調皮豪太

找東西吃的模樣可愛又魄力十足

北極熊觀察室

展覽室突出的一角是可近距離看到北極熊的設施

熊手觀察窗

可近距離看到熊手拿取食物的觀察窗。記得先上官網確認餵食時間喔！

男鹿水族館GAO

おがすいぞくかんがお

建於男鹿半島沿海的水族館內，有400種、1萬隻的生物。可近距離觀賞北極熊、海獅和海豹等人氣海洋生物。

位在男鹿半島沿海，可眺望日本海水平線

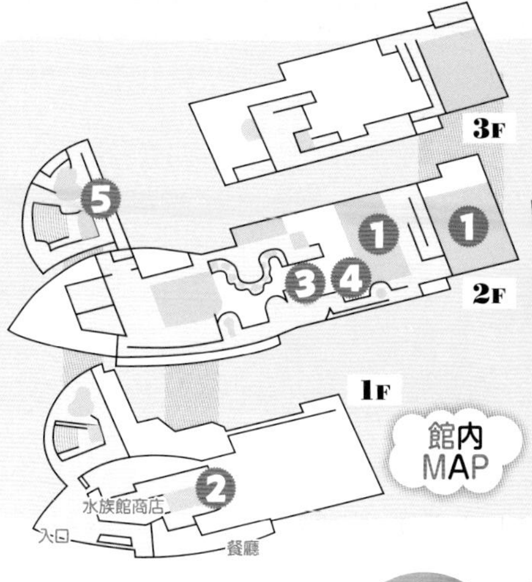

巨大水槽和海底隧道超有看頭

0185-32-2221 MAP P.74 A-2

9:00～16:30(冬季～15:30，有可能變更需確認) 休無休(詳情請洽官網) ¥門票1100日圓，國中小學生400日圓，兒童免費 P630輛 所男鹿市戸賀塩浜 JR男鹿站搭生剝鬼接駁車約1小時(需預約)

男鹿水族館GAO 這麼好玩

亮點4 餵食時間好有趣 企鵝

企鵝屁顛屁顛的走路方式相當可愛，在岩石上休息的模樣、高速游泳的反差都令人驚奇。當中也有十分親人的企鵝，有時還會跟遊客撒嬌呢。

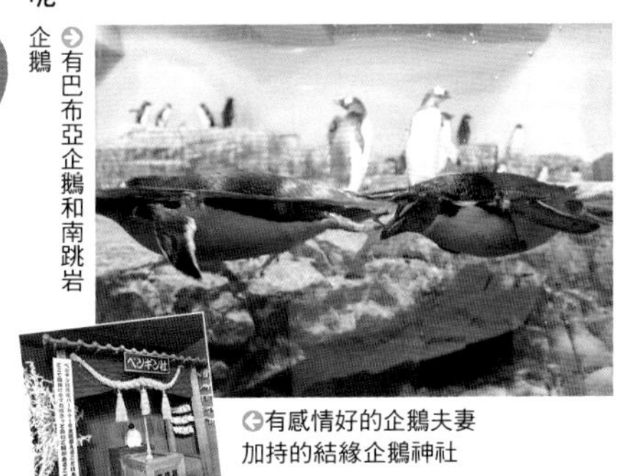

有巴布亞企鵝和南跳岩企鵝

有感情好的企鵝夫妻加持的結緣企鵝神社

水槽內可見大量日本叉牙魚幼魚群壯觀悠游

日本叉牙魚是深海魚，故嚴禁使用閃光燈拍照

亮點5 遇見海獅&海豹 鰭足's館

活潑的悟空（左）有點膽小，不過也很有服務遊客的精神

加州海獅TON吉的泳速飛快，可能是GAO夥伴中的No.1!!

大家的個性都不一樣喔

海獅與海豹可愛魅力滿點，那撒嬌的姿態怎麼看都不厭倦。從2015年到2017年連續3年都有斑海豹誕生。

亮點3 說到秋田的魚就是 日本叉牙魚博物館

特別介紹秋田縣縣魚日本叉牙魚的博物館，針對日本叉牙魚有許多未解之謎的生態、成為秋田固有飲食文化的原因等，搭配捕撈歷史的影像做詳細的解說。

亮點2 感覺就像在大海裡 男鹿海洋大水槽

一進場首先映入眼簾的就是氣勢磅礴的大水槽。重現男鹿海洋約40種、2000隻的魚兒悠游展現夢幻世界。單側做成隧道，讓遊客通過底下時可抬頭欣賞水槽。

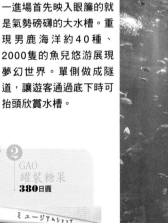

到餐廳「フルット」用午餐吧！

這間可眺望水平線的餐廳就位於1F館內，不用門票也可入內用餐，適合作為旅途中的休息站。

男鹿鹽魚汁炒麵950日圓，在GAO也吃得到代表男鹿小吃的鹽魚汁炒麵

用男鹿鹽做的豪太霜淇淋300日圓只在GAO吃得到

到水族館商店採購伴手禮！

周邊商品 Best 3

1. 豪太浴巾 2000日圓
2. 豪太玩偶 3140日圓（大） 1730日圓（小）
3. 迷你毛巾 各440日圓

點心 Best 3

1. 白熊鹽味薯條 650日圓
2. GAO罐裝糖果 380日圓
3. 豪太蛋糕 650日圓（小）

排滿原創商品的1F商店

※價格與內容可能變動

男鹿半島最北角的絕美景點

一同登上入道埼燈塔吧！

代表入道埼的入道埼燈塔，不僅入選「日本燈塔50選」，在頂端的觀景台，還可欣賞到離地約30m高的大全景。

⬅燈塔歷史悠久，建於明治31年（1898）年

⬆黑白相間的燈塔是入道埼的象徵物，快上前瞧瞧吧

⬇附近有賣店，可去看看順便休息

4 入道崎 ●にゅうどうざき

位在男鹿最北端的岬角，在平坦遼闊的草皮盡頭是高30m的連綿斷崖。周圍有伴手禮店和提供海鮮蓋飯的餐飲店等林立，在觀光旺季相當熱鬧。

☎0185-24-4700（男鹿市觀光協會） 自由參觀（燈塔4月下旬～11月上旬9:00～16:00，天候不佳則休） ¥燈塔200日圓，小學生以下免費 P200輛 所男鹿市北浦入道崎 JR羽立站搭秋田中央交通巴士43分，湯本駐在所前轉搭男鹿市單獨運行巴士（除船川計程車外，部分採預約制）10分，入道埼下車即到 MAP P.74 A-1

男鹿半島 雀躍兜風趣

生剝鬼與絕景相迎

4入道崎
55
男鹿溫泉
北浦漁港
第一目潟
戸賀灣
八望台
なまはげライン
101
1寒風山
5男鹿西海岸
2男鹿真山傳承館
3生剝鬼館
男鹿線
脇本站
羽立站
101
59
昭和男鹿半島IC→
男鹿半島
6門前生剝鬼像
男鹿站

秋田自動車道昭和男鹿半島IC ← 車程40分 ← 1 寒風山 ← 車程30分 ← 2 男鹿真山傳承館 ← 即到 ← 3 生剝鬼館 ← 車程20分 ← 4 入道崎 ← 車程25分 ← 5 男鹿西海岸 ← 車程15分 ← 6 門前生剝鬼像 ← 車程1小時 ← 秋田自動車道昭和男鹿半島IC

來到男鹿半島不妨嘗試可近距離感受壯觀日本海的沿海兜風。全景海洋、奇岩所交織而成的綿延美景，樂趣無窮盡。還有生剝鬼也在等著喔！

⬆八望台（→P.73）可欣賞伴隨日本海遼闊海面的火山湖

1 寒風山 ●かんぷうざん

標高355m的寒風山，堪稱男鹿半島地標，整座山都被美麗綠草包覆，在山頂的旋轉觀景台還可欣賞360度大全景，連遠處的鳥海山都能盡收眼底。

☎0185-24-4700（男鹿市觀光協會） 自由參觀（觀景台3月中旬～12月上旬8:30～17:00，期間中無休） ¥觀景台540日圓，國高中及小學生270日圓 P100輛 所男鹿市脇本富永 JR羽立站搭計程車15分 MAP P.74 C-2

⬆草皮覆蓋的寒風山有著女性般的溫柔氣息

⬅4F有部分作為旋轉觀景台，轉1圈約13分

➡山頂可飽覽男鹿半島的美麗海岸線

從男鹿代表地標飽覽絕景

6 門前生剝鬼像
●もんぜんのなまはげりつぞう

源自當地流傳的生剝鬼傳說中所出現的999階石階，這個像也有震撼的9.99m高。快來與彷彿下一秒就要襲來的生剝鬼合照留念吧。

☎0185-24-4700（男鹿市觀光協會）
自由參觀 P30輛 所男鹿市船川港本山門前 JR男鹿站搭男鹿市單獨運行巴士30分，門前停車場下車即到

MAP P.74 A-3

吼！有沒有愛哭的小孩啊～

門前地區的象徵 巨大生剝鬼像

還留有生剝鬼傳說的門前地區獨有的雕像

5 男鹿西海岸
●おがにしかいがん

突出於日本海的男鹿半島西海岸為知名風景區，可看到奇岩、怪石等原野景致。沿著海岸線南下，沿路上有KANKANE洞、大棧橋等由大自然孕育的美景不斷。

☎0185-24-4700（男鹿市觀光協會）
所男鹿市北浦入道崎～船川港 MAP P.74 A-2

綿延不絕 斷崖絕壁驚險壯麗

可欣賞到獲選為秋田三十景第1名的景色

男鹿西海岸視野極讚的絕景路線

3 生剝鬼館
●なまはげかん

受指定為國家重要無形民俗文化財，館內並詳細介紹「男鹿的生剝鬼」。透過大螢幕播放影片，或是依區域不同展出各種樣貌生剝鬼的面具。

☎0185-22-5050 8:30～17:00 休無休 ¥540日圓，國高中及小學生270日圓 P270輛 所男鹿市北浦真山水喰沢 JR男鹿站搭計程車20分

MAP P.74 B-2

石造建築外觀深具神秘氣息

詳細介紹「男鹿的生剝鬼」

穿戴蓑衣、面具，就能變身生剝鬼

各式各樣的生剝鬼齊聚一堂，震撼滿點！

這裡也有！巨大生剝鬼像

男鹿溫泉鄉生剝鬼像
●おがおんせんきょうなまはげりつぞう

位在男鹿半島北端的溫泉鄉。從生剝鬼線往入道埼的方向過去，生剝鬼像就站在入口迎接遊客。

☎0185-24-4700（男鹿市觀光協會）自由參觀 P無
所男鹿市北浦湯本 JR羽立站搭秋田中央交通巴士40分，雄山閣前下車即到

MAP P.74 A-1

男鹿綜合觀光服務處
●おがそうごうかんこうあんないじょ

在國道101號線旁的觀光服務處，有2尊分別高15m和12m的生剝鬼像矗立。館內除了提供觀光資訊，還有餐飲區，在男鹿半島兜風途中不妨前來看看。

☎0185-35-5300
9:00～18:00 休無休 P57輛
所男鹿市船越一向207-219
JR船越站搭計程車5分

MAP 附錄P.5 C-6

2 男鹿真山傳承館
●おがしんざんでんしょうかん

建在真山神社附近的茅草屋頂民家，重現男鹿真山地區於除夕夜時進行的傳統活動「生剝鬼」，進家門除厄、帶來幸福並懲罰懶惰的人們。

MAP P.74 B-2

☎0185-33-3033（真山神社） 9:00～16:30（視時期而異） 休無休（12～翌年3月僅週六、日及假日開館） ¥756日圓，國高中及小學生540日圓（與生剝鬼館的套票864日圓，國高中及小學生540日圓；12～翌年3月1080日圓，國高中及小學生756日圓） P100輛 所男鹿市北浦真山水喰沢80 JR羽立站搭計程車15分

生剝鬼來了！

生剝鬼伴隨著可怕的低吼聲登場

居民還會準備餐點款待

就用居民準備的美酒佳餚消除橫越雪山而來的疲憊

就算害怕也要體驗的傳統活動

生剝鬼雙腳用力蹬地

生剝鬼用力踏地去除災厄

男鹿半島美食

新鮮海味化身各式豐盛料理登場！

突出於日本海的男鹿半島，有豐富的海鮮食材。不僅有豪邁裝滿新鮮海鮮的蓋飯、漁夫傳統火鍋料理，還有當地美食，就來讓人活力加倍的男鹿進行一趟美食之旅吧！

海鮮蓋飯

堆成小山的新鮮海產

特製海膽蓋飯3564日圓

就只使用真正的生鮮海膽。融化於舌尖上的香甜海膽最是極品

滿滿生海膽令人震懾！香甜入口即化的奢華蓋飯

みさき会館 ●みさきかいかん

除了有豪邁使用海鮮的蓋飯和定食，名為UFO拉麵的奇特拉麵也引發話題。特製海膽蓋飯上鋪了滿滿的生鮮海膽，香甜又入口即化而深具人氣。

☎0185-38-2141 營8:00～17:00(夏季7:00～20:00) 休無休(12～翌年3月需洽詢) P15輛 所男鹿市北浦入道崎昆布浦2-1 交JR羽立站搭秋田中央交通巴士43分，湯本駐在所前轉搭男鹿市單獨運行巴士(部分預約制)10分，入道埼下車即到

MAP P.74 A-1

↑令人聯想到海膽的鮮豔橘色外觀

なまはげ御殿 ●なまはげごてん

4歲開始出海的老闆，因為希望顧客品嘗道地男鹿料理，而提供充滿野趣的漁夫料理。當中的海鮮蓋飯是超人氣餐點，為人氣海鮮爭奇鬥艷的一道奢華蓋飯。

☎0185-38-2011 營6:00～18:00(11～翌年3月為8:00～17:00) 休無休 P200輛 所男鹿市北浦入道崎昆布浦2-69 交JR羽立站搭秋田中央交通巴士43分，湯本駐在所前轉搭男鹿市單獨運行巴士(部分預約制)10分，入道埼下車即到

MAP P.74 A-1

↑店家的外觀以生剝鬼的臉為造型也是人氣原因之一

螃蟹蓋飯定食1620日圓

可直接品嘗原味蟹肉，或是蘸芥末醬油增添風味

蟹肉的香甜美味在口中擴散開來

↑寬闊2F可飽覽日本海美景

灯台荘 ●とうだいそう

因豐富餐點和可飽覽日本海的地理位置而深受歡迎。蓋飯的食材豐盛，每種都鋪滿到幾乎看不見白飯。新鮮海產是每天從市場採購，尤其肉質緊實的螃蟹蓋飯堪稱極致幸福美味。

☎0185-38-2121 營8:00～17:00(有季節性變動) 休無休 P200輛 所男鹿市北浦入道崎昆布浦2-70 交JR羽立站搭秋田中央交通巴士43分，湯本駐在所前轉搭男鹿市單獨運行巴士(部分預約制)10分，入道埼下車即到

MAP P.74 A-1

超越時空的海鮮蓋飯2160日圓

堅持人氣No.1食材的一道餐點。如此豪邁感就展現在漁夫料理上

5種人氣海鮮奢華美味競演

男鹿鹽魚汁炒麵

鹽魚汁風味的和風炒麵

繽紛食材打造視覺饗宴

男鹿鹽魚汁炒麵972日圓

以大量海鮮為食材，讓顧客遠眺日本海的同時還能感受海味

男鹿櫻島Kiraraka度假飯店

おがさくらじまりぞーとほてるきららか

位在絕景環繞的男鹿半島西海岸。景觀餐廳向外突出的半圓設計，讓人能盡情眺望廣闊的日本海。菜色以充滿男鹿地方色彩的海鮮料理為主。

☎0185-37-2311 營11:30～13:30 休週一～五(逢假日則營業) P100輛 所男鹿市戸賀加茂青砂中台1-466 交JR羽立站搭秋田中央交通巴士43分，湯本駐在所前轉搭男鹿市單獨運行巴士加茂方向(部分預約制)23分，桜島下車即到 MAP P.74 A-2

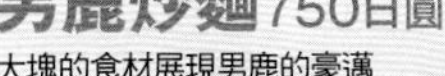

男鹿炒麵750日圓

大塊的食材展現男鹿的豪邁

何謂男鹿鹽魚汁炒麵?

使用以日本叉牙魚為主要原料的魚醬「鹽魚汁」為基底，再加鹽巴或醬油醬汁、海帶粉及含昆布高湯的麵條所製成，為男鹿半島全新名產，炒麵配料則視店家而異。

無損風味 熱騰騰的鐵板勾芡

磯料理 福の家

いそりょうりふくのや

大塊大塊放入於男鹿海域捕撈的日本叉牙魚等食材，是道充滿男鹿風格的豪邁鐵板炒麵。充滿鹽魚汁香氣的鹽味勾芡充分吸附麵條，豐富滋味在口中擴散開來。

☎0185-33-4089 營11:30～13:30、18:00～24:00 休不定休 P6輛 所男鹿市北浦湯本草木原61-5 交JR羽立站搭秋田中央交通巴士40分，観光ホテル前下車即到 MAP P.74 A-1

話題新名物 男鹿叉牙魚蓋飯

和風レストランきりん亭

わふうれすとらんきりんてい

日本叉牙魚經酥炸後，淋上鹽汁和塔塔醬等醬汁，滋味多元而豐富。另一樣著名美食，也就是搭配男鹿鹽魚汁炒麵成套餐的「男鹿在地美食膳」也是人氣餐點。

何謂男鹿叉牙魚蓋飯?

結合男鹿兩大名產「日本叉牙魚」和「鹽魚汁」而成。男鹿市內有12間店提供，每間店都可吃得到充滿各自特色的蓋飯。

☎0185-35-2700 營10:30～14:00、17:00～20:30 休不定休 P50輛 所男鹿市船越内子213 交JR船越站步行17分 MAP 附錄P.5 C-6

同一碗在地蓋飯 可享受到多重滋味

男鹿叉牙魚塔塔醬蓋飯750日圓

淺色日本叉牙魚肉搭配特製醬汁、塔塔醬，讓滋味更有層次

男鹿產鮭魚卵鋪得扎扎實實

↑以男鹿入道埼最大店鋪為傲

海膽鮭魚卵雙色蓋飯

1800日圓

滋味扎實的男鹿產鮭魚卵搭檔香甜海膽，造就令人開心的蓋飯

入道崎会館

にゅうどうざきかいかん

寶石般閃耀的男鹿產鮭魚卵和滿滿的海膽，這道奢華蓋飯可吃到2種美味。除男鹿漁夫料理外，也提供秋田鄉土料理。伴手禮種類也相當多元，不只男鹿，也網羅了各式秋田縣伴手禮。

☎0185-38-2031 營4月20日～11月10日、10:00～14:30(視時期而異) 休期間中週二、三休(逢黃金週、盂蘭盆節、假日則營業) P50輛 所男鹿市北浦入道崎昆布浦2-29 交JR羽立站搭秋田中央交通巴士43分，湯本駐在所前轉搭男鹿市單獨運行巴士(部分預約制)10分，入道埼下車即到 MAP P.74 A-1

男鹿漁夫料理 石燒鍋

石燒定食

2800日圓

以鯛魚、岩海苔、蔥的簡單食材深獲人氣，當地民眾回訪率也很高

以嚴選海鮮打造鹽味石燒鍋

美野幸

みのこう

石燒鍋1人份也可開鍋，鹽味湯頭是此店獨有滋味，投入石頭的瞬間冒出的蒸騰熱氣，飄散著柔和大海氣味令人食指大動。定食的配菜也相當大分量。

☎0185-38-2146 營11:00～售完打烊 休不定休 P30輛 所男鹿市北浦入道崎昆布浦2-1 交JR羽立站搭秋田中央交通巴士43分，湯本駐在所前轉搭男鹿市單獨運行巴士(部分預約制)10分，入道埼下車即到

MAP P.74 A-1

入道崎海陽

にゅうどうざきかいよう

可從1人份點起，並分別以桶盛裝。食材只用男鹿捕撈的海產，提供味噌及原創韓式辣味2種口味。主食魚類依季節替換，無需預約就能品嘗。

何謂石燒鍋?

流行於男鹿的傳統漁夫料理。將海鮮、蔬菜、海藻等以桶盛裝，將燒得赤紅的石頭投入桶裡瞬間煮熟，然而味道卻與這粗曠手法相反，充滿海鮮的湯頭滋味細膩。

☎0185-38-2530 營4～11月、8:00～17:00(有季節性變動) 休期間中不定休 P200輛 所男鹿市北浦入道崎昆布浦2-71 交JR羽立站搭秋田中央交通巴士43分，湯本駐在所前轉搭男鹿市單獨運行巴士(部分預約制)10分，入道埼下車即到

MAP P.74 A-1

以熱石打造 風味細膩的漁夫料理

石燒鍋定食2000日圓(稅外)

味噌香氣馥郁，韓式辣味滋味濃烈，各自擁有不分軒輊的人氣

男鹿半島溫泉

不住宿泡湯也大滿足

生剝鬼浴池和可欣賞夕陽的露天浴池等，男鹿半島集結各種特色溫泉，快來暖暖身體吧。

引以為傲的自家源泉溫泉

↑大大的生剝鬼面具洋溢滿滿男鹿氣息

→不規則噴出的溫泉會令人嚇一跳！

POINT 來瞧瞧從生剝鬼嘴巴噴出的溫泉吧！

↓位於男鹿溫泉入口的溫泉旅館

元湯雄山閣
●もとゆうざんかく

有飄著懸浮物（湯花）的露天浴池，以及自生剝鬼嘴巴出水的室內浴池兩種可享受。風格特別的餐點也頗具魅力。

☎0185-33-3121 IN15:00、OUT10:00 ¥1泊2食14190日圓～ P30輛 所男鹿市北浦湯本草木原52 JR羽立站秋田中央交通巴士40分，雄山閣下車即到

MAP P.74 A-1

泡湯資訊
14:00～15:00（週日11:00～）
休不定休 ¥700日圓

→源自古代至今的男鹿溫泉，有許多溫泉旅館林立

欣賞陽光灑落的閃耀海面

↑據說可紓解男鹿漁夫疲憊的溫泉

POINT 隔著美麗庭園欣賞海洋

男鹿櫻島Kiraraka度假飯店
●おがさくらじまりぞーとほてるきらら か

興建於男鹿半島西海岸，以景觀聞名的飯店。男、女露天浴池都能欣賞到夕陽沉入日本海的景致。設置玻璃落地窗的景觀餐廳，亦擁有迷人視野。

☎0185-37-2311 IN15:00、OUT10:00(餐廳11:30～13:30) ¥1泊2食13650日圓～ P100輛 所男鹿市戸賀加茂青砂中輔1-466 JR羽立站搭秋田中央交通巴士43分，湯本駐在所前轉搭男鹿市單獨運行巴士(部分預約制)23分，桜島下車即到(飯店可在男鹿站提供接駁，需預約)

MAP P.74 A-2

泡湯資訊
11:30～17:30
休無休
¥700日圓

↑日本海景致伴隨下的午餐格外有滋味

男鹿溫泉 結旅館 別邸椿
●おがおんせんゆいのやどべっていつばき

這是男鹿半島首間可享受2種源泉的旅館。男性露天浴池可在泡湯同時感受海風，女性露天浴池則充滿庭園風情。餐點也甚獲好評，採用近海捕撈的海鮮費時費工做成，還可品嘗男鹿半島名產「石燒料理」。

→天氣晴朗時可欣賞到白神山地和寒風山

☎0185-33-2151 4～12月、IN15:00、OUT10:00 ¥1泊2食13650～21750日圓 P200輛 所男鹿市北浦湯本中里81 JR羽立站秋田中央交通巴士40分，グランドホテル下車即到

MAP P.74 A-1

↓男性室內浴池「錦之湯」的泉水具保濕效果，可好好享受一番

泡湯資訊
4～12月、16:00～20:00
休期間中無休
¥750日圓、兒童430日圓

POINT 可分別在室內和露天浴池享受源泉

角館 12 | 乳頭溫泉鄉 田澤湖·大曲 35 | 秋田城鎮·男鹿·鳥海山 page 49 | 橫手·湯澤 77 | 八幡平 十和田湖 89 | 白神山地 103

追加情報

男鹿半島

●おがはんとう

哥吉拉岩

●ごじらいわ

日落時看來尤其真實

隆起的岩石無論形狀、表面崎嶇感都十分神似哥吉拉側臉，這就是男鹿的珍稀名景。尤其是夕陽映照下的剪影，彷彿還能聽到咆嘯般真實。

✆0185-24-4700(男鹿市觀光協會)
L自由參觀 P2輛 所男鹿市船川港本山門前
交JR男鹿站搭男鹿市單獨運行巴士30分，帆掛島下車步行5分
MAP P.74 B-3

↑周圍一帶是海釣聖地，也可看到許多釣客

大潟村干拓博物館

●おおがたむらかんたくはくぶつかん

了解八郎潟干拓的歷史

干拓前八郎潟是日本繼琵琶湖之後的第2大湖。以淺顯易懂的方式介紹經歲月累積而成的八郎潟干拓歷史、墾荒者的勞苦等。

✆0185-22-4113
L9:00～16:00 休第2、4週二(10～翌年3月為週二休) ¥300日圓，高中生以下100日圓 P50輛 所大潟村西5-2 交JR八郎潟站搭秋田中央交通巴士30分，大潟村役場前下車步行10分
MAP 附錄P.5 C-5

↑介紹從八郎潟的形成到干拓的歷史

KANKANE洞

●かんかねどう

海浪侵蝕形成的巨大洞窟

為巨大的面海洞窟，是散布在男鹿半島西海岸的洞窟中最大規模。進到裡頭，海浪敲打的聲音在洞內迴盪，營造出奇妙的世界。

✆0185-24-4700(男鹿市觀光協會) L自由參觀 P25輛 所男鹿市戶賀加茂青砂
交JR羽立站搭秋田中央交通巴士43分，湯本駐在所前轉乘男鹿市單獨運行巴士(部分預約制)26分，加茂下車步行6分
MAP P.74 A-3

←從加茂青砂地區可以步行至洞窟

男鹿真山神社

●おがしんざんじんじゃ

生剝鬼柴燈祭的舞台就在這裡

創建於景行天皇時代的古老神社。正月的柴燈祭，是將烤過的年糕供奉於山神的祭神儀式。氣氛莊嚴的境內，也是每年2月舉辦「生剝鬼柴燈祭」的場地。

✆0185-33-3033 L8:30～17:30 休無休
¥免費參拜 P50輛 所男鹿市北浦真山水喰沢97
交JR羽立站搭計程車40分
MAP P.74 B-2

→境內有相傳是慈覺大師親手種植，樹齡上千年的巨木聳立

赤神神社五社堂

●あかがみじんじゃごしゃどう

步上據說由鬼所蓋的石梯去參拜

爬上相傳由鬼所蓋的999階石梯，就能看見莊嚴的五社堂。中央的堂祠供奉著赤神神社名字由來的赤神，圓空和尚雕刻的十一面觀音像也供奉其中。

✆0185-24-4700(男鹿市觀光協會) L自由入內
P20輛 所男鹿市船川港本山門前 交JR男鹿站搭男鹿市單獨運行巴士30分，門前駐車場下車步行25分
MAP P.74 A-3

↑現今的五社堂社殿為江戶時代中期重建之建物

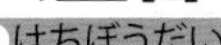

八望台

●はちぼうだい

俯瞰珍貴火口湖

這是男鹿首屈一指的觀景台，環顧四面八方，最遠可看至奧羽山脈，欣賞遼闊景色，還可俯瞰日本珍貴的爆裂火口湖第一目潟、戶賀灣、第二目潟。

✆0185-24-4700(男鹿市觀光協會) L自由參觀
P100輛 所男鹿市戶賀浜塩谷 交JR羽立站搭計程車30分
MAP P.74 A-2

→在觀景台可飽覽遼闊壯觀的景色

男鹿溫泉交流會館 五風

●おがおんせんこうりゅうかいかんごふう

秋田具代表性的表演「生剝鬼太鼓」

位於男鹿溫泉中心地區的交流設施。在地青年以日本太鼓表演「五風生剝鬼太鼓秀」帶來震撼演奏。另也有體驗工房，可動手製作生剝鬼壁掛吊飾。

↑目前正以男鹿溫泉鄉為主要活動地區的生剝鬼太鼓「恩荷」

✆0185-33-3191
L9:00～22:00，五風生剝鬼太鼓秀20:30～，4月下旬～11月中旬(第2、4週一，8/3～6休演)
休無休 ¥表演入場費540日圓(僅週六免費)
P10輛 所男鹿市北浦湯本草木原21-2 交JR羽立站搭秋田中央交通巴士40分，男鹿溫泉下車即到
MAP P.74 A-1

↑活動表演場館還有足湯區

區域專欄

生剝鬼的勇壯狂舞

結合真山神社的祭神儀式「柴燈祭」，及民俗傳統「生剝鬼」的冬季觀光活動。生剝鬼舉著火把從雪山上下來的場面相當吸睛。近距離觀賞生剝鬼的狂舞也是震撼滿滿。

←生剝鬼在柴燈火旁反覆進行各種活動並逐漸擴散開來

生剝鬼柴燈祭

●なまはげせどまつり

MAP P.74 B-2
✆0185-24-9220(男鹿市觀光商工課)
L2月第2週五～日 P610輛
所男鹿市北浦真山水喰沢97(男鹿真山神社)
交JR男鹿站搭臨時收費巴士40分

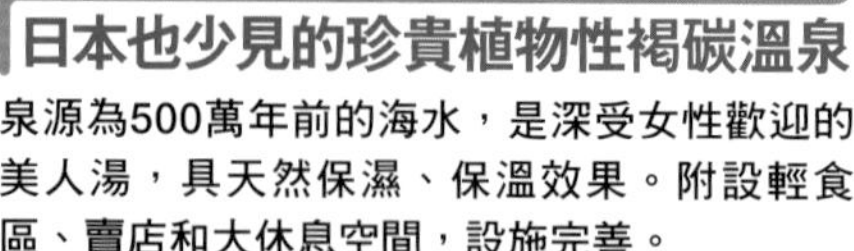

Polder潟之湯
溫泉

●ぽるだーかたのゆ

日本也少見的珍貴植物性褐碳溫泉

泉源為500萬年前的海水，是深受女性歡迎的美人湯，具天然保濕、保溫效果。附設輕食區、賣店和大休息空間，設施完善。

☎0185-45-2641 L6:00～22:00 休第2週二 ¥泡湯費400日圓，國中生200日圓，兒童150日圓 P250輛 所大潟村北1-3 交JR八郎潟站搭大潟村MY TOWN BUS 30分，ホテルサンルーラル大潟前下車即到

MAP 附錄P.5 C-5

➲可輕鬆利用的公共溫泉設施

男鹿溫浴樂園
溫泉

●おんよくらんどおが

沉浸在豐富多樣的溫泉樂趣中

位在生剝鬼汽車露營場隔壁，是可享受多種溫泉的不住宿純泡湯設施。「全身浴」、「氣泡浴」、「寢湯」等豐富多元的浴池能好好撫慰疲憊的身心。

☎0185-33-3715

L9:00～21:00 休第2、4週四(逢假日則營業) ¥門票400日圓，兒童250日圓 P100輛 所男鹿市北浦北浦平岱山1 交JR羽立站搭計程車20分

MAP P.74 B-2

➲旁邊就是男鹿山牧場，置身大浴池還可欣賞遼闊風光

區域專欄

共乘計程車「生剝鬼接駁車」

男鹿擁有許多觀光景點，但搭乘大眾運輸的話，總會受限巴士班次不太方便。因此男鹿市觀光協會便推出定額、定時制的共乘計程車「生剝鬼接駁車」，可連接各主要景點。即便是離巴士路線稍遠的真山地區（有生剝鬼館和男鹿真山傳承館等）也能到達。最晚需於搭乘前一天的16時前預約，可透過電話或網站預約。與巴士路線相互搭配，就能計劃一個有效率的旅遊行程。

路線分為行駛於男鹿站～門前～櫻島～水族館～入道埼之間的「白熊線」，以及行駛於男鹿站～真山地區～男鹿溫泉～水族館之間的「生剝鬼・溫泉線」。

男鹿市觀光協會☎0185-24-4700

道楽亭
咖啡廳

●どうらくてい

生剝鬼體驗後來休息一下

位在男鹿真山傳承館和生剝鬼館（→P.69）隔壁的歇腳處。可品嘗到在地媽媽們的手工料理和小菜。

☎0185-33-3033(男鹿真山神社) L4月下旬～11月上旬、10:00～16:30 休期間中無休 ¥御幣餅250日圓，秋田小町純米原酒真山(附小菜)700日圓，比內地雞親子蓋飯750日圓，甜酒150日圓 P100輛(男鹿真山傳承館停車場) 所男鹿市北浦真山水喰沢97 交JR羽立站搭計程車15分

MAP P.74 B-2

➲來充滿木頭溫度的店內歇歇腳吧

夕陽溫泉・WAO
溫泉

●ゆうひおんせんわお

邊賞夕陽邊泡湯吧

位在宮澤海水域場旁，可在泡湯的同時欣賞夕陽沉入日本海。共有全身浴、氣泡浴、寢湯、露天浴場等7種浴池，充分享受泡完湯後的神清氣爽。

☎0185-47-2926 L9:00～21:00 休第1、3週四(逢假日則營業) ¥泡湯費400日圓，兒童250日圓 P100輛 所男鹿市野石大場沢下1-17 交八龍IC15km

MAP 附錄P.5 B-5

➲除了免費休息的大廳，也有完善的包廂

男鹿櫻島度假・露營場
玩樂

●おがさくらじまりぞーときゃんぷじょう

夕陽迷人的海邊露營場第

位在男鹿櫻島Kiraraka度假飯店（→P.72）旁邊的露營場，分為帳篷露營區和小木屋區。

☎0185-37-2311(男鹿櫻島Kiraraka度假飯店) L5～10月 休期間中無休 ¥帳篷區1頂1泊1080日圓，小木屋1棟1泊3240日圓(需預約) P100輛 所男鹿市戸賀加茂青砂中台1-466 交JR羽立站搭秋田中央交通巴士43分，湯本駐在所前轉乘男鹿市單獨運行巴士(部分預約制)23分，桜島下車即到

MAP P.74 A-2

➲在草地上的帳篷內悠哉度過時光

お食事処 島の家
美食

●おしょくじどころしまのや

湯裡裡添加鹽魚汁的餐點

這間位於溫泉街上的拉麵店，推薦可品嘗拉麵，當中有自製叉燒、蕁菜，配料可選擇充滿大海味道的岩海苔或黏稠口感佳的石水雲。

☎0185-33-2955 L11:00～14:00、18:00～24:00 休不定休 ¥鹽魚汁拉麵900日圓 P5輛 所男鹿市北浦湯本草木原51-4 交JR羽立站搭秋田中央交通巴士往男鹿溫泉方面40分，観光ホテル下車即到

MAP P.74 A-1

➲吃了會上癮的好味道

鳥海山的和緩山麓可看到好幾座風車

馳騁在東北首屈一指的兜風路線吧

奔馳在2大兜風路線 盡情享受大全景

從穿越仁賀保高原的鳥海全景線開始，行經鳥海山五合目，再接上往山形縣遊佐町的鳥海藍線馳騁，這是條視野極佳的路線，可欣賞高原和日本海的美景。鳥海藍線僅限4月下旬～11月上旬可通行。此外，6月～約10月上旬還有行駛於象潟站到太平山莊之間的預約制巴士。

（象潟聯合計程車 0184-43-2030）

秋田城鎮 → 車程1小時 → 1 仁賀保高原 → 車程20分 → 2 奈曾白瀑布 → 車程5分 → 3 元瀧伏流水 → 車程25分 → 4 鉾立展望台

兜風的同時還能欣賞眼前雄偉的景致

鳥海山

奔馳在可俯瞰日本海的高元之間 全景兜風趣

「鳥海山」為橫跨秋田縣與山形縣，標高2236m的獨立山峰。若在其山麓間駕車兜風，將可欣賞到許多景色如日本海絕景、豪邁瀑布等。一起朝著雲上觀景台出發吧！

從秋田城鎮出發 車程1小時

1 仁賀保高原 にかほこうげん

風車、草原交織而成的舒暢景色

此為鳥海山麓的高原地帶之一，遼闊草原上矗立數座風車的景象實在壯觀。休憩觀景設施雲雀莊內有休息室和食堂，還有觀景台可360度欣賞男鹿半島等景色。

眼前盡是他處所看不到的美景

0184-43-6608（仁賀保市觀光協會）
所 にかほ市馬場 交 JR象潟站搭計程車30分

MAP 附錄P.13 B-3

2 奈曾白瀑布 なそのしらたき

伴隨轟隆聲 淌落的知名瀑布

瀑布就位在奈曾地區，這個過去要前往鳥海山相當不容易的地方。從金峰神社步下階梯可到瀑潭附近，欣賞瀑布從鳥海火山熔岩形成的峭壁流洩而下的壯觀吧。

昭和7（1932）年獲選為日本國家名勝

0184-43-6608（仁賀保市觀光協會）L 自由參觀 P 50輛 所 にかほ市象潟町小滝 交 JR象潟站搭仁賀保市COMMUNITY BUS 15分，奈曽滝前下車即到（週日及假日停駛）

MAP 附錄P.13 A-3

3 元瀧伏流水 もとたきふくりゅうすい

湧出的泉水是來自鳥海山的恩惠

鳥海山的伏流水是謐靜的美泉，從約30m寬並長滿青苔的岩石表面，分成好幾道流洩而下。水量據說1天可達5萬噸之多。青苔的綠與水花的白形成強烈對比。

瀑布噴濺的水花讓周圍彷彿籠罩一層薄霧

0184-43-6608（仁賀保市觀光協會）
L 自由參觀 P 30輛 所 にかほ市象潟町関 交 JR象潟站搭計程車15分

MAP 附錄P.13 A-4

4 鉾立觀景台 ほこだててんぼうだい

標高1150m的大全景觀景台

鳥海山登山入口在這裡

將車子停在第二觀景台停車場，沿登山步道走10分鐘就能抵達第一觀景台，可俯瞰底下壯觀的奈曾溪谷。如果是大晴天還可同時欣賞到整片的日本海和鳥海山。

0184-43-6608（仁賀保市觀光協會）L 自由參觀 P 250輛
所 にかほ市象潟町小滝鉾立
交 JR象潟站搭計程車40分（至第二觀景台）

MAP 附錄P.13 B-4

俯瞰337m深的溪谷，彷彿就要被吸入一般

洽詢處 ☎0184-43-3230(仁賀保市觀光課) MAP附錄P.13

追加情報

鳥海山周邊

●ちょうかいさんしゅうへん

稻倉山莊

美食

●いなくらさんそう

品嘗美味的秋田牛蓋飯

在鳥海山五合目鉾立觀景台前的Rest House吃得到滿滿秋田牛肉香的牛肉蓋飯。賣店則有秋田、山形名產及登山用品可採購。

☎090-9635-5911 L5月～10月下旬、8:00～16:00(7、8月週一～五～17:00，週六、日及假日～18:00) 休期間中無休 P100輛 所にかほ市象潟町小滝鉾立 🚌JR象潟站搭計程車40分

MAP附錄P.13 B-4

由利牛蓋飯950日圓（附味噌湯、小菜）

ドン・キホーテ

美食

品嘗道地西班牙風味菜

老闆在當地學成歸國後開始了這間西班牙餐廳，提供顧客以西班牙橄欖油和在地新鮮食材所做成的西班牙料理。人氣海鮮燉飯有瓦倫西亞風味和墨魚風味兩種。

☎0184-23-4489 L11:30～13:30、17:00～20:30 休週一（逢假日則營業） ¥海鮮燉飯(2人份)3200日圓，披薩700日圓～ P6輛 所由利本荘市東町3-7 🚌JR羽後本莊站步行10分

MAP附錄P.13 A-1

燉飯裡有滿滿的豐富海鮮

區域專欄

奔馳在山林鄉野景色間

在鳥海山麓，電車沿著子吉川奔馳在悠閒的田野風光中。鳥海山麓線從羽後本莊站駛向矢島站，車窗外盡是四季分明的優美景色。

悠然行駛於田園地帶的列車充滿旅行氣氛

由利高原鐵道

●ゆりこうげんてつどう

MAP附錄P.13 B-1

☎0184-56-2736

¥視區間而異 所羽後本莊站～矢島站

白瀨南極探險紀念館

景點

●しらせなんきょくたんけんたいきねんかん

了解日本人的首次南極探險

為頌揚首位前往南極探險的日本人・白瀨矗的豐功偉業而建。以身為在地人的白瀨所率領的團隊為中心，介紹南極探險歷史等等，並播放南極北極的極光影片。

☎0184-38-3765

L9:00～16:30 休週日（逢假日則翌日休） ¥300日圓，兒童200日 P50輛 所にかほ市黒川岩潟15-3 🚌JR象潟站搭羽後交通巴士17分，白瀨記念館入口下車步行7分

MAP附錄P.13 A-2

展示由仁賀保市出身的白瀨所率領的團隊相關資料

象潟九十九島

景點

●きさかたくじゅうくしま

芭蕉也盛讚的風景名勝

過去是有許多小島分布的海灣狀潟湖，擁有與日本三景・松島齊名的美景，文化元（1804）年，海底因大地震隆起後形成現在的陸地，這一帶為國家指定天然紀念物。

☎0184-43-6608(仁賀保市觀光協會)

L自由參觀 P無 所にかほ市象潟町 🚌JR象潟站步行15分

MAP附錄P.13 A-3

田中央散布的丘陵和松木林為以前的小島

公路休息站 象潟 ねむの丘

溫泉

●みちのえききさかたねむのおか

擁有人氣觀景台的公路休息站

1F為物產館，2F為餐點使用在地食材的餐廳，4F還有可飽覽日本海的景觀溫泉。6F的觀景台可遠眺鳥海山、日本海，天氣好時甚至能看到男鹿半島。

☎0184-32-5588 L9:00～20:30 休第3週一（逢假日則翌日休，7、8月無休） ¥泡湯費350日圓，兒童200日圓 P426輛 所にかほ市象潟町大塩越73-1 🚌JR象潟站搭羽後交通巴士9分，大塩越下車即到

MAP附錄P.13 A-3

人氣景觀浴池可邊泡湯邊欣賞夕陽

土田牧場

玩樂

●つちだぼくじょう

鳥海山麓遼闊而恬靜的牧場

這片放牧娟姍牛的高原牧場，網羅了牧場特有的美味如蒙古烤肉、原創臘腸和霜淇淋等。還可以跟聖伯納犬、羊和兔子等動物玩耍。

壯闊峰景中有大片恬靜的牧場

可在レストランヨーデル品嘗蒙古烤肉

☎0184-36-2348

L3～12月、9:00～17:00 休期間中不定休 ¥娟姍牛奶900ml 480日圓，霜淇淋320日圓，蒙古烤肉(羊肉&娟姍牛肉)1296日圓～ P100輛 所にかほ市馬場冬師山4-6 🚌JR仁賀保站搭計程車15分

MAP附錄P.13 B-3

蚶滿寺

景點

●かんまんじ

《奧之細道》中的最北之地

為仁壽3（853）年開山的古剎，境內流傳著「不開花的杜鵑」、「爬樹地藏」等七大怪事傳說。從境地遠眺的象潟相當美麗，可以明白為何讓芭蕉如此著迷。

☎0184-43-3153

L8:00～17:00 休無休 ¥300日圓，高中生150日圓，國中小學生100日圓 P 30輛 所にかほ市象潟町象潟島2 🚌JR象潟站步行15分

MAP附錄P.13 A-3

在《奧之細道》裡以千滿珠寺登場

橫手 湯澤

よこて ゆざわ

從催生橫手炒麵的城鎮
前往煙霧裊裊的山間名湯

超好吃！人氣美食
橫手炒麵 ➸ P.78

超舒服！人氣溫泉
湯澤周邊溫泉 ➸ P.86

超好看！人氣活動
雪洞 ➸ P.83

超好吃！始祖美食
稻庭烏龍麵 ➸ P.88

前往橫手的交通方式

秋田站
JR奧羽本線 1小時20分
橫手站

秋田道橫手IC
國道13號等 5分
橫手市區

前往湯澤的交通方式

秋田站
JR奧羽本線 1小時40分
湯澤站

橫手湯澤道湯澤IC
國道13號等 5分
湯澤市區

CONTENTS

「美味！」的寶庫

橫手&湯澤 在地美食

人氣在地美食幾乎可以說是現代人旅行的目的。包括帶起風潮的「橫手炒麵」在內，以下網羅了橫手、湯澤地區的話題餐點，你想吃哪一道呢？

人氣歷久不墜的日本三大炒麵之一

橫手炒麵

橫手市

何謂橫手炒麵？

約在昭和28（1953）年，由好吃燒路邊攤業者研發出活用鐵板的新菜色，就是用熟麵做炒麵。以秘傳甜醬汁拌炒，成為孩童的人氣點心，橫手炒麵就此傳遍大街小巷。

何謂橫手炒麵四天王？

2007年起舉辦的「橫手炒麵四天王決定戰」，選出的4間橫手炒麵冠軍店將獲得此榮譽。

熟麵
水煮熟後的粗直麵條具嚼勁，充分吸附醬汁美味滿點。

高麗菜&豬絞肉
基礎食材高麗菜和豬絞肉的甘甜，帶出炒麵質樸又令人懷念的好滋味。

太陽蛋
橫手炒麵的特色就是太陽蛋。蛋黃與炒麵拌著吃最對味。

醬汁
各店獨創醬汁加上烏醋調和形成絕妙滋味。

這才是始祖！橫手炒麵的基本

豬肉蔬菜蛋 650日圓
為維持不變好滋味，僅夫婦倆打拼堅守風味。

2017年 四天王

橫手麵（普通碗）550日圓
具嚼勁帶飽足感的麵條與醬汁超搭。

來自初代老闆的靈感
傳統始祖好味道

元祖 神谷焼そば屋

●がんそかみややきそばや

提供醬汁、麵體、配料融為一體的傳統滋味

老闆娘 大沼憙子女士

↑還有許多遠道而來的饕客

初代老闆研發的橫手炒麵，那原始滋味依然傳承至今。據說那就連初次品嘗的人都會感到懷念的滋味，正是正宗元祖的溫柔味道。甜甜的秘傳醬汁堪稱極品。

☎0182-33-5575 營11:00～17:00 休週一（逢假日則營業） P20輛 所橫手市大屋新町中野117-67 交JR橫手站搭羽後交通巴士9分，中野団地入口下車即到

MAP附錄P.13 D-5

注重麵條口感
以炒麵方式自豪

旨味処 出端屋

●うまみどころいではや

歡迎來感受濃縮精華的醬汁與獨特的口感！

老闆 伊勢信夫先生

深具口感的特製麵條，再搭配更發揮彈牙特性的炒法深獲好評。添加秘傳雞骨湯調和的甜醬汁充分吸附，感受柔和的Q彈口感。

☎0182-33-2248
營11:00～13:30、17:30～22:30 休週一 P2輛 所橫手市田中町1-23 交JR橫手站搭步行10分

MAP P.84 A-2

↓位在市公所前的良好地理位置

燉煮8小時
滷肉成吸睛配菜

美味三昧魯句彩亭

●びみざんまいろくさいてい

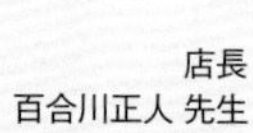

女性顧客也熱愛的滷肉炒麵，一定要來試試看

店長 百合川正人 先生

添加4種調和醬汁的炒麵，搭配滋味濃郁的軟嫩滷肉當配菜，切成一口大小，讓女性顧客也方便入口，思慮周到也深受好評，能品嘗到有別於一般的滋味。

☎0182-36-2551
營11:00～14:00、17:00～22:00 休第2、4週日 P5輛 所橫手市婦気大堤西野11-1 交JR橫手站搭計程車5分

MAP附錄P.13 D-5

←氣氛令人可輕鬆入內，女性顧客也多

滷肉炒麵（附沙拉）700日圓
灑點海苔更增添風味。

橫手炒麵
640日圓
炒麵會另附加醬用的醬汁。

享受
古早橫手炒麵

七兵衛

●しちべえ

比內地雞的湯汁讓麵可以條條分明，荷包蛋也是取用比內地雞蛋，堅持古早橫手炒麵風味。喜歡濃郁滋味的話，記得選擇醬汁滿滿的多醬吃法喔。

穩重而沉靜的氣氛

☎0182-32-5577 🕒11:30～14:00、17:00～24:00 休不定休 P無 所橫手市駅前町3-13 🚃JR橫手站即到
MAP P.84 A-2

任誰都喜愛的溫柔滋味

焼きそばのふじわら

●やきそばのふじわら

特製醬汁滋味、熟麵與配料翻炒的程度，這道炒麵讓每種食材擁有絕佳的均衡感。吸飽醬汁的麵條相當具分量。

豬肉蛋炒麵
（普通碗）530日圓
相當有分量的炒麵，溫和的滋味也深獲小朋友喜愛。

☎0182-33-1648 🕒11:30～14:30 休週三（逢假日則營業） P2輛 所橫手市寿町8-16 🚃JR橫手站步行5分
MAP P.84 A-2

就在かまくら館附近

女性喜愛的橫手炒麵

やや

滿滿的沙拉風高麗菜絲，獨創的擺盤相當吸睛。將自製醬汁、特製麵條和荷包蛋拌著享用，感受超乎視覺的飽足感。

一彎進小巷馬上就在眼前

☎0182-33-8887 🕒11:00～24:00 休無休 P2輛 所橫手市駅前町3-12 🚃JR橫手站即到
MAP P.84 A-2

橫手炒麵
500日圓
可跟高麗菜絲拌著一起吃。

特製炒麵
600日圓
嚴選豬腿肉片，口感極佳。

2018年 四天王

我用滿滿的熱情製作炒麵，務必來品嘗看看

老闆娘 藤井敦子女士

傾心投注炒麵
老闆娘深愛炒麵的熱情

藤春食堂

●ふじはるしょくどう

如家庭般溫馨的炒麵專賣店，由充滿人情味的老闆娘坐鎮，不同於其他店家，此店選用的是圓切口麵條。添加高湯的特製醬汁和薄切豬肉片深受歡迎，更吸引無數名人造訪。

☎0182-33-5687 🕒11:30～14:00 休不定休 P公民館停車場 所橫手市大屋新町堂ノ前22-3 🚃JR柳田站步行6分
MAP 附錄P.13 D-5

如自己家裡一般的安心感

品嘗車站附近的道地橫手炒麵

食い道楽 横手駅前支店

●くいどうらくよこてえきまえしてん

店家至今依然持續不斷思考「如何讓炒麵再更好吃」。將炒麵炒到完全沒有水氣，美味精華全鎖入麵中，打造充滿層次與一體感的滋味。

因晚上為居酒屋故菜單也很豐富

☎0182-33-1906 🕒11:00～14:00、16:00～22:30 休不定休 P無 所橫手市駅前町7-2 石川ビル1F 🚃JR橫手站即到
MAP P.84 A-2

橫手炒麵
540日圓
秘傳醬汁帶有清爽的水果香氣。

中華麵
680日圓
食材講究，令人懷念的一碗麵

於昭和25（1950）年創業的十文字中華麵老店

名代 三角そばや十文字本店

●なだいさんかくそばやじゅうもんじほんてん

添加小魚乾的傳統醬油湯頭，搭配製麵師傅的手工極細麵，打造如此美妙一碗。

↑從十文字IC即到，改裝自古民家的店家相當醒目

☎0182-42-1360 營11:00～19:00 休不定休 P20輛 所横手市十文字町梨木羽場下63-1 交JR十文字站搭計程車5分 MAP附錄P.13 D-5

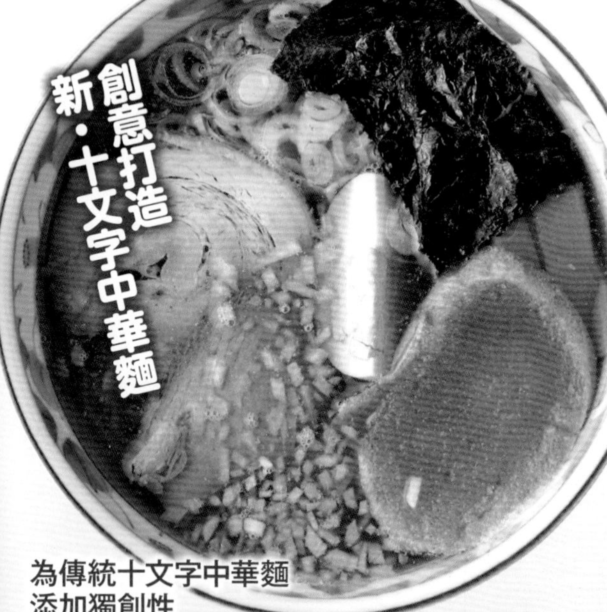

新・創意打造十文字中華麵

為傳統十文字中華麵添加獨創性

ラーメン直太郎

●らーめんなおたろう

清爽拉麵
600日圓
讓傳統多點變化的十文字中華麵革命軍

傳統十文字中華麵以海鮮為底，這間則是以清爽雞骨湯頭做出原創拉麵。麵條粗細和湯頭都可選擇。

↑位於住宅區的黃色店面

☎0183-72-3976 營11:00～14:00（週六、日及假日～15:00） 休週一（逢假日則翌日休） P10輛 所湯沢市元清水4-1-1 交JR湯澤站步行8分 MAP附錄P.13 C-6

令人上癮的和風清爽湯頭

十文字中華麵

横手市 湯澤市

何謂十文字中華麵（拉麵）？

這種海鮮風味的清爽湯頭拉麵，從昭和初期開始在横手市十文字地區流行開來。其特色是能充分吸附湯汁的極細卷麵及吸飽精華美味的麵麩。近來也有不少店家研發出自己的獨創湯頭。

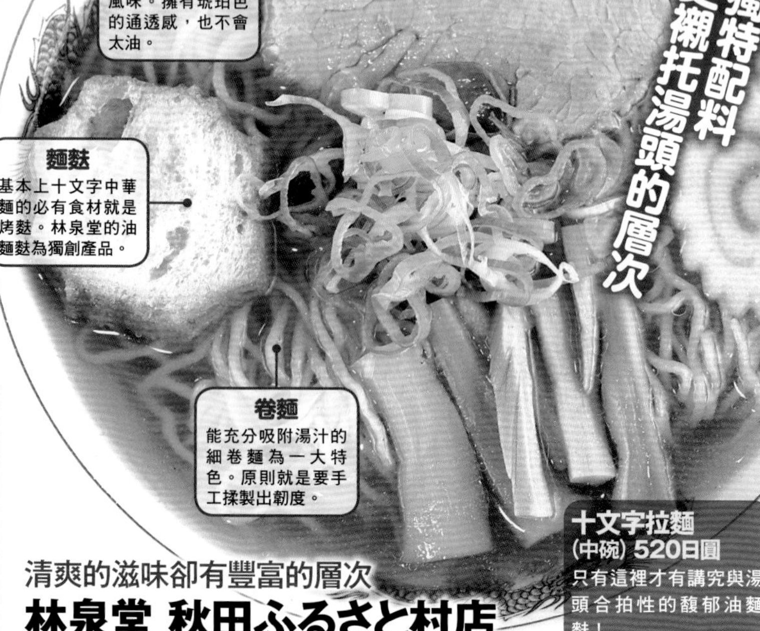

湯頭
以海鮮為基的清爽風味。擁有琥珀色的通透感，也不會太油。
麵麩
基本上十文字中華麵的必有食材就是烤麩。林泉堂的油麵麩為獨創產品。
卷麵
能充分吸附湯汁的細卷麵為一大特色。原則就是要手工揉製出韌度。
獨特配料更襯托湯頭的層次

十文字拉麵
（中碗）520日圓
只有這裡才有講究與湯頭合拍性的馥郁油麵麩！

清爽的滋味卻有豐富的層次

林泉堂 秋田ふるさと村店

●りんせんどうあきたふるさとむらてん

前代社長親自尋找可搭配湯頭的配料，最終找到的就是林泉堂獨創的油麵麩。好吃到說是整碗麵的主角也不為過。

☎0182-33-8815 營9:30～17:00 休不定休（1月中旬會有10天公休） P3000輛 所横手市赤坂富ヶ沢62-46 交JR横手站搭羽後交通巴士15分，在秋田ふるさと村下車即到 MAP附錄P.13 D-5

↑就在秋田故鄉村的美食區內

十文字中華麵的起源老麵店

元祖十文字中華そば マルタマ

●がんそじゅうもんじちゅうかそばまるたま

這碗十字中華麵據說就是前代老闆仿效中華麵的始祖。充滿海鮮美味的滋味真是極品。

☎0182-42-0243 營11:00～19:00 休週二 P25輛 所横手市十文字町佐賀会上沖田37-8 交JR十文字站步行12分 MAP附錄P.13 D-6

元祖 十文字中華そば マルタマ

中華麵 500日圓
於在地有著壓倒性人氣。十文字中華麵的始祖店

↓藝人也造訪的名店

受在地喜愛而重生的美食

美鄉炸麵衣中華麵

美鄉町

1960年代曾於當地高中校門口販售的拉麵再次復活的人氣美食。以和風湯頭和炸麵衣屑的馥郁，讓人吃了會上癮的中華麵。

配合中華麵特製醬汁，美鄉炸麵衣中華麵500日圓

舒適店內有和式座位和餐桌座位

位在公路休息站裡
擁有豐富鄉土料理的餐飲店

れすとらん食菜亭

●れすとらんしょくさいてい

吃得到各種美鄉町新鮮食材和鄉土滋味的餐飲店。尤其是美鄉套餐800日圓最受歡迎，可一次吃到美鄉町在地小吃「美鄉飯」和「美鄉炸麵衣中華麵」。

0182-37-3000(公路休息站 雁の里せんなん)
11:00～14:30 休無休 P118輛
所美鄉町金沢下舘124 道の駅雁の里せんなん
JR橫手站搭羽後交通巴士23分，金沢本町下車步行10分
MAP附錄P.13 D-4

(還有！熱門美食)

在橫手＆湯澤地區還有其他隱藏版在地美食，一塊來Check吧。通通都是充滿在地特色魅力的好滋味。

稻庭烏龍麵 →P.88

溫暖的家鄉味

大曲納豆湯

大仙市

添加磨得細碎的秋田縣產納豆和在地山菜、香菇等，再以味噌調味完成的湯品。充滿納豆風味的傳統家庭料理，令人想起媽媽的味道。

多種時令蔬菜讓納豆湯更加美味

使用磨缽仔細磨碎

湯頭講究的大曲納豆湯454日圓

擁有豐富的在地酒與鄉土料理

北野水産 大曲駅前店

●きたのすいさんおおまがりえきまえてん

居酒屋就在大曲站附近，除了納豆湯，也以新鮮海鮮和豐富食材聞名，可品嘗到各式各樣的秋田鄉土料理。改裝自昭和初期建築的店內有吧檯位、和式座位和包廂，全都寧靜舒適。

穩重的店面

0187-63-8855
11:00～14:30、17:00～22:00 休無休 P16輛
所大仙市大曲通町3-6
JR大曲站步行3分
MAP附錄P.13 C-3

使用黑毛和牛的奢華拌飯

美鄉飯

美鄉町

這款拌飯奢華選用以美鄉町潔淨名水細心養大的黑毛和牛肉做成。從厚實香菇到調味醬油全都是在地產品。

大量使用在地食材的美鄉飯800日圓

擁有鮮明好滋味的食堂
夜晚變身高級壽司店

割烹·食堂若清水

●かっぽうしょくどうわかしみず

除了可用食堂才有的親民價格品嘗之外，有如高級壽司店的雅味也深獲好評。同樣是在地料理的「美鄉炸麵衣中華麵」亦具高人氣。

0187-85-4168
11:00～18:00
休不定休 P20輛
所美鄉町土崎上野際42
JR大曲站搭計程車20分
MAP附錄P.13 D-3

有和式座位故也能舉辦宴席

提供價格親民的在地品牌牛肉

焼肉みつなし

●やきにくみつなし

這是間可品嘗到高級品牌三梨牛的直營店，透過牛排或鐵板燒的方式享受最原始的牛肉美味。午餐時段有燒肉午餐880日圓等親民的價格。

0183-42-5522
11:30～14:00、17:30～21:30(晚餐需預約) 休週二
P10輛 所湯沢市三梨町烏帽子橋134 JR湯澤站搭羽後交通巴士20分，稻川中学校前下車即到
MAP附錄P.13 D-6

醒目的黃色看板

縣外品嘗不到的夢幻和牛

三梨牛

湯澤市

由三梨地區農家所飼育的珍稀黑毛和牛。在豐富大自然當中，費心養育出最高品質的霜降牛肉。

鋪滿牛五花的牛五花蓋飯880日圓

軟嫩內臟搭配炒麵

肉臟炒麵

橫手市

炒麵可說是在地小吃的必備款，現在再豪邁加上柔嫩肉臟。淋上烤雞肉的醬汁享用，成為餐點中的最佳配菜。

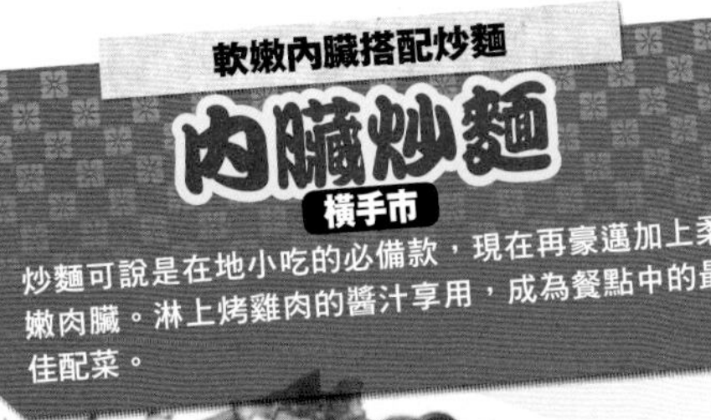

熟客與老闆一同研發的創意炒麵650日圓

炒麵品項多達10種的串燒店

まいど

受當地人愛戴超過50年的烤雞串燒店，以秘傳醬汁烤出的碳烤雞肉香氣馥郁，無論多少都吃得下。更有以粗熟麵和炒得柔嫩的內臟打造出的獨創炒麵，為此店招牌菜色。

0182-32-2875 11:30～14:00、17:00～21:10 休週一 P6輛 所橫手市前鄉上三枚橋23-1 JR橫手站步行3分
MAP P.84 A-2

店內溫馨，初次上門也不會有顧慮

充滿秋田魅力的主題樂園 秋田故鄉村

想邊玩邊了解秋田就要來這裡。擁有各式各樣的設施，還有小吃、伴手禮等滿滿的秋田魅力。適合親朋好友、情侶一同造訪。

大人小孩都適合的一日遊!! 秋田最大規模體驗型主題樂園

秋田縣立近代美術館

●あきたけんりつきんだいびじゅつかん

包括秋田蘭畫在內，展出秋田相關藝術品。有特別展、企劃展和每年替換4次的常設系列展等，千萬別錯過。

☎0182-33-8855

免費入館的美術館！（僅特別展收費）

⬆近代感的建築醒目而吸睛

⬅以白色為基調的迎賓大廳

奇幻城堡

●ワンダーキャッスル

錯視藝術的奇妙體驗、緊張刺激的溜滑梯「生剝鬼自由落體」等等，歡樂無限。

¥520日圓，學生410日圓，國中小學生300日圓

村內有好多好玩的設施！

星空探險館SPACIA
戶外藝術區
嘟嘟列車
秋田縣立近代美術館
兒童廣場
手作工作室
巨蛋劇場
故鄉廣場
工藝工房
奇幻城堡
工藝展覽館
巨蛋劇場
故鄉料理館
美食廣場

⬆從5m高處急墜直下的溜滑梯

刺激奇妙的城堡大冒險！

⬆3～4F是遼闊的錯視藝術世界

星空探險館SPACIA

●ほしぞらたんけんかんすぺーしあ

此為以雪洞造型外觀為特色的星象儀館。以最新數位設備，透過直徑23m的穹頂螢幕播出的影片尤其震撼。

¥520日圓，學生410日圓，國中小學生300日圓

環繞在震撼的聲光影像之中！

⬆雪洞造型外觀相當搶眼

還可品嘗秋田鄉土料理

輕食區「美食廣場」和「鄉土料理館」有橫手炒麵、稻庭烏龍麵、烤米棒火鍋等遊客享用。

說到橫手就是橫手炒麵啦

美食廣場尤其以橫手炒麵（上）和十文字拉麵（右）最具人氣

十文字中華麵請看P.80

故鄉市場

●ふるさといちば

秋田名產稻庭烏龍麵、橫手炒麵、醃漬煙燻白蘿蔔和在地酒專區都十分豐富。

秋田伴手禮全到齊

⬆多種秋田名產提供選擇

搭乘嘟嘟火車出發繞行村內吧！

第一站要去哪兒呢？無法決定的話就搭乘「嘟嘟火車」吧。15分鐘就能繞完村子一圈（每次410日圓，兒童200日圓）。行駛期間4月中旬～11月中旬。

滿滿秋田魅力的主題樂園
秋田故鄉村

●あきたふるさとむら

擁有美術館、星象儀、錯視藝術等，是大人小孩都能一起同樂的主題樂園。還有提供縣內鄉土料理、小吃的餐飲店，也有豐富的特產品可選購。

☎0182-33-8800 ⏰9:30～17:00
休無休（1月中旬有10天公休）
¥免費入村 P3000輛 所橫手市赤坂富ヶ沢62-46 交JR橫手站搭羽後交通巴士15分，秋田故鄉村下車即到

MAP附錄P.13 D-5

追加情報

橫手

●よこて

洽詢處 ☎0182-33-7111（橫手市觀光協會） MAP P.84、附錄P.8・13

橫手交流中心雪洞館 景點

●よこてしふれあいせんたーかまくらかん

終年都可體驗傳統雪洞樂趣

這是個一整年都能體驗真正雪洞的設施，當中並以資料板等詳細介紹雪洞。此外，館內還有販售橫手市特產專區，亦可享受購物樂趣。

☎0182-33-7111（橫手市觀光協會） 🕒9:00～17:00 休無休 ¥100日圓（4館通用套票） P32輛 所橫手市中央町8-12 🚌JR橫手站步行10分
MAP P.84 A-2

○終年都可體驗常保-10°C的雪洞

石坂洋次郎文學紀念館 景點

●いしざかようじろうぶんがくきねんかん

介紹作家·石坂洋次郎的豐功偉業

以《青色山脈》聞名的作家石坂洋次郎，昭和初期在橫手度過了執教鞭的生活。此處展示他的手寫稿等生涯相關文物。紀念館外觀以當時的町家和泥土倉庫為概念打造。

☎0182-33-5052 🕒9:00～16:30 休週一（逢假日則翌日休） ¥100日圓（4館通用套票） P11輛 所橫手市幸町2-10 🚌JR橫手站搭羽後交通巴士15分，幸町下車即到

MAP P.84 A-1

○於任教時進行寫作的手稿於此展示

平安之風跨越公園 景點

●へいあんのかぜわたるこうえん

置身後三年合戰舞台感受歷史

若說到後三年合戰的軼事，當屬以雁鳥凌亂飛行模樣察知敵人存在的「雁行之亂」為人所知。該背景即為此公園，裡頭有源義家等人的雕像、以雁鳥為形象的三連橋等。

☎0182-32-2725（橫手社區總體營造推廣部橫手地域課） 🕒4月～11月中旬，自由入園 P30輛 所橫手市金沢中野三貫堰地内 🚌JR橫手站搭羽後交通巴士17分，三貫堰下車步行10分
MAP 附錄P.13 D-4

○還有重現《後三年合戰繪詞》的壁刻浮雕

後三年合戰金澤資料館 景點

●ごさんねんかっせんかねざわしりょうかん

保留有古戰場的橫手獨有設施

「後三年合戰」為奥州藤原氏登場的契機。來此可了解以平安時代後期的橫手為舞台的戰爭情況。當中亦展示鄉土畫家戎谷南山所臨摹的重要文化財繪卷《後三年合戰繪詞》。

☎0182-37-3510 🕒9:00～17:00 休無休 ¥100日圓（4館通用套票） P20輛 所橫手市金沢中野根小屋102-4 🚌JR橫手站搭羽後交通巴士20分，金沢公園下車步行3分
MAP 附錄P.13 D-4

○另亦展示中世佛教相關經塚資料

○約聘美籍英語教師和傳教師曾在此居住

舊日新館 景點

●きゅうにっしんかん

建於明治時期的美麗洋房

興建於明治35（1902）年，供舊制橫手中學校的美籍英語教師居住。簡單樸素的木造建築當中，玄關露台等裝飾都相當美麗，將明治時期的西式住宅建築風格流傳至今。

☎0182-32-2403（橫手市教育委員會文化財保護課） 🕒週三9:00～16:00（需事先聯絡） ¥免費 P2輛 所橫手市城南町7-1 🚌JR橫手站搭羽後交通巴士10分，南小学校前下車步行5分
MAP P.84 A-1

橫手公園 景點

●よこてこうえん

可飽覽橫手市的城跡公園

小野寺輝道於16世紀中修築橫手城，此公園就位在其遺址，如今為市民的休閒場域，在昔日二之丸遺跡的天守閣樣式展望台，可將市內風光盡收眼底。

☎0182-32-2725（橫手社區總體營造推廣部橫手地域課） 🕒自由入園（展望台為4～11月9:00～16:30） ¥展望台100日圓（4館通用套票） P50輛 所橫手市城山町29-1 🚌JR橫手站搭羽後交通巴士7分，幸町下車步行15分
MAP P.84 A-1

○展望台因可環顧橫手市內風光而深受遊客歡迎

梵天祭 景點

●ぼんでん

焦點就在深具特色的頭飾

這是供獻祭神用具「梵天」的祭典。橫手的梵天，特色就在於那巨大和豪華。一邊吹著海螺一邊吶喊「Jyouyasa、Jyouyasa」地前進，那景象真是十足震撼。

☎0182-33-7111（橫手市觀光協會） 🕒2月16、17日，時間視活動而異 P30輛 所橫手市役所本庁舎前おまつり広場～旭岡山神社 🚌JR橫手站步行10分
MAP P.84 A-2

○長約5m，重達30kg的巨大橫手梵天

祭祀水神的小正月活動 區域專欄

為秋田具代表性的活動，有長達約450年的歷史。活動期間在市內各處可看到高約3m約100座的雪洞。當太陽西下一齊點燈時，頓時展現夢幻氣氛。

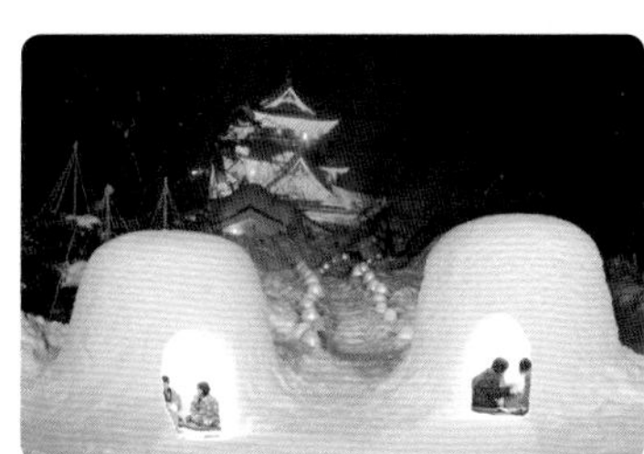
○雪洞讓白銀世界變得繽紛夢幻

雪洞

MAP P.84 A-2
☎0182-33-7111（橫手市觀光協會） 🕒2月15、16日18:00～21:00 P300輛（臨時停車場） 所橫手市役所本庁舎前道路公園ほか市内各所 🚌JR橫手站步行10分（橫手市政廳本廳舍前道路公園）

※石坂洋次郎文學紀念館、橫手公園展望台、雪洞館、後三年合戰金澤資料館這4館可用共通套票（100日圓）入內參觀

横手市平鹿ときめき交流センターゆっぷる

温泉

よこてしひらかときめきこうりゅうせんたーゆっぷる

以木頭溫度展現意境與寧靜

大浴場、金峰山山麓蘋果園、水田對面被稱為出羽富士的鳥海山都能盡收眼底。內附三溫暖和按摩浴缸。

📞0182-25-3801 🅛6:00～20:30(1、2月為7:00～) 休第3週三 ¥泡湯費(包含利用大休息室費用)3小時內400日圓，1日600日圓 🅟90輛 所横手市平鹿町醍醐沢口166 🚌JR醍醐站搭計程車10分

MAP 附錄P.13 D-5

在大浴場可欣賞蘋果園和鳥海山景色

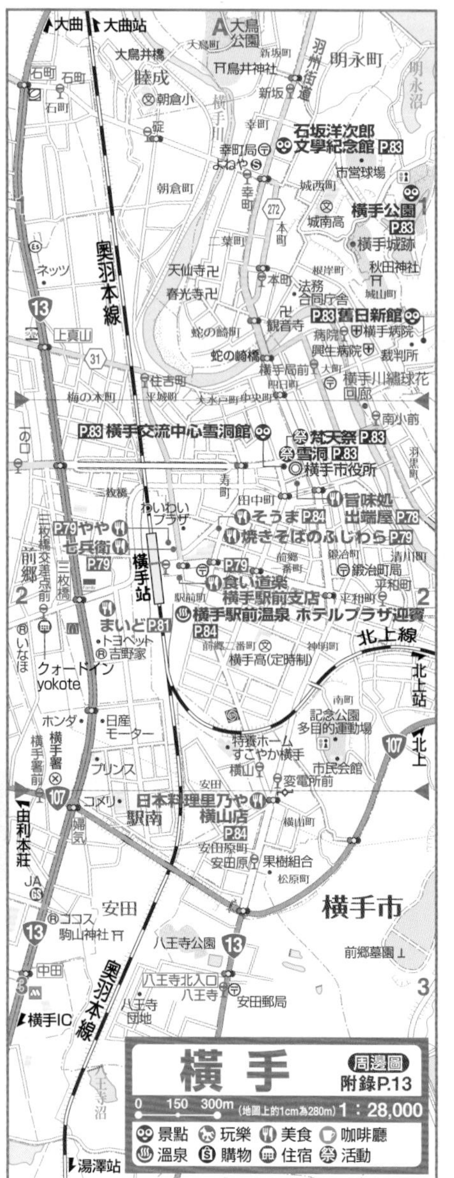

そうま

美食

添加豆皮的濃郁拉麵

位在横手站附近，當地人也很喜愛的拉麵店。濃郁拉麵是以豚骨為基底的醬油風味湯頭，入口無負擔。還有3種味噌調和的特製味噌拉麵也很推薦。

📞0182-33-5041

🅛11:00～23:00 休第2、4週日 ¥濃郁拉麵550日圓，特製味噌拉麵600日圓 🅟2輛 所横手市寿町9-8 寿ビル1F 🚌JR横手站步行3分

MAP P.84 A-2

配料為切絲的野澤菜與豆皮

雁里交流森林露營場

玩樂

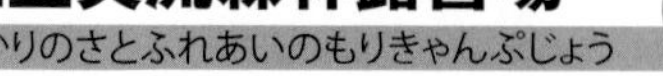

かりのさとふれあいのもりきゃんぷじょう

擁有溫泉和遊戲場的露營地

裡頭同時還具備乾淨完善的溫泉設施。周邊有太鼓橋和平安之風跨越公園、高爾夫球場等充足的景點和休閒場地。另外也推薦還可泡溫泉的不過夜露營區。

📞0187-83-2707(雁里管理休憩大樓) 🅛4月下旬～11月中旬、IN16:00、OUT9:30 休期間中無休(溫泉設施第2、4週一休，逢假日則翌日休) ¥場地使用費／汽車區1輛1020日圓，帳篷專用區1頂510日圓 🅟30輛 所美郷町飯詰東西法寺34 🚌横手IC10km

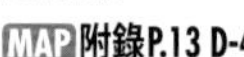

MAP 附錄P.13 D-4

也很適合當觀光據點的露營場

横手駅前温泉 ホテルプラザ迎賓

温泉

よこてえきまえおんせんほてるぷらざげいひん

擁有療癒露天浴池的站前飯店

不僅是位於横手站前的好位置，更擁有露天浴池、大浴場等設施的寬闊環境。露天浴池在入浴的同時還能欣賞日本庭園，有不少遊客也會在旅途中進去泡湯休息一下。餐廳也多元豐富。

📞0182-32-7777

🅛9:00～22:00 休無休 ¥泡湯費1000日圓，兒童600日圓(17:00起800日圓，兒童450日圓) 🅟280輛 所横手市駅前町7-7 🚌JR横手站即到

MAP P.84 A-2

位於車站前非常方便。女性也能輕鬆前往

鶴池公園

景點

つるがいけこうえん

悠閒漫步池畔

園區受指定為「新秋田30景」，有繞湖畔一圈的步道，櫻花、杜鵑和白樺樹等點綴四季景色。還有視野極佳的森林和兒童森林等，相當適合家族同遊。

📞0182-53-2111(横手市社區總體營造推廣部山內地域課) 🅛自由入園 🅟50輛 所横手市山内土渕鶴ヶ池 🚌JR相野野站步行5分

MAP 附錄P.8 F-3

池畔也有不住宿溫泉設施

横手市雄物川民家苑 木戸五郎兵衛村

景點

よこておものがわみんかえんきどごろべえむら

重現100多年前的生活

移築修復江戶時代中期至大正時代的4棟茅草屋民家和廣場，讓人彷彿進入時光隧道。展示横手市歷史資料的鄉土資料館也在隔壁。

📞0182-32-2403(横手市教育委員會文化財保護課) 🅛9:00～17:00 休無休 ¥免費參觀 🅟60輛 所横手市雄物川町沼館高畑336 🚌JR横手站搭計程車20分

MAP 附錄P.13 C-5

4棟別有風情的茅草屋古民家佇立其中

日本料理里乃や横山店

美食

にほんりょうりさとのやよこやまてん

有豐富創意料理的和食店

堅持使用當季食材的和食店。以秋田小町白米做成的烤米棒、比內地雞湯頭的烤米棒火鍋等都備受好評，還有鮮蝦螃蟹燒賣等原創料理也是招牌。

📞0182-33-8101 🅛11:30～14:00、16:00～22:00 休第2、4週日 ¥午餐800日圓，腐皮燒賣600日圓 🅟20輛 所横手市安田原町1-7 🚌JR横手站步行10分

MAP P.84 A-3

品嘗大量使用秋田食材的料理

漫步城鎮
尋訪母屋守護的
宏偉屋內倉庫

造訪商家林立的增田

此處是日本少數豪雪地區，擁有獨特風土民情，如屋內倉庫和內院。隨時間流逝，如今已是商店街的昔日街道和泥土倉庫，更重新被看見其價值。

簡稱「重傳建」的增田地區

●じゅうでんけんますだのまちなみ

✆0182-23-6331（增田地區服務處螢火蟲） L休¥視設施而異 P利用公共停車場 所橫手市增田町中町·七日町通り周辺 🚌JR十文字站搭羽後交通巴士10分，四谷角下車步行3分

MAP附錄P.13 D-6

⬆開始回歸往昔姿態的增田母屋群

⬅舊石田理吉家的宏偉屋內倉庫

⬇在增田觀光物產中心「藏之驛」可參觀座敷藏

參觀位在母屋深處的座敷藏「屋內倉庫」

位在增田地區中心的中七日町通，這條約400m道路沿路可見明治到昭和初期興建的民宅和屋內倉庫，並獲選為國家重要傳統建造物群保存地區。建物特色為正面大門開口小，母屋縱深並有屋內倉庫。現存建築群中有19棟開放參觀。

主要開放參觀建物

舊石田理吉家

●きゅういしだりきちけ

此處直到戰前都是從事釀酒業，3層木造建築當中還設有待客房間，屋內倉庫也美得令人屏息。

✆0182-45-5588 L9:00～16:00 休週一（逢假日則翌日休） ¥300日圓 MAP P.85

擁有豪華屋內倉庫的三層樓建物

佐藤又六家

●さとうまたろくけ

為增田地區最老商店倉庫並使用至今。最大特色為母屋中設有商店倉庫。

✆0182-45-3150 L9:00～16:00 休不定休 ¥300日圓 MAP P.85

透過窗戶可見2F的店家倉庫

可看到增田的典型隔間樣式

增田觀光物產中心「藏之驛」(舊石平金物店)

●ますだかんこうぶっさんせんたーくらのえき(きゅういしへいかなものてん)

這間傳統建物由明治大正時期經營五金行的石田家捐贈給橫手市，不僅開放參觀也作為物產販售所經營。

✆0182-45-5311 L9:00～17:00 休無休 ¥免費 MAP P.85

32坪的藏座敷寬闊程度令人驚愕

佐藤三十郎家

●さとうさんじゅうろうけ

為佐藤三十郎家的起點，也是初代當家三十郎居住並開始仲介鮮魚買賣生意的原點。屋內倉庫是增田地區最大規模。

✆0182-45-2071 L9:00～16:00 休不定休 ¥200日圓 MAP P.85

增田地區MAP
佐藤養助商店 漆藏資料館
舊佐藤與五兵衛家(佐忠商店)
←十文字站
中七日町通り
舊石田理吉家
佐藤昆布店
興文館東海林書店
增田觀光物產中心「藏之驛」(舊石平金物店)
旬菜みそ茶屋くらを
山中吉助商店
山吉肥料店
佐藤又六家
舊村田藥局
佐藤多三郎家
佐藤三十郎家
高橋茶舗
升川商店
石直商店
日之丸釀造
增田地區服務處「螢火蟲」
國道342號
谷藤家
笹原家

增田地區服務處「螢火蟲」

●ますだのまちなみあんないじょほたる

擁有綜合觀光服務處的功能，除販賣增田的特產、伴手禮，還兼具觀光導覽的服務窗口，提供2小時行程附1名導遊1000日圓～。隔壁也有屋內倉庫可免費參觀，還有寬闊的停車場，堪稱增田觀光的據點。

✆0182-23-6331 L9:00～17:00 休無休 P20輛 所橫手市增田町增田上町53 🚌JR十文字站搭羽後交通巴士10分，中町下車即到

MAP P.85

⬇以母屋造型打造的建築物與街景相融

快來獲取增田原創周邊商品！

⬆手繪明信片1張100日圓，增田名產蘋果圖樣手巾1條800日圓 ⬅右起為藏羊羹750日圓、蘋果汁216日圓、藏餅360日圓

湧現湯澤山間村落

名湯秘湯巡禮

從湯澤往南的秋田縣最南端有3處溫泉鄉。以豐富泉量著名的旅館和山間秘湯等，各具特色的溫泉旅館都深具魅力。

湯澤站 搭巴士55分

盡情享受大噴湯的震撼與豐富泉量的溫泉

小安峽溫泉

●おやすきょうおんせん

沿著皆瀨川上流溪谷的這處溫泉鄉，為深具歷史的溫泉治病場所，以豐富泉量知名，即便冬天也有極佳保溫效果而獲好評。附近還有小安峽的象徵大噴湯，隆隆聲響中可見不斷噴起的水蒸氣。

↑河川沿岸而下，可近距離欣賞熱氣蒸騰而起的大噴湯

↑小安峽溫泉是出名的賞楓勝地

MAP附錄P.8 F-5

柔和溫泉暖到心坎裡

多郎兵衛旅館

●たろべえりょかん

這間旅館歷史悠久，當家已是第12代傳承。採用天然石打造的地板和整棵樹齡200年的杉木作為梁柱等，如此講究裝潢的室內浴池共有藥師湯、男女露天浴池等共5區。源泉放流的泉質柔和，擁有暖到心坎裡的好評。

↑老闆娘用心打造的料理

☎0183-47-5016
IN14:30、OUT10:00
¥1泊2食10950～24300日圓
P30輛　所湯沢市皆瀬湯元121-5
JR湯澤站搭羽後交通巴士55分，元湯下車即到

MAP附錄P.8 F-5

→露天浴池（會男女交換）可享受肌膚觸感舒服的溫泉

泡湯資訊
IN10:30～15:00
休冬期不定休
¥500日圓

↑藥師湯以高挑天花板展現清爽氣息

近乎滿溢的豐富泉量遠近馳名

湯の宿 元湯くらぶ

●ゆのやどもとゆくらぶ

以出水口洶湧噴出的豐富泉量為著名，並擁有黑木板圍籬圍起的露天浴池、不住宿也可使用的包租室內浴池和露天浴池。從簡約和式到附溫泉的房間，擁有各式客房，方便按照預算選擇。

↓石造包租露天浴池相當寬闊，一家四口也容納得下

↑從女性專用大浴場來到露天浴池就可看到釜浴池

→客房多為以沉著色調為主的和式房間

泡湯資訊
IN10:30～18:00
休不定休　¥500日圓

☎0183-47-5151　IN15:00、OUT10:00
¥1泊2食10950～17430日圓　P20輛
所湯沢市皆瀬湯元100-1　JR湯澤站搭羽後交通巴士55分，元湯下車即到

MAP附錄P.8 F-5

從湯澤站搭共乘計程車35分

享受秋田最古老溫泉巡禮

秋之宮溫泉鄉

●あきのみやおんせんきょう

這處秋田縣最古老溫泉鄉，據說發現於奈良時代。位置處於縣最南端，身為著名岩魚、鱒魚釣場的役內川亦流經其中。據說泉量豐富的源泉有40處之多，堪稱溫泉天國。

MAP附錄P.8 E-5

溪流陪伴下的爽快熱水澡

鷹之湯溫泉

●たかのゆおんせん

屹立役內川畔的溫泉旅館，瀑布流洩與溪流聲令人心曠神怡。開放感滿點露天浴池除可近距離和川之外，還能享受源泉湧現豐富的溫泉。

↑河川沿岸旅館的露天浴池才能擁有的開放感

↓此館為「日本秘湯守護會」的會員

↑泉量豐富的溫泉因水質佳而獲好評

0183-56-2141 IN15:00、OUT10:00 ¥1泊2食13110～16350日圓 P30輛 所湯沢市秋ノ宮殿上1 JR橫堀站搭共乘計程車（湯澤計程車，需預約）35分，鷹之湯入口下車步行4分（提供接駁車，需預約）

MAP附錄P.8 E-5

泡湯資訊
L11:00～14:00
休無休 ¥650日圓

←面對役內川清澈河水而建

松木環繞如其名的旅館

旅館松の湯

●りょかんまつのゆ

這間位於松林中的和風旅館，洋溢著愜意的氣氛。著名的盆栽露天浴池邊擺放著美麗的盆栽，營造獨特的風情。同時也是知名的登山與溪釣據點。

↑擺設許多盆栽的盆栽露天浴池

↑保留昭和氣氛簡樸溫泉旅館

0183-56-2221

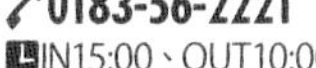

IN15:00、OUT10:00
¥1泊2食8000日圓
P6輛 所湯沢市秋ノ宮山居野11-59 所JR橫堀站搭共乘計程車（湯澤計程車，需預約）35分，鷹之湯入口下車即到

MAP附錄P.8 E-5

泡湯資訊
L11:00～15:00
休無休 ¥500日圓

感受分明四季的度假村

秋之宮山荘Spa度假飯店

●すぱあんどりぞーとほてるあきのみやさんそう

飯店屬於具高級感的度假風格，50坪大的大浴場有落瀑浴池、按摩浴池、大浴池、三溫暖、露天浴池等7種類型。料理長自豪的和式宴席料理深獲好評。

0183-56-2400
IN15:00、OUT10:00
¥1泊2食19800日圓～
P40輛 所湯沢市秋ノ宮殿上1-1 JR橫堀站搭共乘計程車（湯澤計程車，需預約）36分，秋之宮山荘下車即到（可接送入住者，需預約）

MAP附錄P.8 E-5

↑雙床房以自然的室內擺設營造愜意空間

↓約5坪大的和式房間簡約具功能性，窗外視野亦令人暢快

泡湯資訊
L10:30～20:00
休無休
¥600日圓

←大浴場內有彷彿被按摩浴缸包圍般的落瀑沖擊、寢湯、大浴池、三溫暖等

→飯店環繞在美麗溪谷景致中，充滿度假風情

湯澤【ゆざわ】

催生稻庭烏龍麵的溫泉故鄉

從橫手搭電車20分

湯澤以秋田名產之一稻庭烏龍麵及有800年歷史的川連漆器而聞名。當地溫泉正如同其地名般豐富，小安峽溫泉等各特色溫泉更是增添旅行氛圍。

日本三大烏龍麵之一 稻庭烏龍麵

●いなにわうどん

稻庭烏龍麵的特色就是手工製麵的嚼勁和滑溜入喉感。300多年前於現在的湯澤市稻庭地區發跡，由佐藤市兵衛催生。儘管製麵法曾經不外傳，但據說稻庭（佐藤）吉左エ門因擔心一脈單傳的技術後繼無人，便傳授給2代當家佐藤養助，才有今日榮景。

不外傳的獨家手藝打造講究滋味

佐藤養助総本店

●さとうようすけそうほんてん

擁有悠久歷史的稻庭烏龍麵老店，承襲製麵技術不外傳、一脈單傳的傳統。滑溜的入喉感和嚼勁滋味正是稻庭烏龍麵獨有風味。

☎0183-43-2911
🕒11:00～17:00（販售為9:00～，參觀為9:00～16:00） 休無休 ¥雙味烏龍涼麵880日圓，雙味天婦羅烏龍涼麵1600日圓～，天婦羅烏龍麵1500日圓 P50輛 所湯沢市稲庭町稲庭80 🚌JR湯澤站搭羽後交通巴士25分，稲庭中町下車即到
MAP附錄P.8 E-4

↑可以參觀工廠並親手體驗做烏龍麵

↓可品嘗到充滿柴魚高湯風味的醬油醬汁及層次豐富的芝麻味噌醬汁兩種

推薦MENU
◆雙味烏龍涼麵 880日圓

在和式座位品嘗稻庭烏龍麵全餐料理

養心館

●ようしんかん

可在藏座敷和3間包廂，奢華而愜意地享用餐點，如烏龍點心和當季創作料理等。採完全預約制。

☎0183-72-4177
🕒11:00～15:00、17:00～22:00 休不定休 ¥懷石全餐（午）2160日圓～，（晚）3240日圓～ P20輛 所湯沢市古館町3-7 🚌JR湯澤站步行15分
MAP附錄P.13 C-6

↑可在包廂自在享用餐點

洽詢處 ☎0183-55-8180（湯澤市觀光・地質公園規廣課觀光物產班） MAP附錄P.8・13

湯澤 愜意小景點

西馬音內盆舞 景點

●にしもないぼんおどり

熱鬧號子聲與優雅舞蹈

此為日本三大盆舞祭典之一。舞者們身穿美麗的端縫服飾和藍染浴衣，頭戴鳥追笠、黑色彥三頭巾，擠滿整條約300m長的道路。狂野的號子聲與優美的舞蹈形成獨特的氛圍。

☎0183-55-8635（羽後觀光物產協會） 🕒8月16～18日19:30～23:00（最終日～23:30） P1700輛 所羽後町西馬音内本町通周邊 🚌JR湯澤站搭計程車15分
MAP附錄P.13 C-6

↑就是這獨特的神秘氣氛深深吸引觀眾

川原毛地獄 景點

●かわらげじごく

源自火山活動的神奇景色

與青森恐山、富山立山齊名的日本三大靈地之一。整座山肌理裸露，四處都有火山氣體和水蒸氣噴發著。

☎0183-55-8180（湯澤市觀光・地質公園規廣課）
🕒自由參觀（11月上旬～5月上旬道路封閉） P50輛 所湯沢市高松川原毛 🚌須川IC 22km
MAP附錄P.8 E-5

↑一整片的荒涼景象

小町堂 景點

●こまちどう

作為小野小町出生地而興建

相傳為小野小町誕生地而興建於小野的堂祠。每到6月，朱漆鮮豔的小町堂就有怒放的芍藥繽紛點綴。小町祭時會舉辦祭神儀式，周圍還有許多與小町相關的遺址。

↑以鮮豔的朱色堂祠追思小町

☎0183-52-2200（湯澤市雄勝觀光協會） 🕒自由參觀 休無休 P10輛 所湯沢市小野小町 🚌JR横堀站步行10分
MAP附錄P.8 E-5

湯澤市連漆器傳統工藝館 景點

●ゆざわしかわつらしっきでんとうこうげいかん

了解秋田代表性傳統工藝

從誕生於鎌倉時代，歷經明治時期技術研發到成為普及的平民日常生活用品，館內除詳細介紹川連漆器歷史，並展示、販售作品。還可以體驗沉金和蒔繪（需預約）。

↑可觀賞、接觸川連漆器的全貌並購買

☎0183-42-2410 🕒9:00～17:00 休無休 ¥免費入館，沉金・蒔繪體驗2057日圓～ P21輛 所湯沢市川連町大舘中野142-1 🚌JR湯澤站搭羽後交通巴士往小安溫泉20分，稲川中学校前下車步行7分
MAP附錄P.8 E-4

十和田湖
とわだこ
八幡平
はちまんたい
火山地形造出絕景與名湯
前往橫跨縣境的神祕之湖
超好玩！
人氣景點
奧入瀨溪流
P.97
超舒服！
人氣溫泉
玉川溫泉
P.94
超好吃！
人氣美食
比内地雞 P.102
超好玩！
人氣景點
八幡平盾形火山線
P.90
CONTENTS
八幡平盾形火山線 P.90
到 八幡登山健行 超爽快! P.92
八幡平秘湯巡禮 P.94
十和田湖&奧入瀨溪流 P.96
追加情報
十和田湖‧奧入瀨溪流 P.98
鹿角 P.99
小坂 P.100
大館 P.102
十和田湖
小坂
十和田IC
大館
鹿角
大館能代機場
能代
八峰
東北自動車道
八幡平
男鹿
昭和男鹿半島IC
秋田
秋田站
田澤湖
仙北
角館站
秋田機場
大仙
大曲IC
橫手
由利本荘
仁賀保
栗駒山
前往八幡平的交通方式
田澤湖站
羽後交通巴士 2小時16分
八幡平頂上
盛岡站
岩手縣北巴士 2小時2分
八幡平頂上
東北道鹿角八幡平IC
國道282、341號
盾形火山線 1小時10分
八幡平山頂
東北道松尾八幡平IC
縣道45號、
盾形火山線 40分
八幡平山頂
前往小坂、大館的交通方式
秋田站
JR奧羽本線 2小時
大館站
秋北巴士 49分
小坂小前
東北道小坂IC
縣道2號等 3分
小坂
秋田道大館北IC
國道7號 8分
大館
前往十和田湖的交通方式
東北道小坂IC
縣道2號、 國道103號
等 50分
十和田湖

⬆新綠、楓紅等四季更迭的景色亦相當美麗

連接秋田和岩手
奔馳在絕景之間的兜風路線

八幡平盾形火山線

●はちまんたいあすぴーてらいん

長約27km的兜風路線行經八幡平山腹，連接起秋田和岩手。縣境就在八幡平山頂Rest House附近，教人徜徉小沼、濕地等雄偉景色之中，快來感受這景致變化多端的山岳路線吧。

☎0186-30-0248（鹿角市產業活力課）
☎0195-78-3500（八幡市觀光協會）
L 4月中旬～11月上旬　所 鹿角市八幡平
MAP 附錄P.11 D-2

馳騁雲上
山岳路線
兜風趣

八幡平盾形火山線

這條壯麗的山岳路線沿途有好多的美景和步道。前往東北超高人氣的八幡平盾形火山線，感受高原兜風的同時，隨時下車欣賞沿路的景點！

松尾八幡平IC～大沼約37.5km
所需時間 約1小時15分

- 東北自動車道松尾八幡平IC
- ↓ 車程35分
- ① 源太岩展望所
- ↓ 車程5分
- ② 熊沼
- ↓ 車程5分（黑谷地巴士站步行15分）
- ③ 黑谷地濕原
- ↓ 車程10分
- ④ 八幡平山頂Rest House
- ↓ 步行即到
- ⑤ 八幡平山頂散步路線
- ↓ 車程3分
- ⑥ 大深澤展望台
- ↓ 車程15分
- ⑦ 大沼自然研究路
- ↓ 車程45分
- 東北自動車道鹿角八幡平IC

⬇展望台可飽覽滿布雲海的岩手山稜線

有醒目的偌大岩石，可欣賞南部片富士、岩手山的稜線和山路的絕美景點

① 源太岩展望所

●げんたいわてんぼうしょ

標高1260m的這個展望所，為盾形火山線第一個絕美景點。彎道內側的沉重大石被稱為源太岩，還可自展望所眺望山麓樹海及屹立南方的岩手山。

☎0195-78-3500（八幡市觀光協會）
L 4月中旬～11月上旬　P 10輛　所 岩手縣八幡平市　🚌 JR盛岡站搭岩手縣北巴士1小時40分，茶臼口下車步行15分
MAP 附錄P.10 E-2

⊙置身視野開闊的高地，欣賞一望無際的連綿樹海及群峰

這季節尤其適合前往！

⊙紅黃之間夾雜點綴的美麗楓紅深受歡迎

9月下旬～10月上旬

紅楓

盾形火山線周邊整個山腹都會染上圓葉楓或岳樺等的顏色，與針葉林相襯展現鮮豔的美麗色彩。

⊙在兩邊聳立著雪壁的道路間行進

4月中旬～5月下旬

雪之迴廊

從4月中旬解除冬季禁止通行禁令到黃金週期間，道路兩側可見到雪壁，有些地方甚至會高過6m，讓遊客驚嘆。

最適合作為兜風休息地點。逛遍沼澤周圍約30分的木棧散步路線

7 大沼自然研究路

●おおぬましぜんけんきゅうろ →P.93

從山頂往秋田方向下行
自海拔1560m的展望台環顧絕景

6 大深澤展望台

●おおふかさわてんぼうだい

位在從秋田、岩手的縣境見返峠，往秋田方向南下之處，在觀景台可俯瞰大深澤這象徵秋田的雄物川支流。天氣好時，還可遠眺至鳥海山和月山等。

☎0186-30-0248(鹿角市產業活力課) ⓛ4月下旬～11月上旬 Ⓟ10輛 所鹿角市八幡平 交JR盛岡站搭岩手縣北巴士1小時50分，八幡平頂上下車步行10分

MAP附錄P.11 D-2

⊙自見返峠眺望的景色也相當美不勝收

大沼
大谷地
大深溫泉
八幡平盾形火山線
7 大沼遊步道
鹿角八幡平IC
5 八幡平山頂散步路線
八幡沼
蒲沼
鏡沼
鏡沼
4 八幡平山頂Rest House
就從 Rest House 八幡平觀景停車場開始散步！
6 大深澤展望台
八幡平樹海線
松川溫泉↓

以Rest House附近見返峠為起點，享受山頂健行趣

5 八幡平山頂散步路線

●はちまんたいさんちょうさんさくろ →P.92

在此小歇片刻

位於盾形火山線中間地點的Rest House最適合作為休息點

4 八幡平山頂Rest House

●はちまんたいさんちょうれすとはうす MAP附錄P.10 E-2

⊙位於見返峠停車場內，還能吃點輕食

於八幡平山頂的Rest House適合休息片刻。地上1層樓、地下2層樓的建物提供觀光資訊、輕食和物產販售等。亦可作為前往山頂步道的據點。

☎0195-78-3500(八幡市觀光協會) ⓛ4月中旬～11月上旬、9:00～17:00 休期間中無休 Ⓟ146輛 所岩手県八幡平市八幡平 交JR盛岡站搭岩手縣北巴士1小時50分，八幡平頂上下車即到

※另有預約型觀光路線巴士「八郎太郎號」(4月中旬～10月底，TEL0186-35-2166(十和田計程車)；JR鹿角花輪站車程1小時30分，八幡平頂上下車步行10分)

⊙除了有源太咖哩飯900日圓，也吃得到稻庭烏龍麵

布滿高山植物的濕原健行路線
還能走到八幡平山頂

3 黑谷地濕原

●くろやちしつげん

一進到盾形火山線的黑谷地巴士站附近，就能看到北萱草等可愛花朵怒放的濕原。還有一條整備完善的木棧步道，可直達八幡平山頂。

☎0195-78-3500(八幡市觀光協會)
ⓛ自由參觀 Ⓟ10輛 所岩手県八幡平市
交JR盛岡站搭岩手縣北巴士1小時44分，黑谷地下車步行15分

MAP附錄P.10 E-2

新手也可輕鬆走

⊙因火山噴發導致河川堰塞而形成的濕原

⊙綿延無盡的樹海之中，躍現一池美麗湖水

沼澤位於茶臼岳南面樹海中
因類似熊掌而得此名

2 熊沼

●くまぬま

背對茶臼岳並自盾形火山線俯瞰，可見位於濕原群中的沼澤。由於沒有登山步道可至熊沼而被稱為秘境，因而可看到擁有符合此美譽的自然景觀。秋天時楓紅倒映於水面亦美不勝收。

☎0195-78-3500(八幡市觀光協會)
ⓛ4月中旬～11月上旬 Ⓟ無 所岩手県八幡平市
交JR盛岡站搭岩手縣北巴士1小時15分，茶臼口下車即到

MAP附錄P.10 E-2

到

兜風途中與大自然的相會

超爽快！八幡平登山健行

八幡平山頂登山健行亮點就在這裡！

走在八幡平山頂遊步道，置身大白時冷杉樹海中，隨處可見因火山噴發形成的湖沼。就一邊眺望遠處的岩手山等名峰，一邊享受舒爽愉快的登山健行吧！

八幡沼遼闊的景色美得令人屏息

2 八幡沼展望台
●はちまんぬまてんぼうだい

步行10分

遊步道中萬不可錯過的，就是在周遭湖沼中最大規模的八幡沼。在四周濃密綠意包圍之下，八幡沼呈現充滿吸引力的藍色。

步行5分

步行即到

鈷藍色的沼澤有著令人驚訝的透明度

八幡沼周圍

3 蒲沼展望台
●がまぬまてんぼうだい

蒲沼展望台與八幡沼展望台相背對，高透明度的沼澤裡有山椒魚棲息，可看到魚隻相當靠近水面。火山湖由3個爆裂的火山口組成，水深約9.3m。

從見返峠往下俯瞰盾形火山線

1 見返峠
●みかえりとうげ

置身可眺望稜線的見返峠視野絕讚

將車停在八幡平山頂Rest House所在的八幡平展望停車場，步行山頂遊步道約30分鐘可到展望台。位於岩手和秋田縣境，可將岩手山至裏岩手連峰景色一覽無遺。

步行15分

以這裡為據點吧

八幡平山頂Rest House →P.91
●はちまんたいさんちょうれすとはうす

Rest House好方便 適合作為漫步山頂遊步道據點

八幡平山頂散步路線
●はちまんたいさんちょうさんさくろ

可欣賞雄偉大自然的絕景散步路線

遊步道以八幡平停車場為起點，沿途有完善的石板路或木棧道，依路線不同約可散步40分到90分的時間不等。一起來欣賞坂上田村麻呂也大讚的八幡平景致吧。

✆0195-78-3500（八幡市觀光協會）
L4月中旬～11月上旬 P146輛 所岩手県八幡平市八幡平 JR盛岡站搭岩手縣北巴士1小時50分，八幡平山頂上下車即到
MAP附錄P.10 E-2

所需時間約1小時

4 八幡平頂上展望台
●はちまんたいちょうじょうてんぼうだい

置身海拔1613m的山頂 東北名峰一覽無遺

登上位於山頂的展望台，群山美景盡收眼底。除了岩手山，還能欣賞到鳥海山、秋田駒岳、八甲田山等名峰景色。

➲從階梯爬上展望台欣賞絕景

步行7分

5 眼鏡沼
●めがねぬま

兩池如眼鏡般並連的罕見沼澤

因火山活動形成的兩個火山口積水成沼澤。俯瞰如眼鏡的形狀而得此名。

➲等待融雪的初夏，可見到綻放的岩鏡

步行2分

6 鏡沼
●かがみぬま

樹海景色倒映水面 沼澤彷彿是面鏡子

由單一火山口形成的沼澤，水面美如其名，映照出周圍廣闊的大白時冷杉林和藍色天空。

➲晴天時所映照出的藍色出奇地美

check!

➲融雪景象被稱為「龍之眼」，為八幡平新景點

➲穿過小梅蕙草和蘆葦濕原，視野豁然開朗

沼澤沿岸平坦好走的遊步道

大沼自然研究路
●おおぬましぜんけんきゅうろ

➲在進入緩坡處可一望沼澤

在此濕原地帶，可欣賞到水芭蕉、白毛羊鬍子草等群生植物。遊步道一圈約需30分，起伏不大，健行新手也能放心走。附近有旅遊服務中心和溫泉等，設施充足。

☎0186-30-0248(鹿角市產業活力課) L4月下旬～11月上旬
P50輛 所鹿角市八幡平熊沢国有林大沼 巴JR田澤湖站搭羽後交通巴士1小時50分，大沼溫泉下車即到(發車日需確認)
※另有預約型觀光路線巴士「八郎太郎號」(4月下旬～10月底，TEL0186-35-2166(十和田計程車)；JR鹿角花輪站車程1小時，大沼溫泉下車即到)

MAP附錄P.11 D-1

▶以這裡為據點吧 以小型模型重現大沼周邊的動植物

八幡平遊客中心
●はちまんたいびじたーせんたー

隔著大沼溫泉巴士站沿線道路，服務中心就位在大沼對面。透過立體模型等展示，可輕鬆而廣泛地了解，八幡平動植物與「泥火山」噴氣現象等。

☎0186-31-2714 L4月中旬～11月上旬、9:00～17:00
休期間中無休 ¥免費入館 P50輛
所鹿角市八幡平大沼2
巴JR田澤湖站搭羽後交通巴士1小時50分，大沼溫泉下車即到(發車日需確認)

MAP附錄P.11 D-1

八幡平 秘湯巡禮

湧現深山功效良多的溫泉

在盡情兜風或健行後，能好好泡個溫泉是再享受不過的了。包括可飽覽八幡平景色的露天浴池、岩盤浴等，就到充滿個性的溫泉天國八幡平，來一趟溫泉巡禮！

➲旅館分為旅館部和自炊部，當中有不少溫泉客都是以療養或靜養為目的前來

➲在玉川溫泉自然研究路，可看到蒐集溫泉湯花（懸浮物）的設施

➲各式各樣浴池裡，有著源泉溫度、濃度各異的溫泉

歷史悠久湯治場 擁有日本第一湧出量

玉川溫泉

●たまがわおんせん

約於330年前發現的玉川溫泉鄉，擁有日本第一湧出量，光是1處溫泉，每分鐘就有9000公升湧出量。源泉溫度為98℃，屬於以鹽酸為主要成分的強酸性溫泉。常有不少期待溫泉療養效果的遊客到來，為日本數一數二的湯治場。擁有大浴槽、寢湯、蒸氣溫泉等各種浴池。

☎0187-58-3000
L IN15:00、OUT10:00 ¥1泊2食8358日圓～16674日圓 P80輛
所 仙北市田沢湖玉川渋黒沢
JR田澤湖站搭羽後交通巴士1小時20分，玉川溫泉下車即到
MAP 附錄P.11 C-2

泡湯資訊

L 4月中旬～11月、9:00～16:00 休 期間中無休
¥600日圓，小學生300日圓，幼兒100日圓
※預計調整價格，需洽詢

Check! 享受天然岩盤浴

地面到處都有蒸汽噴出，來到玉川溫泉可嘗試活用地熱的岩盤浴。記得帶吸溼排汗衣物替換，還有飲料、毛巾毯或毛毯等。玉川溫泉賣店也有販售草蓆和毛巾。

↑使用岩盤浴，1日約1～2次，每次30～40分鐘為宜

這裡的溫泉和玉川溫泉相同

享受浴池豐富多樣的玉川溫泉

新玉川溫泉

●しんたまがわおんせん

除了有促進新陳代謝的溫熱浴，還有蒸氣烤箱、寢湯、露天浴池等各種設施可以使用。收費休息區的開放時間為9時到16時。請記得攜帶毛巾，不提供租借服務。

↑建築走厚實山莊風格，內部的近代湯治設施完善充足

↓大浴場以大量木頭打造，氣氛愜意放鬆

☎0187-58-3100（玉川溫泉地區預約中心） L 9:00～17:00 休 無休 ¥600日圓，小學生300日圓※預計調整價格，需洽詢 P120輛 所 仙北市田沢湖玉川渋黒沢2番地先
JR田澤湖站搭羽後交通巴士1小時10分，新玉川溫泉下車即到 MAP 附錄P.11 C-2

寬闊的露天浴池令人放鬆

可享受7種溫泉浴的溫泉天國
後生掛溫泉旅館
●ごしょうがけおんせんりょかん

有「來時騎馬，回時踩木屐」美名的後生掛溫泉，以良好功效聞名。全以木頭打造的大浴場，有蒸汽烤箱浴、火山浴池、落瀑沖擊、泥漿溫泉等。另外還有可以純住宿的湯治村。

後生掛溫泉著名的蒸氣烤箱浴

也鄰近後生掛自然研究路

☎0186-31-2221
IN15:00、OUT10:00 ¥1泊2食9870日圓～17430日圓 P40輛 所鹿角市八幡平熊沢国有林内 JR田澤湖站搭羽後交通巴士1小時50分，後生掛溫泉下車步行5分(平日與冬季交通資訊需洽詢)
MAP附錄P.11 D-1

泡湯資訊
8:00～16:30 休無休
¥500日圓

外觀十分符合高原旅館的山莊風格建築

附專用露大浴池客房深受好評
八幡平綠色酒店
●はちまんたいぐりーんほてる

擁有可飽覽庭園景色的大浴場和寬闊露天浴池相當具人氣。還有深受好評別館「綠秀亭」，房內附設專屬露天浴池的大客房，總共有6間，還有下嵌式座位。

☎0186-31-2111
IN15:00、OUT10:00 ¥1泊2食8790日圓～21750日圓 P20輛 所鹿角市八幡平熊沢国有林内 JR田澤湖站搭羽後交通巴士1小時50分，大沼溫泉下車步行8分
MAP附錄P.11 D-1

泡湯資訊
12:00～17:00
休期間中無休
¥500日圓

純木材頭打造簡約大浴場，來輕鬆泡個湯吧

進入檜葉打造浴池感受心曠神怡秘湯
源泉・秘湯の宿 ふけの湯
●げんせんひとうのやどふけのゆ

為八幡平歷史最悠久的知名溫泉。旅館本身擁有3個源泉，旅客可享受大浴場和5座露天浴池。另外還有「蒸氣溫泉」，如其名稱，為採用地熱的暖炕。營業期間為4月下旬～10月上旬。

☎0186-31-2131
IN15:00、OUT10:00 ¥1泊2食14190日圓 P25輛 所鹿角市八幡平熊沢国有林内 JR田澤湖站搭羽後交通巴士2小時，ふけの湯溫泉下車即到
MAP附錄P.11 D-1

泡湯資訊
8:30～17:00
休期間中無休
¥600日圓，兒童300日圓
暖炕另收300日圓

露天浴池就在裊裊煙霧旁

此溫泉旅宿位在八幡平樹海線的途中

一邊欣賞絕景，一邊享受開放感十足的溫泉浴吧

位在東北最高點的溫泉
藤七溫泉 彩雲莊
●とうしちおんせんさいうんそう

最著名的就是溫泉從浴池底湧出的5座露天浴池。正因位在海拔約1400m之處，擁有絕讚視野。女性專用露天浴池和風格簡約的室內浴池也很吸引人。營業期間為4月下旬～10月下旬。

☎090-1495-0950
IN15:00、OUT10:00
¥1泊2食12030日圓～
P50輛 所岩手県八幡平市松尾寄木北の又
JR盛岡站搭岩手縣北巴士1小時50分，藤七溫泉下車即到
MAP附錄P.10 E-2

泡湯資訊
8:00～18:00
休期間中無休
¥600日圓、小學生300日圓

橫跨秋田與青森的名勝地

十和田湖 & 奧入瀨溪流

十和田湖 ●とわだこ

秋田、青森縣境的十和田火山所噴發形成的火口湖，就是奧入瀨溪流的源頭。最深處有327m，為日本第三深的湖，因冬天也不結冰而被稱為「神祕之湖」。

✆0176-75-2425（十和田湖綜合服務處） 自由參觀 所青森県十和田市十和田湖 JR八戶站搭JR巴士往十和田湖2小時15分，十和田湖站下車即到

MAP 附錄P.5 A-2

前往十和田湖的交通方式

	出發地	路線	目的地
巴士	JR八戸站	JR巴士 2小時15分 2670日圓	十和田湖
巴士	JR新青森站	JR巴士 2小時55分 3090日圓	十和田湖
自駕	東北自動車道小坂IC	大館十和田湖線 50分	十和田湖

十和田湖一覽無遺

瞰湖台 ●かんこだい

此觀景台位在斷崖上，可俯瞰位置相當於十和田湖最深處的「中湖」。御倉半島、中山半島突出於中湖一左一右，四季皆可看到如畫般的景致。

MAP 附錄P.5 B-3

1 乙女像 おとめのぞう

從湖上會最先看到十和田的象徵，高村光太郎的作品「乙女像」。

高村光太郎的作品屹立湖畔

2 六方石 ろっぽうせき

柱狀岩石肌理層層重疊有如木材，故又被稱為「材木岩」，為中山半島的一大看點。

岩石細細層疊打造美觀視野

3 見返松 みかえりのまつ

矗立中山半島前端的2棵松樹。美到讓人再三回望。

松樹兩相依偎的模樣而有「夫婦松」的別名

4 烏帽子岩 えぼしいわ

突出於御倉半島根部附近，有如神道祭司烏帽子一樣的三角形岩石。

快來找找三角形的巨大烏帽子在哪

5 五色岩 ごしきわ

因火山灰的鐵質成分等而變色，紅色、灰色等的岩層展現動態的色彩美。

岩石倒映湖面的紅亦十分美麗

6 千丈幕 せんじょうまく

御倉半島的美麗斷崖，而被譽為千丈（約3km）巨大簾幕。

實際上只有220m，但近距離欣賞相當震撼

超推薦

50分鐘絕景水上觀光

來搭！觀光船

搭乘觀光船來一趟水上觀光，從湖上欣賞絕美景點，享受悠閒自在的湖上散步吧。

十和田湖觀光船 ●とわだこゆうらんせん

有以休屋為起迄點的御倉·中山半島路線，還有連接休屋和子之口的路線。

✆0176-75-2909（十和田觀光電鐵／休屋～子之口路線、以休屋為起迄點路線） 4月中旬～11月上旬，航班時刻需洽詢 休期間中無休 ¥1400日圓，兒童700日圓 P670輛（休屋收費停車場） 所青森県十和田市奥瀬十和田湖畔休屋 十和田湖站巴士站步行3分

MAP P.97

奧入瀨溪流 必看景點

有如阿修羅 壯觀震撼為奧入瀨第一

↑如近逼而來的急流美得令人不禁屏息

1 三亂之流

錯綜複雜的水流與岩石交織成美景

從燒山開始散步，最先來到的景點就是這裡。由3道流水匯集，再錯綜流洩。光看生長在岩石上的草木，就能證明奧入瀨有一定的水量。

↑接續阿修羅之流，充滿動態感

2 阿修羅之流

堪稱奧入瀨溪流當中最具代表性的景點。據說名為「阿修羅」，是因為彷彿混合了湍急的流水與落差小的瀑布，激烈的急流感覺連石頭都要被沖裂。

3 九十九島

由於長滿青苔和草木的岩石，如小島般散布，故有九十九島之稱。宛如溪流當中的庭園，別具風情。來到這景點，感受遊大自然創造出的美好造景。

長滿青苔的岩石打造出的自然庭園

→好幾個岩石形成小島的景致

4 雲井瀑布

↓可以走近到幾乎能感覺到水霧

落差25m的瀑布，途中流水還會因段差而改變角度。存在感滿點又深具躍動性。從遊步道橫切過國道匯入支流，伴隨轟隆聲響，震撼景象浮現眼前。也是高人氣的拍照景點。

彈跳般落下的豪邁兩段式瀑布

5 九段瀑布

流經複雜地層所展現的階梯狀岩石肌理，形成好幾道水流落下的姿態甚是美麗。述說著奧入瀨溪流因侵蝕而形成，令人百看不膩的豐富多變風景，在眼前展開來。

有如撫過岩石肌理般流下的沉靜瀑布

→這裡的九段其實是「數量多」的比喻

6 銚子大瀑布

強力流洩而下的大瀑布 是漫步溪流的一大看頭

↓此處也是人氣No.1的熱門拍照景點

為奧入瀨溪流本支中唯一的瀑布，以壓倒性的豐富水量著名。高7m、寬20m，相當有看頭。旁邊就是遊步道的階梯，遊客可從正面和旁邊等各種角度欣賞。

散步據點&休息景點

A けいりゅうのえきおいらせ
溪流之站 奧入瀨
☎0176-74-1121 L5月～11月中旬・8:00～17:00 休期間中無休 P100輛
MAP 附錄P.4 H-1

B おいらせゆうすいかん
奧入瀨湧水館
☎0176-74-1212 L9:00～16:30 休無休 P80輛
MAP 附錄P.4 H-1

C おいらせけいりゅうかん
奧入瀨溪流館
☎0176-74-1233 L9:00～16:30 休無休 P80輛
MAP 附錄P.4 H-1

D いしげどきゅうけいじょ
石戶休息所
☎0176-74-2355 L8:30～17:00 休無休（賣店為12～3月週三休） P40輛
MAP 附錄P.5 B-1

ひとめよたき
一目四瀧
為「白絹瀑布」、「白絲瀑布」、「不老瀑布」、「雙白髮瀑布」的總稱。在雙白髮瀑布附近可一次望見四個瀑布。

出合橋
溪流休息站 奧入瀨 A
楓橋
燒山
C 奧入瀨溪流館
B 奧入瀨湧水館
黃瀨
黃瀨橋
紫明溪
有一整條相當好走的步道
再過去就沒有賣店了，可以在這裡先攝取一些簡單的飲食
惣邊
1 三亂之流
石戶休息所
D 石ヶ戶
千道瀑布對岸有長椅可作為休息景點
屏風岩
地面泥濘，走路需多留心
步道到中途停止，需留心來車
從此步道望出去的視野具有隱藏版人氣
阿修羅之流 2
馬門岩
九十九島 3
從這裡到十和田湖途中都沒有廁所
白布瀑布
雲井瀑布
千道瀑布
雲井瀑布 4
白絹瀑布
不老瀑布
白絲瀑布
雲井之流
岩菅瀑布
雙龍瀑布
九段瀑布 5
立有詩人佐藤春夫的詩碑
玉簾瀑布
有陡峭的石階!!
雙白髮瀑布
往御鼻部山瀧澤
五兩瀑布
千兩岩
神明橋
萬兩之流
百兩橋
銚子大瀑布
姊妹瀑布
子之口
子之口
水門
6 銚子大瀑布
銚子大瀑布
可親身感受十和田湖的透明
十和田湖
往休屋

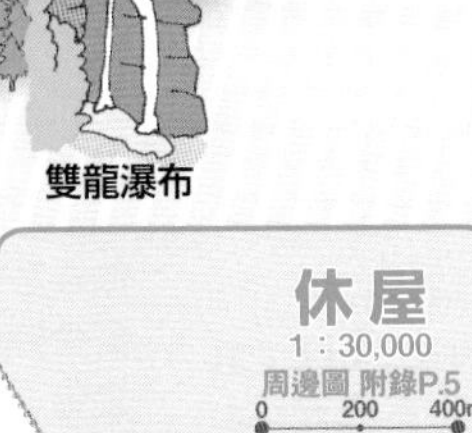

休屋
1：30,000
周邊圖 附錄P.5
0 200 400m
中湖
青森縣 十和田市
乙女の像
十和田神社 P.98
とちの茶屋 P.98
信州屋 P.98
暮らしのクラフト ゆずりは P.98
十和田湖冬物語
十和田湖遊覧船 P.96
十和田グランドホテル湖畔
レストラン やすみや
十和田ビジターセンター
秋田縣 小坂町
西湖

圖示說明
巴士站
廁所
自行車租借
停車場
輕食・賣店

追加情報

十和田湖・奥入瀨溪流

●とわだこ ●おいらせけいりゅう

とちの茶屋

美食

●とちのちゃや

招牌天然姬鱒料理超人氣

在此可品嘗到十和田湖特產天然姬鱒的料理。除了鹽烤之外，也可做生魚片，富含油脂極為美味。還有南部蕎麥麵、稻庭烏龍麵和烤米棒火鍋等。

0176-75-2231
L4～11月上旬、10:00～15:30 休期間中無休 ¥鹽烤姬鱒定食1750日圓 P20輛 所青森県十和田市奥瀬十和田湖畔休屋486 交JR八戶站搭JR巴士2小時15分，十和田湖下車步行10分
MAP P.97

十和田湖產天然姬鱒，鹽烤過後香氣馥郁超誘人

レストランやすみや

美食

●れすとらんやすみや

烤米棒和姬鱒料理為招牌

餐廳鄰近觀光船搭船處，使用100%秋田小町米的烤米棒為招牌菜。採用比內地雞馥郁高湯的烤米棒火鍋，就能享受這一味。還有姬鱒料理、鱒魚生魚片也很推薦。

0176-75-2141 L3月下旬～12月上旬、8:00～16:00(旺季時團體用餐結束即打烊) 休期間中不定休 ¥烤米棒火鍋1080日圓～ P50輛 所青森県十和田市奥瀬十和田湖畔休屋486 交JR八戶站搭JR巴士2小時15分，十和田湖下車步行3分
MAP P.97

享用比內地雞高湯風味烤米棒火鍋，感受Q彈口感

暮らしのクラフト ゆずりは

購物

●くらしのくらふとゆずりは

想好好珍惜的手工工藝品

販售以青森、秋田、岩手為主的東北6縣工藝品。包括資深師傅的竹籠工藝，還有漆器、木工作品、玻璃工藝、染織布品等，全都是令人想永久珍惜使用的作品。

0176-75-2290 L4月中旬～11月中旬、10:00～17:00(需確認官網資訊) 休期間中無休 ¥津輕塗盤3024日圓，銀色緞帶圍巾54000日圓 P5輛 所青森県十和田市奥瀬十和田湖畔休屋486 交JR八戶站搭JR巴士2小時15分，十和田湖下車步行5分
MAP P.97

全都是時尚又帶有溫度的工藝品

發荷峠展望台

景點

●はっかとうげてんぼうだい

十和田湖必去美景點

在十和田湖南端海拔631m山頂的觀景台，可見壯麗的湖水開展，並從正面欣賞破火山臼地形。茶屋、廁所等設備完善，也是紀念照必拍景點之一。

0176-75-2425(十和田湖綜合服務處)
L4～11月，自由參觀 P20輛 所小坂町十和田湖 交小坂IC22km
MAP 附錄P.5 A-3

從小坂町經樹海線，行經國道103號往十和田湖方向，就可在半路看到

瀧澤展望台

景點

●たきのさわてんぼうだい

穿過樹海來與十和田湖相會

位在湖岸西側，穿過山毛櫸林往十和田湖方向的途中，就能看到湖水躍現眼前。透過幾乎覆蓋湖水的茂密樹叢之間，可見寧靜悄然的湖面。

0186-29-3908(小坂町觀光產業課)
L4～11月，自由參觀 P30輛 所小坂町滝ノ沢峠 交小坂IC 40km
MAP 附錄P.5 A-2

濃密樹林環繞的觀景空間

信州屋

美食

●しんしゅうや

青森縣產牛排超人氣

位在2F的餐廳，可以邊俯瞰湖光水色，邊品嘗青森縣產牛排套餐、姬鱒料理和烤米棒火鍋定食等。1F伴手禮店則有販售煙燻姬鱒等。

0176-75-3131 L9:30～17:00(11～3月為10:00～16:00) 休無休(冬季不定休) ¥青森縣產牛(200g)牛排套餐2950日圓 P13輛 所青森県十和田市奥瀬十和田湖畔休屋16-11 交JR八戶站搭JR巴士2小時15分，十和田湖下車步行10分
MAP P.97

這裡吃得到柔嫩多汁的青森縣產牛

十和田神社

景點

●とわだじんじゃ

來參拜祈求開運吧

建於大同2（807）年，與恐山一樣都是在地信仰集中地，並以開運景點為人所熟知。可實現夢想的貘，也成為神殿與拜殿上的漂亮雕刻，千萬別錯過。

神社供奉日本武尊及湖的主人「青龍權現」

0176-75-2508
L境內自由參觀 P670輛(休屋收費停車場) 所青森県十和田市奥瀬十和田湖畔休屋14-1 交JR八戶站搭JR巴士2小時15分，十和田湖下車步行15分
MAP P.97

區域專欄

徜徉冬天的十和田湖！

為北東北的冬天，深受矚目的代表性活動，每年都吸引大批旅客前來。活動期間，會場內可見雪人、雪洞等，還有雪燈照亮著積雪道路，景色十分美麗。在冷冽空氣中欣賞綻放的冬季煙火，也是一大看頭。2019年活動時間為3月1～3日。

乙女像也因點燈呈現夢幻氣氛

十和田湖冬物語

●とわだこふゆものがたり

MAP P.97
0176-75-2425(十和田湖綜合服務處)
P600輛 所十和田湖畔休屋特設イベント会場

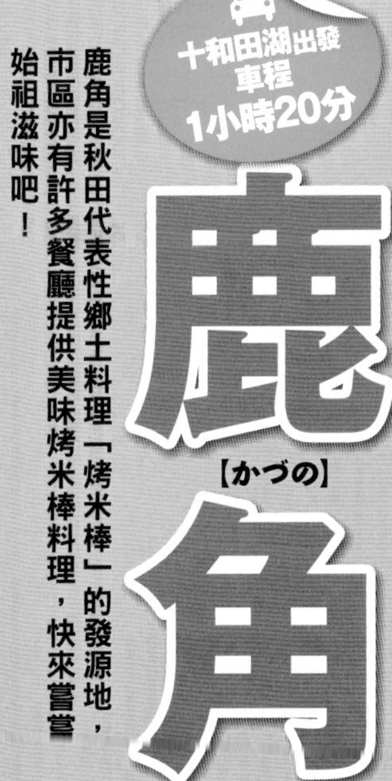

在發源地品嘗烤米棒 鹿角【かづの】

十和田湖出發 車程 1小時20分

鹿角是秋田代表性鄉土料理「烤米棒」的發源地，市區亦有許多餐廳提供美味烤米棒料理，快來嘗嘗始祖滋味吧！

起源自樵夫們的山小屋飯食 烤米棒

米飯搗碎後裹在杉木棒上，以火燒烤成「短穗」狀，自棒上取下後切段好入口，即為「烤米棒」。由來眾說紛紜，但據說是以前樵夫將捏過的米飯裹在長竹籤上，再烤過後獻給南部君主為起源。

炭火將米棒烤得膨軟

↑還沒下鍋前叫做「短穗（TANPO）」

當季食材一同下鍋 烤米棒好入味

↑烤米棒火鍋讓冰冷的身體暖呼呼

原創烤米棒豐富多樣

サロン・ド 割烹美ふじ ●さろんどかっぽうみふじ

以100種烤米棒吃法為目標，徹底堅持專心烤米棒的店家。還吃得到使用繩紋古代米的烤米棒火鍋、原創烤米棒火鍋等。

☎0186-23-5771 🕒11:00～14:00、18:00～23:00（午餐需2天前預約） 休不定休 ¥鄉土料理套餐2500日圓～，傳統烤米棒火鍋套餐2500日圓～，古代米料理2500日圓～ P3輛 所鹿角市花輪下花輪155-7 🚃JR鹿角花輪站步行7分

MAP P.99

洽詢處 ☎0186-30-0248（鹿角市產業活力課） MAP P.99・附錄P.14

鹿角 愜意小景點

公路休息站 かづの あんとらあ 玩樂
●みちのえきかづのあんとらあ

造訪鹿角首先要來這裡

裡頭販售許多鹿角市內特產，在餐廳則可吃到使用當地食材的餐點。其他還有介紹當地「花輪囃子祭」的祭典展示館，及可動手製作烤米棒等的體驗館。

☎0186-22-0555 🕒9:00～18:00（12～翌年3月為17:00），祭典展示館及手作體驗館為17:00（12～翌年3月～16:00） 休無休 ¥祭典展示館門票200日圓 P300輛 所鹿角市花輪新田町11-4 🚃JR鹿角花輪站步行10分

MAP 附錄P.4 G-4

↑可在這裡獲取鹿角資訊

特別史跡 大湯環狀列石 景點
●とくべつしせきおおゆかんじょうれっせき

繩文時代巨石圈遺跡

這處大約4000年前的繩紋遺跡發現於昭和6（1931）年，也有巨石圈之稱，分為野中堂和萬座2處。遺跡修復逐漸完善，充滿繩文時代的氣氛。

☎0186-37-3822（大湯環狀列石館） 🕒自由參觀（大湯環狀列石館9:00～18:00、11～翌年3月～16:00） 休無休（大湯環狀列石館11～翌年3月為週一休） ¥大湯環狀列石館300日圓 P60輛 所鹿角市十和田大湯万座45 🚃JR鹿角花輪站搭秋北巴士往大湯溫泉方向35分，環狀列石前下車即到

MAP 附錄P.4 G-3

↑近年也被當作能量景點而備受關注

史跡尾去澤礦山 景點
●しせきおさりざわこうざん

帶著探險心情挺進礦山舊坑道

約1300年前採挖銅礦的尾去澤礦山，對外開放日本最大規模坑道，並介紹昭和53（1978）年封山前的歷史。還有淘金沙和挖天然石等體驗課程。

☎0186-22-0123 🕒9:00～17:00（11～翌年3月～15:30） 休無休 ¥1000日圓，淘金砂體驗（30分）800日圓 P550輛 所鹿角市尾去沢獅子沢13-5 🚃JR鹿角花輪站搭計程車10分

MAP 附錄P.4 G-3

↑坑道內可見開採痕跡、搬運設備、坑內辦公室及江戶時代坑道等。

花輪囃子祭 景點
●はなわばやし

燦爛豪華屋台與祭典曲調競演

在8月19、20日為期2天的活動，可看到塗上金箔漆料，豪華又燦爛的10輛屋台，伴隨著威武的音樂曲調遊行街道。屋台匯集成排的「站前活動」華麗氣勢滿點，為活動一大看頭。

☎0186-30-0500（花輪囃子祭典委員會） 🕒站前活動19日19:50～21:00，20日20:40～21:30，詳情需洽詢 P250輛（公路休息站かづの） 所鹿角市花輪 JR鹿角花輪駅前・商店街通りほか 🚃JR鹿角花輪站即到

MAP P.99

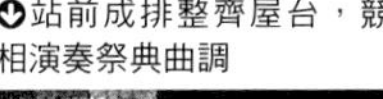

↓站前成排整齊屋台，競相演奏祭典曲調

ホルモン幸楽 美食
●ほるもんこうらく

受在地人長年喜愛的內臟燒烤

這間內臟專賣店創業於昭和26（1951）年，醃漬過的內臟，搭配大量高麗菜做成蒙古烤肉享用。充滿食材鮮味的湯汁淋上白飯也很美味。

☎0186-23-3736 🕒9:00～22:30 休無休 ¥內臟1人份340日圓 P3輛 所鹿角市花輪堰向5 🚃JR鹿角花輪站步行5分

MAP P.99

↓滿滿的高麗菜與內臟超對味

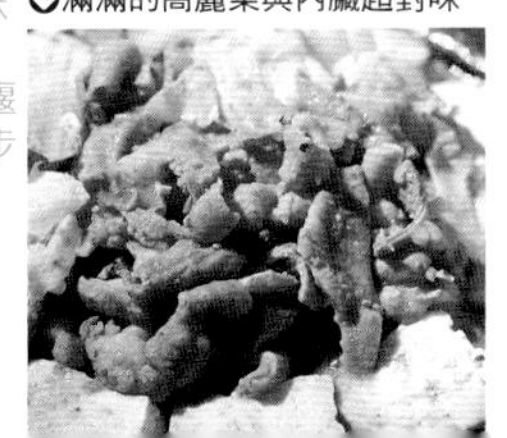

切田屋 美食
●きりたや

創業超過百年的老牌蕎麥麵店

創業於明治22（1889）年的老店，不使用任何接著劑，只利用蕎麥粉的黏性所打出的蕎麥麵，最適合搭配現炸天婦羅，做成天婦羅蕎麥麵享用。

☎0186-23-2083 🕒11:00～18:30 休週一（逢假日則營業，8月需確認） ¥天婦羅蕎麥麵1300日圓～ P20輛 所鹿角市花輪下花輪168 🚃JR鹿角花輪站步行5分

MAP P.99

↑有極佳入喉感的馥郁蕎麥麵

小坂【こさか】

十和田湖出發 車程40分

繁榮一時的世界知名礦業小鎮 擁有產業遺產林立的復古街道

小坂町過去曾因礦山而繁榮一時，全盛時期的人口數位居秋田縣第2，並發展各種近代化設施。一起來到保留當時面貌的街道散散步吧。

明治百年大道隨興漫步

從明治到昭和初期，小坂町曾作為礦山之鎮而繁榮一時。就來這歷史性建築物林立，並洋溢著明治風情的「明治百年大道」逛逛吧。

日本最古老和洋折衷劇場建築

可由劇場黑衣人導覽參觀館內

明治時代的劇場

康樂館 ●こうらくかん

此木造劇場是明治43（1910）年為礦山的勞動者所興建的娛樂設施，現指定為日本國家重要文化財。目前除有常態固定劇碼上演之外，還有歌舞伎等。快來感受充滿美好昔日風情的劇場吧。

☎0186-29-3732 🕒9:00～17:00 休無休 ¥常態戲劇和劇場參觀／2100日圓，兒童1050日圓，僅劇場參觀／600日圓，兒童330日圓 P120輛 所小坂町小坂鉱山松ノ下2 🚌JR十和田南站搭秋北巴士23分，康樂館前下車即到 MAP P.100

↑「光月」1000日圓。需於3日前預約，可邊觀劇邊吃

當當看劇場便當吧

明治百年大道是什麼?

這條長約300m的懷舊路樹夾道，更曾獲選日本國土交通省「美麗街道獎」。因完整保存明治時期珍貴建築與庭園，讓人彷彿穿越時空。

世界知名小坂礦山的重要象徵

小坂礦山事務所 ●こさかこうざんじむしょ

明治38（1905）年建造的小坂礦山舊事務所，於2001年移築到目前所在地。整面漆白的豪華文藝復興風格建築，展現當時的繁榮風華，現為國家重要文化財。內部除了有礦山資料展示，還有賣店、餐廳。

☎0186-29-5522 🕒9:00～17:00 休無休 ¥330日圓，兒童170日圓 P120輛 所小坂町小坂鉱山古館48-2 🚌JR十和田南站搭秋北巴士23分，鉱山事務所前下車即到

MAP P.100

➲3F的所長室裝潢也相當豪華

至今仍訴說著全盛時期的風華

↑每個細節都精巧設計的建築相當值得一看

摩登服裝室 ●もだんいしょうしつ

換上禮服拍照留念吧

可以從成排服飾當中，挑選喜歡的衣物換上並拍照。限定時間內要換穿幾件都OK！租借服裝（30分）720日圓。

↑在小坂礦山事務所最著名的旋轉樓梯擺個POSE吧

相思樹祭 ●アカシアまつり

↑現場充滿可愛白色花朵的清香

每年舉辦的町民手工擺攤活動，以日本最大規模的相思樹群落作為活動象徵。販售相思樹蜂蜜和在地產銷小吃的攤商也都熱鬧滾滾。

☎0186-29-3908(小坂町觀光產業課) 🕒6月第2週六、日(需洽詢，時間視活動而異) 所小坂町中央公園(主會場) 🚌JR十和田南站搭秋北巴士23分，康樂館前下車即到

MAP P.100

整個站內都是我的博物館

小坂鐵道 列車主題樂園 GO!

為小坂礦山命脈的小坂鐵道，以鐵道博物館之姿復活。一同前往適合全家大小同遊的列車主題樂園！

讓大人小孩整天都樂不思蜀

這裡有珍貴列車和雪國特有設備！

↑左側的車站也兼做入園閘口

重現小坂鐵道100年歷史

小坂鐵道列車主題樂園

●こさかてつどうれーるぱーく

小坂鐵道因小坂礦山而繁盛，2009年停駛後改建為主題樂園。透過懷舊車廂展示和體驗活動，讓大人到小孩都能玩得不亦樂乎。

☎0186-25-8890 營4～11月為9:00～16:30 休期間中週二、三休（逢假日則翌日休） ¥門票500日圓，兒童250日圓 P70輛 所小坂町小坂鉱山古川20-9（旧小坂駅） 交JR十和田南站搭秋北巴士20分，小坂小学校前下車即到

MAP P.100

●藍色列車曙光號●

入住臥舖特快車「曙光號」。開放住宿時間為4～11月的週五、六。

↑房型有2種，可在嚮往的臥舖火車度過一晚

●觀光小火車●

可闔家搭乘的小火車，會一路開到小坂鐵道最終點。

¥300日圓，兒童150日圓

↑一路上可欣賞平常見不到的風光

●鐵道自行車●

行走於鐵軌上的鐵道自行車，是靠著自己的力量奔馳在鐵路上，心情格外特別！

¥500日圓，兒童250日圓

↑針對體力沒自信的人也有另外專用自行車

還可進行各種體驗

↑除了試駕體驗，還有可領到證書的正宗駕駛訓練課程

●駕駛體驗●

可在工作人員指導下，實際體驗駕駛柴油列車。

¥5000日圓

↑服役到昭和37（1962）年的11號蒸汽火車

●好多曾活躍於小坂鐵道的列車們●

園內展示著許多曾實際奔馳在小坂礦山鐵道上的各種列車。

還有伴手禮！

小坂鐵道資料夾200日圓和站名吊飾500日圓，是人氣伴手禮。

文藝復興風格的美麗建築

天使館 ●てんしかん

昭和7（1932）年興建作為天主教幼兒園，不但是人氣拍照景點，還有不輸建築物的立體設計也是欣賞重點。

☎0186-29-3908（小坂町観光産業課）
營9:00～17:00 休無休 ¥免費 P120輛 所小坂町小坂鉱山古館35-2 交JR十和田南站搭秋北巴士23分，鉱山事務所前下車即到

MAP P.100

↑常有各種活動在此開辦

擁有醒目尖屋頂的餐廳

レストラン青銅館 ●れすとらんせいどうかん

活用在地食材打造季節料理，以西餐為主提供各種豐富餐點。店內的大片窗戶帶來明亮朝氣，觀光時也很適合到此用餐。

☎0186-29-3636 營11:30～14:00（週六為預約制） 休週日 P20輛 所小坂町小坂鉱山古館9-3 交JR十和田南站搭秋北巴士23分，鉱山事務所前下車步行5分

MAP P.100

午餐這裡吃

↑具開放感的店內令人可放鬆用餐

洽詢處 ☎0186-29-3908（小坂町観光産業課観光商工班） MAP P.100、附錄P.4

小坂 愜意小景點

舊工藤家住宅「中小路之館」 景點

●きゅうくどうけじゅうたくなかこうじのやかた

小坂町大地主之名家舊宅

此為小坂町大地主的工藤家曾居住的舊宅。承襲武家樣式，住宅使用珍貴木材打造穩重莊嚴風格。館內展出工藤家的家傳古文物和日用品。

☎0186-29-4726（小坂町立総合博物館・郷土館）
營4～11月、9:00～16:30（需預約） 休期間中週一休（逢假日則翌日休） ¥免費入館 P8輛 所小坂町小坂中小坂62-1 交JR十和田南站搭秋北巴士29分，小坂操車場下車步行5分

MAP P.100

→現存建築為明治18（1885）年所建

七瀑布 景點

●ななたき

落差約60m的神聖名瀑布

入選「日本瀑布百選」的這座知名瀑布，從最頂端到底下一共有7段，遊客可走到瀑布下方由下往上看，相當震撼。據說是供奉龍神的神聖瀑布。

☎0186-29-3908（小坂町観光産業課）
營自由參觀 P35輛（使用公路休息站こさか七滝停車場） 所小坂町上向藤原35-3 交小坂IC 7km

MAP 附錄P.4 G-2

→據聞江戶時代旅行家菅江真澄也曾經造訪

小坂町立綜合博物館・鄉土館 景點

●こさかちょうりつそうごうはくぶつかんきょうどかん

介紹十和田湖及礦山歷史

包括因1300萬年前海底火山活動形成的小坂町黑礦由來、十和田湖大地的成形以及小坂礦山和居民生活等都一一介紹。

☎0186-29-4726 營3月中旬～12月中旬、9:00～16:30 休期間中週一休（逢假日則翌日休） ¥免費 P10輛 所小坂町小坂中前田48-1 交JR十和田南站搭秋北巴士29分，小坂操車場下車，步行5分

MAP P.100

↑摩登紅磚外觀

大館【おおだて】

在忠犬小八的故鄉進行美味巡禮

十和田湖出發 車程 1小時30分

秋田犬因忠犬小八故事而聲名大噪，大館即為其產地。包括烤米棒火鍋所不可或缺的比內地雞，還可吃得到各種在地美食。

↻有「小八」迎賓

因親子蓋飯、火鍋湯頭遠近馳名

比內地雞

●ひないじどり

由於比內地雞的始祖「比內雞」，被指定為日本天然紀念物，因此取比內雞的公雞和羅德島紅雞的母雞交配，產生供食用的比內地雞，常用於烤米棒火鍋的湯頭和親子蓋飯，遊客可在發源地品嘗濃郁肉香的雞肉料理。

⬆比內地雞親子蓋飯860日圓（附醬菜、湯）

享受各式比內地雞料理

秋田比内や 大館本店

●あきたひないやおおだてほんてん

除了有比內地雞腿肉和雞蛋組合成的濃稠親子蓋飯，還有以備長炭烤出的串燒、烤米棒火鍋等等，可享受各種比內地雞料理。

📞0186-49-7766

🕒11:00～14:00、17:00～21:00 休週三 P無

所大館市大町21

🚌JR大館站搭秋北巴士11分，大館大町下車即到

MAP P.102

⬆1F有吧檯區和餐桌席，1個人也能愜意入內用餐

誕生於秋田白神山地山麓的新美食

白神生火腿壽司

●しらかみなまはむすし

「白神生火腿」是利用白神山地山麓已廢校的小學校舍，改建為工廠所製造的產品。為配合寒冷氣候，生火腿採用改良的獨家製法，並搭配握壽司做成「白神生火腿壽司」，在「寿司なにわ」等店販售。

⬆吊在舊教室裡的生火腿

➡握壽司（右）和押壽司（左）各250日圓

深受在地喜愛的壽司店

寿司なにわ

●すしなにわ

將生火腿滋味發揮到最大極限，提供握壽司和押壽司2種類型。生火腿放上剛捏好的醋飯堪稱極品（需預約）。

📞0186-42-0560

🕒18:00～22:30 休不定休

P6輛 所大館市御成町2-19-31

🚌JR大館站步行5分

MAP P.102

⬆可輕鬆享用到江戶前壽司

Check 享受滿滿的鄉間魅力

農家民宿體驗

可入住農家，體驗農務和製作烤米棒的住宿方案。

📞0186-43-7149

（大館市移住交流課） 🕒IN15:00、OUT10:00

¥1泊2食8100日圓（冬季需另附暖氣費400日圓）

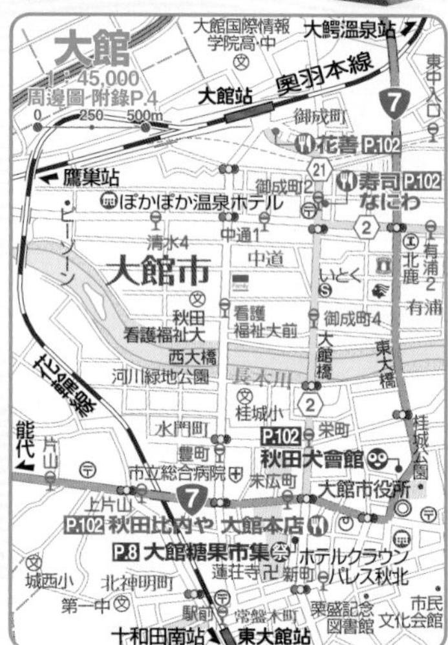

洽詢處 📞0186-43-7072（大館市產業部觀光課） MAP P.102、附錄P.4

大館工芸社

購物

●おおだてこうげいしゃ

簡單而美麗的傳統工藝品

專門販售秋田杉工藝品，以在地秋田杉製作的曲板便當盒等，各種豐富作品陳列於店內。不管是便當盒或多層餐盒，都展現滿滿的機能美。

📞0186-48-7700

🕒8:30～17:00 休週日和假日，週六則不定休

¥便當盒8640日圓～，曲板盆4860日圓～ P10輛

所大館市釈迦内家後29-15 🚌JR大館站步行20分

MAP 附錄P.4 F-3

➡據說曲板的製造起源於江戶時代

花善

美食

●はなぜん

以御膳形式提供人氣鐵路便當

大館名產「雞肉飯便當」，曾拿下日本全國鐵路便當排行冠軍。在這間店可以享用到御膳風格的雞肉飯。使用秘傳醬汁的現煮雞肉飯，相當受歡迎。

📞0186-43-0870

🕒10:00～14:30，便當販售處6:30～19:00（18:00起便當售完即打烊） 休無休 ¥特等雞肉飯御膳1100日圓，雞肉飯便當880日圓，比內地雞雞肉飯1180日圓 P10輛

所大館市御成町1-10-2

🚌JR大館站即到

MAP P.102

⬆吃得到講究「雞」與「大館」風格的餐點

大館 愜意小景點

秋田犬會館

景點

●あきたいぬかいかん

介紹國家天然紀念物「秋田犬」

為紀念秋田犬保存會設立50周年而興建。3F的秋田犬博物室，透過照片和展示資料等介紹秋田犬。

📞0186-57-8026 🕒9:00～16:00 休11月中旬～翌年4月下旬的週六下午、週日及假日 ¥200日圓，兒童100日圓 P13輛 所大館市三ノ丸13-1 🚌JR大館站搭秋北巴士6分，大館栄町下車步行8分

MAP P.102

⬆還有展示忠犬小八相關文物

白神山地
しらかみさんち
擁有大片遠古山毛櫸林的神祕地區
漫步日本首座世界自然遺產森林
超好玩！
人氣景點
白神山地
P.104
白神觀光列車
P.108
超好搭！
人氣
鐵道旅
前往白神山地的交通方式
秋田站
JR奧羽本線　1小時20分
二井站
秋北巴士　35分
藤里路線（藤里館）
秋田站
JR奧羽本線‧五能線　1小時50分
八森站
計程車　5分
二森路線（白神交流館）
秋田站
JR奧羽本線‧五能線 2小時40分
十二湖站
弘南巴士　15分
十二湖散步路線（KYORORO森之物產館）
秋田道二井白神IC
國道7號、縣道317號等 20分
藤里路線（藤里館）
秋田道能代東IC
縣道64、63號 國道101號等 35分
二森路線（白神交流館）
秋田道能代東IC
縣道64、63號 國道101號等 1小時
十二湖散步路線（KYORORO森之物產館）
白神山地
八峰
能代
大館能代機場
大館
十和田IC
鹿角
男鹿
昭和男鹿半島IC
秋田
秋田站
秋田機場
田澤湖
仙北
角館站
大仙
大曲IC
橫手
由利本荘
仁賀保
栗駒山

CONTENTS

世界遺產 白神山地

漫步在原始的大自然當中

白神山地裡還有國家天然紀念物「黑啄木鳥」棲息

岳岱自然觀察教育林內保留有珍貴山毛櫸林

橫跨秋田縣和青森縣的白神山地，是日本首座登錄的世界遺產。可漫步在遠古時代至今未經人為破壞的廣大山毛櫸林，為大家詳細介紹三大路線！

白神山地是什麼樣的地方？

為橫跨秋田與青森縣境，約13萬公頃的廣大山岳地帶，中心部分約有1.7萬公頃登錄為世界遺產。不但有東亞最大規模的原生山毛櫸林，還有黑啄木鳥等珍貴動植物生長、棲息。路線各式各樣，從新手到資深登山老手都能擁有不同樂趣。

☎0185-79-3005
(白神山地世界遺產中心「藤里館」)
MAP附錄P.12 F-1

白神山地登山健行Q&A

Q 什麼季節最適合？

A 依健行路線而異，不過建議6～10月前來。也會受當年度氣候影響，故請事先確認。

Q 什麼樣的服裝最適合？

A 只要是完善的散步路線，有雙好走的鞋子即可。但若是正式的登山，登山鞋、背包、外套都是必備衣物。還要準備工作麻手套、毛巾、糧食、飲用水等，需帶足可應對天氣變化的裝備。

Q 有嚮導帶隊的行程嗎？

A 藤里路線每年四季都會舉辦嚮導帶隊行程。可以跟著嚮導一起走，能更加感受到白神山地的魅力。

前往白神山地的交通方式

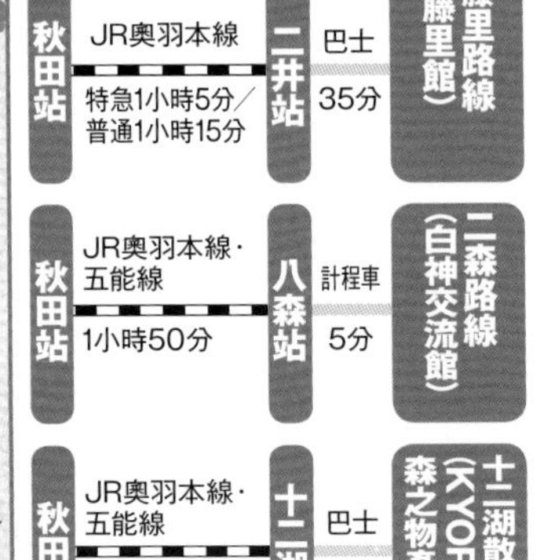

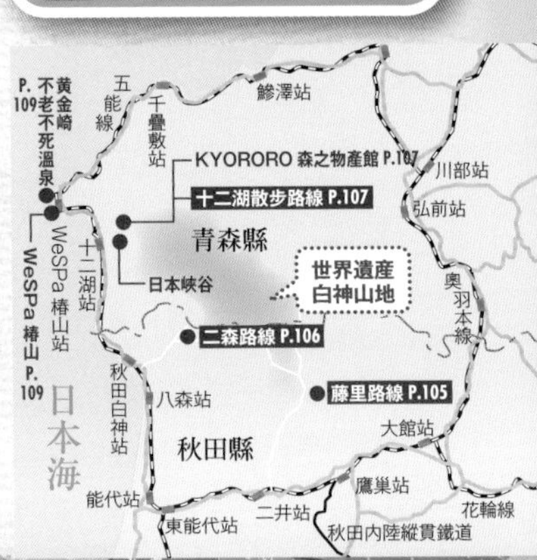

從二井站出發

藤里路線

●ふじさとこーす

遇見美麗溪谷與山毛櫸林

所需4小時

白神山地世界遺產中心「藤里館」→開車即到→銚子瀑布→車程4分→峨瓏峽→車程37分→岳岱自然觀察教育林→車程40分→白神山地世界遺產中心「藤里館」

從白神山地世界遺產中心「藤里館」出發，首先前往開車一下子就到的銚子瀑布。接下來沿著藤琴川，在縣道317號上兜風，來到峨瓏大瀑布和太良峽欣賞美麗溪谷。可以從30m高處眺望溪谷，十分賞心悅目。接著前往岳岱自然觀察教育林，登山健行的同時，親身感受山毛櫸林「白神山地」。

銚子瀑布

●ちょうしのたき

據說因為底下深潭處是清酒瓶形狀，看起來就像在注入瀑布一般，而被稱為「銚子瀑布」。雖然落差18m，但現場看似乎感覺更高。

☎0185-79-2115（藤里町商工觀光課）
自由參觀　P 3輛
所 藤里町藤琴湯の沢　JR二井站搭秋北巴士35分，湯澤溫泉下車步行7分

MAP 附錄P.12 H-2

↖落下的流水如一道細直線十分美麗

這裡是START&GOAL

↑可以獲得一些健行相關建議

了解過白深山地的自然後再出發

白神山地世界遺產中心「藤里館」

●しらかみさんちせかいいさんせんたーふじさとかん

這是位在藤里路線出發地點的旅遊服務中心。提供學習人類能與大自然共存的規矩，並以簡單易懂的方式，解說白神山地的特色、歷史及棲息的動植物。

☎0185-79-3005　9:00～17:00(1～3月為10:00～16:00)　休週二(1～3月為週一、二，逢假日則翌日休)　¥免費　P 30輛　所藤里町藤琴里栗63　JR二井站搭秋北巴士35分，湯の沢溫泉入口下車即到

MAP 附錄P.12 H-2

↓峨瓏大瀑布是可輕鬆抵達的休息景點

峨瓏峽

●がろうきょう

清爽溪谷周遭是天然杉樹、色木槭和日本七葉樹所形成的茂密林木。峨瓏峽親水公園內的峨瓏大瀑布，落差達12m，相當有震撼感。離停車場也不遠，是方便的休息景點。

☎0185-79-2115（藤里町商工觀光課）　自由參觀　P 10輛
所 藤里町藤琴滝の沢　JR二井站搭秋北巴士40分，滝の沢下車即到

MAP 附錄P.12 H-2

藤里路線 愜意小景點 SPOT

散步過後來此小歇片刻

優多利亞藤里・健康保養館

●ゆとりあふじさとけんこうほようかん

此為位在白神山地遺產中心旁的不住宿溫泉。可享受到硫酸鹽泉，還有露天浴池、三溫暖和按摩浴池等。而隔壁就是「優多利亞藤里飯店」。

☎0185-79-3326　8:30～21:00
休無休　¥400日圓，兒童200日圓
P 100輛　所藤里町藤琴上湯の沢1-2
JR二井站搭秋北巴士35分，湯の沢溫泉下車即到

MAP 附錄P.12 H-2

↑享受豐富多樣的浴池泡湯，讓散步的汗水都流光光

岳岱自然觀察教育林

●だけだいしぜんかんさつきょういくりん

不只世界遺產的主要中心區域，整座山毛櫸林幾乎維持著相近的生態系統，最具象徵的就是樹齡400年的山毛櫸。占地內部分有完善的無障礙步道，可以親身感受白神山地。

☎0185-79-2115（藤里町商工觀光課）
4月下旬～11月上旬，自由入內　P 20輛
所 藤里町藤琴沢国有林　二井白神IC 34km

MAP 附錄P.12 G-1

↖路線途中還有多功能展示設施

→步道相當完善，走起來十分舒適

→岱具象徵性的山毛櫸就屹立在步道入口附近

從 八森站 出發

與嚮導一起登山健行 二森路線

●ふたつもりこーす

這條登山路線單程約1・2㎞（約1小時）。在山頂可見白神山地的美麗全景。途中也有較險峻的部分，可以在八峰町白神嚮導會找嚮導協助。預約嚮導請洽白神交流館（→請撥底下電話號碼）。

朝著橫跨秋田與
青森縣境的山頂前進

↑據傳有神靈在其中的神聖巨大山毛欅

所需3小時

白神交流館 ← 車程45分 ← 登山口 ← 步行50分 ← 山頂 ← 步行50分 ← 登山口 ← 車程45分 ← 白神交流館

（白神交流館 → 車程45分 → 登山口 → 步行50分 → 山頂 → 步行50分 → 登山口 → 車程45分 → 白神交流館）

☎0185-76-4605（八峰町產業振興課）
MAP附錄P.12 F-1

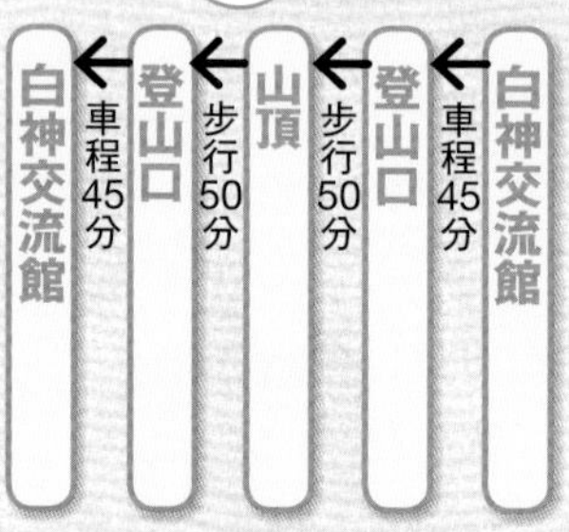

這裡是START&GOAL

提供適時協助的免費休息設施
白神交流館 ●しらかみふれあいかん

↑裝備齊全後，就從這裡踏上二森路線

有24小時開放的廁所，相當方便的免費休息設施，提供二森路線山客使用。並可介紹白神山地主要景點，或協助安排白神嚮導（需預約）。如需嚮導，記得事先預約。

☎0185-70-4211 L8:30～17:00 休無休（11～翌年3月週三休，逢假日則翌日休） P30輛 所八峰町八森三十釜133-1 交JR八森站搭計程車5分 MAP附錄P.12 E-1

二森

●ふたつもり

自海拔1086m的山頂，可欣賞整片白神山地山毛櫸林及遠處的日本海等絕景。儘管有步道，但仍有難走的上坡，地面也崎嶇不平，還是請嚮導同行較安心。

MAP附錄P.12 F-1

←辛苦登上山頂後所看見的全景格外美麗

二森路線 愜意小景點 SPOT

來蒐集山毛櫸相關資訊吧 八森山毛櫸樂園

●はちもりぶなっこらんど

這是以森林科學館為主的設施，展示著主要構成白神山地的山毛櫸相關資料。地點就位在白神山地入口，同時也是諮詢服務中心。

☎0185-77-3086 L9:00～17:00 休週三（逢假日則翌日休） ¥免費 P30輛 所八峰町八森三十釜144-1 交JR八森站搭計程車5分

MAP附錄P.12 E-1

←還有可烤肉的場地

徜徉在白神與日本海大自然當中 秋田白神體驗中心

●あきたしらかみたいけんせんたー

登山健行、獨木舟等自然體驗活動都是以此為據點，所有客房都是可以欣賞日本海的海景房，最適合住宿順便體驗各種休閒活動。餐點菜色也豐富多樣， 記得可以先洽詢喔。

☎0185-77-4455 L9:00～17:00 休無休 ¥住宿3460日圓～，高中、大學生2480日圓，國中生以下1940日圓～ P40輛 所八峰町八森御所の台53-1 交JR秋田白神站步行3分

MAP附錄P.12 E-1

←可根據人數和目的選擇各種不同玩樂方式

推薦給初次來白神健行的旅人 十二湖散步路線

●じゅうにこさんさくこーす

從 十二湖站 出發

此路線可以走遍，約300年前地震所造成的33個大小湖沼。休息區等設備完善，也適合闔家同遊。透過青池、山毛櫸自然林等，可從各種角度接觸白神的大自然。

✆0173-74-4412（青森縣深浦町觀光課）

MAP附錄P.5 C-1

所需1小時

KYORORO森之物產館 ← 步行5分 ← 雞頭場之池 ← 步行5分 ← 青池 ← 步行5分 ← 山毛櫸自然林 ← 步行15分 ← 落口之池 ← 步行10分 ← KYORORO森之物產館

建議可以到此拍照留念
周邊森林與群山風景倒映水面十分美麗

雞頭場之池

●けとばのいけ

位在十二湖散步路線起點的這座大湖，因為形狀類似雞冠而得名。周邊步道有著醒目的大株山毛櫸。

這裡是START&GOAL

位在停車場旁的木屋風格建築物

十二湖散步就以此為據點出發 KYORORO森之物產館

●もりのぶっさんかんきょろろ

位於雞頭場之池池邊，館內有許多在地特產品。

✆0173-77-2781 L4月中旬～11月中旬、8:00～18:00（10、11月為～17:30） 休期間中無休 P100輛（奧十二湖停車場，1日400日圓） 所青森県深浦町松神松神山国有林内 交JR十二湖站搭弘南巴士15分，奧十二湖駐車場下車即到

MAP附錄P.5 C-1

青池

●あおいけ

可以從露台般的步道俯瞰水面，森林環繞的池水，泛上不可思議的藍色，還能見到小魚悠游水中。

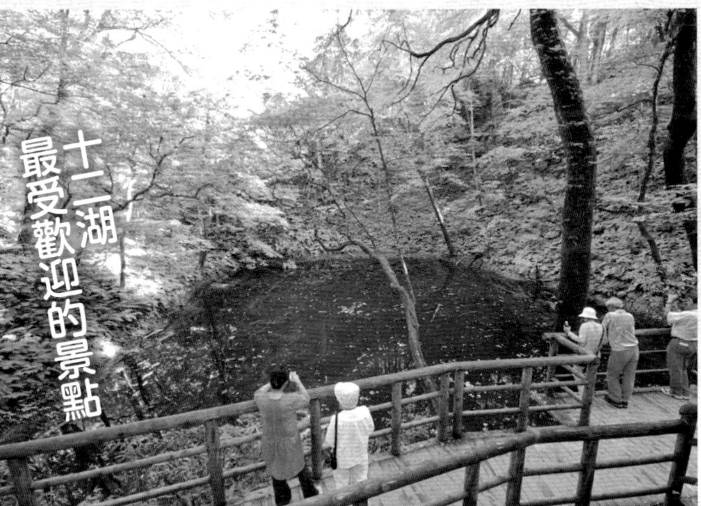
十二湖最受歡迎的景點
有如藍色墨水流過般的深色池塘

山毛櫸自然林

●ぶなしぜんりん

穿過青池後，可見到山毛櫸自然林綿延約200m。散步的同時，還能仔細觀察白神山地的山毛櫸林。

據傳樹齡超過百年的山毛櫸森林
自然林中步道，有陽光穿透林間灑落相當舒服

純淨清水流入的美麗池塘
可在十二湖庵一邊啜飲抹茶一邊欣賞景致

落口之池

●おちくちのいけ

水深約20m，如鏡般的水面倒映出周圍景色。還能見到鴨子和蒼鷺等野鳥。

小歇片刻

十二湖庵 ●じゅうにこあん

座落在湖水與山毛櫸林之間的茶屋，使用「平成名水百選」中，沸壺之池的名水泡出抹茶，提供搭配甜點享用。置身十二湖自然環境裡，小歇片刻吧。

✆不公開 L4月中旬～11月上旬 9:30～16:00 休不定休

MAP附錄P.5 C-1

免費提供抹茶與甜點，令人備感貼心

相當舒服的場所，落口之池就在眼前開展

車窗外盡是日本海絕景

五能線

搭乘Resort白神號

連接秋田縣與青森縣的五能線，
是沿日本海行駛的人氣路線。
搭乘從秋田站與青森站、弘前站出發的白神觀光列車，
來一趟日本海絕景相隨的愉快旅行吧！

觀光列車「Resort白神號」這裡別錯過！

Check! 1 可清楚欣賞風景的舒服座位

活動可躺式座椅比走道略高，跟前面座位的間隔也相當寬敞。大片窗戶可清楚欣賞景色。對坐的包廂席適合家庭或團體使用。

➲包廂席設置於車廂靠海的那一側

➲座椅以東北夏季祭典為概念設計

⬆車內能令人感覺到木頭的溫度。1、4號車有觀景室，也可作為活動場地。

Check! 2 車上有各種娛樂

津輕腔「說書」表演

可聽到以津輕腔述說的津輕民間故事。於3號、4號車（12月～4月中旬會有變動）的陸奧鶴田站～川部站之間表演。週六、週日、假日、補假舉行。

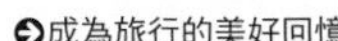

➲成為旅行的美好回憶

津輕三味線現場演奏

1號、2號、3號（12月～4月中旬會有變動）的鰺澤站～五所川原站之間，現場會表演津輕三味線。

➲以雙人組形式表演三味線

盡情享受絕景

Resort白神號

行駛於JR五能線的秋田站～弘前站、青森站之間的觀光列車。全車指定席，乘車日1個月前10：00開始開放訂票，也可以在日本全國JR綠色窗口購票。如果想在中途下車，建議選擇五能線周遊券3810日圓（→P.114）。

（→P.114）

☎050-2016-1600（JR東日本客服中心） ¥乘白神觀光列車，除乘車券之外，還需事先購買對號座車票

MAP 附錄P.12 F-3

3款式列車奔馳！

熊啄木鳥　櫸　青池

❶鰺澤站
Ajigasawa

來看看Wasao吧!

這是人氣電影明星狗，秋田犬Wasao，就在鰺澤暱稱「烤魷魚大道」裡的「七里長浜きくや商店」，可以去看看牠在不在喔。

☎0173-72-6766(七里長浜きくや商店) 🕒8:00～17:00 休無休 P10輛 所青森県鰺ヶ沢町南浮田町美ノ捨59-10 🚌JR鰺澤站搭計程車10分 MAP附錄P.2

最適合作為觀光據點

店內有齊全的鰺澤在地產品
海之站Wando ●うみのえきわんど

結合海鮮與農產品直賣所、餐廳、伴手禮店，2F為鰺澤相撲館，展示力士們的刺繡圍裙和照片等等，介紹舞海等當地出身的知名力士。

☎0173-72-6661 🕒9:00～18:00(鰺澤相撲館為～17:00)，1～3月為9:00～17:00(鰺澤相撲館為～16:00) 休無休 ¥免費 P100輛 所青森県鰺ヶ沢町本町246-4 🚌JR鰺澤站步行15分 MAP附錄P.2

在站前發現小吃美食!
たこやき西海
●たこやきさいかい

大片薄雞肉插上竹籤下油鍋炸，這道雞肉棒為招牌商品。現點現炸，麵衣酥脆，肉汁鮮嫩。可趁熱淋上美乃滋享用。

☎0173-72-5937 🕒9:00～20:00(週六、日和假日為～19:00)，售完即打烊 休第1、3週三 P無 所青森県鰺ヶ沢町舞戸町下富田29-115 🚌JR鰺澤站步行3分 MAP附錄P.2

雞肉棒200日圓(週六170日圓)

❷千疊敷站
Senjōjiki

隆起的海岸形狀好像真的可辦宴席一樣
千疊敷海岸 ●せんじょうじきかいがん

大約在200年前發生地震導致海岸隆起，而形成如此風景名勝，據傳津輕藩主曾在此鋪上千塊的榻榻米開設宴席。一同來感受無數奇岩與日本海絕景吧。

鄰近千疊敷天然海水泳池，可大享海水浴

☎0173-74-4412(深浦町觀光課) 🕒自由參觀 P20輛 所青森県深浦町北金ヶ沢 🚌JR千疊敷站即到 MAP附錄P.2

白神觀光列車 Check沿線看頭吧!

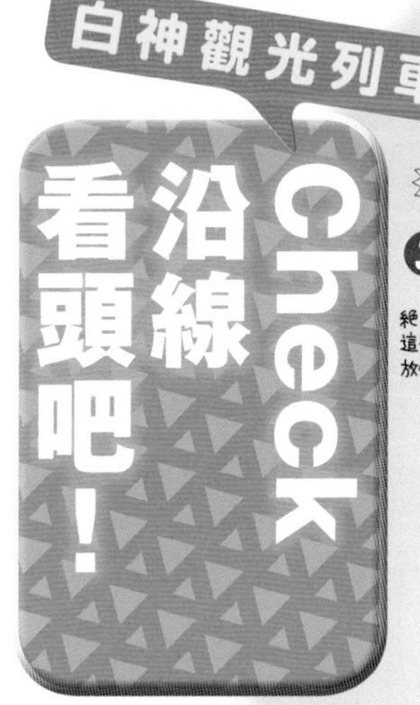

❸WeSPa椿山站
WeSPa Tsubakiyama

葫蘆型浴池為混浴露天浴池。旁邊有女性專用浴池

欣賞日本海的同時享受嚮往的露天浴池
黃金崎不老不死溫泉
●こがねざきふろうふしおんせん

離海近得似乎要被浪花濺到，如此的露天浴池深具人氣。有混浴和女性專用浴池，可以迎著海風享受泡湯。泉水含有鐵質，可讓身體從內暖到外。

☎0173-74-3500 🕒露天浴池8:00～15:30，本館8:00～20:00，新館10:30～14:00 休無休 ¥600日圓，兒童300日圓 P100輛 所青森県深浦町舮作下清滝15-1 🚌JR WeSPa椿山站搭免費接駁巴士5分 MAP附錄P.2

欣賞日本海之餘悠哉泡湯
WeSPa椿山
●うぇすぱつばきやま

擁有農舍小屋、餐廳、玻璃工房等休閒設施的景觀溫泉。4～10月好天氣的時候，可打開窗戶成為露天浴池。太陽沉入日本海與水平線的黃昏時分入浴，尤其有氣氛。

☎0173-75-2261 🕒6:00～21:30(第2、4週二為17:00～，11～3月需洽詢) 休無休 ¥500日圓，國小生300日圓，兒童200日圓 P250輛 所青森県深浦町舮作鍋石226-1 🚌JR WeSPa椿山站步行5分 MAP附錄P.2

占地內有物產館、餐廳、農舍小屋等

物產館的人氣深浦雪人胡蘿蔔霜淇淋300日圓

Check! 記得欣賞車窗外的夕陽!

享受浪漫之旅

沿線的青森縣深浦町有「夕陽之町」的稱號。如想欣賞夕陽西下時的絕景，記得事先確認白神觀光列車的行車資訊喔。

JR東日本秋田分社 HP www.jreast.co.jp/akita/
夕陽相關資訊，請上深浦町推廣線上雜誌「huben」HP huben.jp/sunset.html

秋田住宿

精選口袋名單

在優質溫泉四處湧現的秋田，有許多旅宿以溫暖療癒接待客人。盡情享受名湯，沉浸在絕景和美食之中吧。

角館 角館山莊 侘櫻

かくのだてさんそうわびざくら

這間舒適的旅館就位在角館的溫泉街「門屋」，總共有10間寬敞的客房，都附有源泉放流的半露天浴池。餐點由「分とく山」總料理長野崎洋光企劃監製，讓客人品嘗使用秋田當季食材的講究料理。

☎0187-47-3511 IN15:00，OUT11:00 ¥1泊2食38000日圓～ P20輛 所仙北市西木町門屋笹山2-8 JR角館站搭計程車15分(有接駁巴士，需預約) MAP附錄P.13 C-1

古民家住宿
位處角館山林鄉間

1.活用沉厚穩重古民家，主屋風情滿滿　2.客房的露天浴池是親膚的鹼性溫泉，讓人捨不得起身　3.可以盡情享用野崎洋光的「健康美味料理」　4.大大的窗戶和寬廣的露台，打造開放感十足的和洋式客房

大湯溫泉 龍門亭 千葉旅館

りゅうもんていちばりょかん

初代當家在明治初期退回南部藩俸祿後，創立了這間老牌旅館。建造得有如美麗庭園環繞般的旅館，展現沉靜和風。據說溫泉來自大湯川沿岸，約從800年前就開始湧現。來到別具風情的露天浴池和大浴場盡情享受吧。餐點方面可品嘗到當季宴席料理。

☎0186-37-2211 IN15:00，OUT10:00 ¥1泊2食10950日圓～19590日圓 P40輛 所鹿角市十和田大湯上の湯16 JR十和田南站搭計程車15分 MAP附錄P.4 G-3

1.使用當季食材，亦堪稱視覺饗宴的料理擺滿桌
2.泡湯的同時還能賞雪是東北獨有的樂趣

自800年前開始湧現
溫泉撫慰了身心

角館 田町武家屋敷飯店

たまちぶけやしきほてる

這間復古的飯店，無論在倉庫造型外觀、民俗工藝風格房間及原創睡衣等，裝潢和家居服都相當講究。在與武家屋敷氣氛相應的旅館，可享受到創作和食全餐及嚴選食材的日式早餐。就在古都風情的陪伴下，好好過上一晚吧。

☎0187-52-1700 IN15:00，OUT10:00 ¥1泊2食(特選當季和食宴會全餐)16740日圓～ P9輛 所仙北市角館町田町下丁23 JR角館站步行15分 MAP附錄P.16 B-5

1.還有可品嘗秋田縣產黑毛和牛陶板燒的全餐
2.全部12間客房都是民俗工藝風格的摩登路線

經典復古飯店
感受古都情懷

夏瀬溫泉

都わすれ

みやこわすれ

這間山中旅館，客房僅有10間。包括使用在地食材的餐點在內，稻庭烏龍麵和烤米棒火鍋等鄉土料理也都吃得到。客房有和室、洋室等各種。所有客房都有露天浴池，可以愜意享受泡湯樂趣。

不住宿泡湯資訊
10:00～15:00
休無休 ¥540日圓

☎0187-44-2220 IN14:00，OUT11:00 ¥1泊2食27930日圓～ P30輛 所仙北市田沢湖卒田夏瀬84 JR角館站搭計程車30分
MAP附錄P.13 D-1

1.特別貴賓室草笛有露天浴池和檜木室內浴池
2.充滿秘湯風情的露天浴池「夏瀬湯子」

來到森林環繞的旅館
度過愜意自在的時光

南玉川溫泉

湯宿 はなやの森

ゆやどはなやのもり

別具風情的建築物，重現因建設水壩，而已經沉在水壩底的玉川小學寶仙台分校。盡情享受據說於2005年湧現的稀有柑橘色溫泉後，還可品嘗使用新鮮食材烹調的「自然創作宴席料理」。

不住宿泡湯資訊
10:00～15:00（需確認） 休期間中不定休 ¥700日圓

☎0187-49-2700 4月20日～11月IN15:00，OUT10:00 ¥1泊2食18000日圓～ P30輛 所仙北市田沢湖玉川328 JR田澤湖站搭羽後交通巴士40分，男神橋前下車，步行10分(有接駁服務，需預約)
MAP附錄P.11 B-3

1.客房有露天浴池隨時都能泡湯
2.使用現採新鮮食材的料理備受好評
3.因接觸陽光與空氣而呈現柑橘色的溫泉

享受優質柑橘色溫泉

十和田湖

十和田王子大飯店

とわだぷりんすほてる

位在十和田湖溪邊湖畔的秘境飯店，透過專屬花園，可欣賞到十和田湖景色，讓身心隨時都療癒。飯店有泉源開放的露天浴池，相當愉快舒服。

不住宿泡湯資訊
12:00～17:00
休期間中無休
¥820日圓‧兒童410日圓

位於湖畔的飯店
無論休閒活動或溫泉都豐富

⇧露天浴池由圓木組成挑高屋頂，開放感極佳

☎0176-75-3117 4月下旬～11月上旬 IN15:00，OUT11:00 ¥1泊2食18454日圓～47085日圓 P40輛 所小坂町十和田湖西湖畔 JR八戸站搭JR巴士2小時15分，十和田湖下車，搭計程車15分(八戸站、十和田湖巴士站有提供接送服務，需預約)
MAP附錄P.5 A-2

上畑溫泉

上畑溫泉早蕨旅館

かみはたおんせんさわらび

在大自然環繞的旅館中，享受水量豐富的溫泉。可享受到以十和田石或檜木鋪設的浴室，以及包租浴池竹葉溫泉。客房有地爐或下嵌式暖桌等各種房型。

不住宿泡湯資訊
10:30～20:30
休無休(一年有約10次的維修保養公休日) ¥500日圓

⇧太陽下山後來到露天浴池泡湯也別有滋味

☎0182-55-5050 IN15:00，OUT10:00 ¥1泊2食11000日圓～25000日圓 P50輛 所横手市増田町狙半内古家沢口15 JR十文字站搭計程車25分
MAP附錄P.8 F-4

田澤湖高原溫泉鄉

TAZAWA PLATEAU VILLAGE

たざわぷらとーはてる

有分飯店建物和別墅型小屋。晚餐是圍著地爐享用的炭烤料理，滋味豐富的山中食材尤其美味。還有可以欣賞山毛櫸原生林的大浴場及包租木桶浴池，可以好好放鬆一下。寵物也可一起入住喔。

不住宿泡湯資訊
12:00～16:00 休無休
¥500日圓‧兒童350日圓

山毛櫸林環繞的寧靜高原旅館

⇧大浴場前方有整片的山毛櫸原生林

☎0187-46-2331 IN15:00，OUT10:00 ¥1泊2食14040日圓～16200日圓 P30輛 所仙北市田沢湖生保内駒ヶ岳2-36 JR田澤湖站搭羽後交通巴士33分，上高原溫泉下車，步行3分
MAP附錄P.12 E-5

須川溫泉

栗駒山莊

くりこまさんそう

這座溫泉旅館興建於海拔約1100m，栗駒山山腹高原。最著名的是可邊泡湯邊飽覽須川高原大全景的露天浴池「仙人湯」。不僅客房舒適，景觀餐廳的視野也絕讚。

不住宿泡湯資訊
9:00～16:30
休期間中無休
¥700日圓

在視野極佳的露天浴池，盡情感受開放感受

⇧可眺望遠處鳥海山景的絕景「仙人湯」

☎0182-47-5111 4月下旬～11月初旬 IN15:00，OUT10:00 ¥1泊2食15270日圓～ P70輛 所東成瀬村椿川仁郷山国有林内 JR一之關站搭岩手縣交通巴士1小時30分，須川溫泉下車，步行5分
MAP附錄P.8 F-5

大湯溫泉

鹿角飯店

ほてるかづの

地理位置佳，方便前往十和田湖與八幡平觀光。在深具開放感的露天浴池和大浴場，可享受據聞開湯已經800年的大湯溫泉泉水。發源地特有的講究烤米棒火鍋也絕對不容錯過。

不住宿泡湯資訊
L 12:30～19:30（週一、二為15:00～） 休 無休 ¥ 4500日圓～（附餐需預約，4名起餐）

☎0186-30-4111 L IN15:00，OUT10:00 ¥ 1泊2食14190日圓～ P 3000輛 所 鹿角市十和田大湯中谷地5-1 🚌 JR鹿角花輪站搭秋北巴士50分，ホテル鹿角下車即到(提供十和田南站來回接駁，需預約) MAP 附錄P.4 G-3

1.在四季景色分明的中庭享受森林浴
2.置身大浴場享受四季景致

湯瀨溫泉

秋田四季彩滿載秋田湯瀨飯店

しきいろどりあきたづくしゆぜほてる

以豐富湯量聞名的溫泉，因為有助肌膚美容而有「美人湯」之稱。在可以欣賞溪流的露天浴池及大浴場，享受如此泉質。鄉土色彩豐富的晚餐也備受好評。還有可以感受湯瀨溪谷，充滿野趣的浴場也深受歡迎。

不住宿泡湯資訊
L 14:00～21:00（受理～20:00） 休 無休 ¥ 1000～1500日圓

☎0186-33-2311 L IN15:00，OUT10:00 ¥ 1泊2食10950日圓～ P 100輛 所 鹿角市八幡平湯瀬湯端43 🚌 JR湯瀬溫泉站步行5分 MAP 附錄P.4 G-4

1.客房分為榻榻米的和式和有床的西式兩種
2.在瀨泡湯可同時俯瞰溪谷

美人湯與
鄉土料理令人大為滿足

田澤湖

田澤湖玫瑰公園飯店

たざわころーずぱーくほてる

這間位在琉璃色田澤湖畔的度假飯店，可見田澤湖觀光景點「辰子像」就在旁邊。周邊有許多東北知名觀光景點，最適合作為東北旅行的據點。6月下旬開始，正好是欣賞約1500株玫瑰盛開的時候。

☎0187-47-2211 L 4月上旬～11月下旬IN15:00，OUT11:00 ¥ 1泊2食12430日圓～ 所 仙北市西木町西明寺潟尻78 🚌 JR田澤湖站搭羽後交通巴士30分，潟尻下車即到 MAP P.45 A-3

1.靠湖側的客房可以同時欣賞到田澤湖和駒岳
2.位在田澤湖西側湖畔的度假飯店

清澄湖水的倒影
彷彿飯店漂浮於湖上一般
Rose Park
HOTEL

田澤湖高原溫泉鄉

格蘭天空飯店

ほてるぐらんどてんくう

飯店地理位置佳，就在田澤湖高原溫泉鄉的一角。好天氣時，田澤湖可一覽無遺的露天浴池備受好評。晚餐可享用到充滿濃厚鄉土色彩的和風料理，像是烤米棒火鍋和壽喜燒等。

不住宿泡湯資訊
L 10:00～17:00 休 週三、四 ¥ 500日圓

☎0187-46-2004 L IN15:00，OUT10:00 ¥ 1泊2食8500日圓～ 所 仙北市田沢湖生保内駒ヶ岳2-16 🚌 JR田澤湖站搭羽後交通巴士33分，上高原溫泉下車步行3分 MAP 附錄P.12 E-5

1.餐廳有整面的玻璃窗可欣賞田澤湖
2.露天浴池可見田澤湖高原，視野令人暢快

位在面對神秘湖泊的位置
山毛櫸林環繞中彷彿迎風都化為綠意

秋田城鎮

露櫻 GRANTIA 秋田 SPA RESORT店

るーといんぐらんてぃあ あきたすぱりぞーと

館內有天然溫泉SPA健康樂園「華湯」，還有露天浴池、三溫暖等豐富多元的浴池。客房也有合適房型，方便全家大小一起入住。

到熱鬧商圈中的旅館

←充滿秋田風情的雪屋浴池，可做半身浴

✆018-825-5411 IN15:00，OUT10:00 ¥單人房7250日圓～，雙床房12750日圓～，雙人房12750日圓～，和式17750日圓～ P263輛 所秋田市中通5-2-1 JR秋田站搭秋田中央交通巴士5分，北都銀行前下車(有接駁巴士) MAP附錄P.15 D-6

秋田城鎮

秋田E飯店

いーほてるあきた

所有客房皆採用席夢思寢具，讓入住者擁有舒適的住宿感受。最高樓是提供入住者專用（免費），放有玉川溫泉鄉熔岩石的大浴場。

→包括標準單人房等等各種房型一應俱全

來到鬧區的城市旅店
享受舒適的住宿體驗

✆018-865-7111 IN14:00，OUT10:00 ¥單人房5700日圓～，雙床房8600日圓～，雙人房8600日圓～，三人房12300日圓～ P250輛 所秋田市大町2-2-12 JR秋田站搭秋田中央交通巴士5分，交通交社前下車即到 MAP附錄P.15 D-3

角館

Folkloro角館飯店

ほてるふぉるくろーろかくのだて

位在JR角館站旁，最適合作為觀光據點。館內餐廳提供稻庭烏龍麵、烤米棒火鍋（冬季限定）等使用秋田名產食材的餐點。

→具功能性又便於善加利用的雙床房型

旅館地理位置方便
旁邊就是車站

✆0187-53-2070 IN15:00，OUT11:00 ¥雙床房13600日圓～ P9輛 所仙北市角館町中菅沢14 JR角館站即到 MAP附錄P.16 D-5

秋田城鎮

秋田阿爾伯特飯店

あるばーとほてるあきた

所有房型機能設備齊全，皆有設置有線及無線網路，可供上網等。位在熱鬧川反通中心位置，相當方便。

還有完善的商務中心

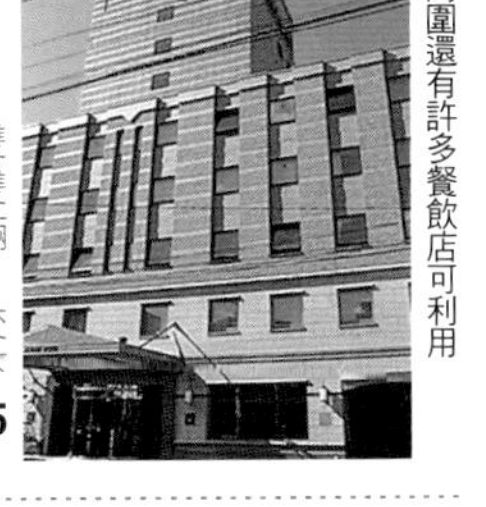

←周圍還有許多餐飲店可利用

✆018-888-3333 IN14:00，OUT11:00 ¥單人房5700日圓～，雙床房10000日圓～，經濟雙人房6900日圓～ P90輛 所秋田市大町4-3-22 JR秋田站搭秋田中央交通巴士8分，「大町四」目下車即到 MAP附錄P.15 D-5

大潟

Hotel Sun Rural Ogota

ほてるさんるーらるおおがた

位在八郎潟干拓地的高質感飯店，四周充滿田園風光。最頂層是擁有天然溫泉的景觀大浴場，讓身心都放鬆舒暢。

飯店就位在

←有和式、西式等4種房型

✆0185-45-3332 IN15:00，OUT10:00 ¥1泊2食10950日圓～17430日圓 P800輛 所大潟村北1-3 JR八郎潟站搭大潟村MY TOWN BUS 30分，太陽農村大潟前下車即到(有接駁服務，需預約) MAP附錄P.5 C-5

能代

路線能代飯店

ほてるるーといんのしろ

地理位置佳，無論觀光或出差都方便。人工鐳泉大浴場和舒壓按摩室，消解了旅途的疲憊。

→所有客房配備完善網路線路

交通方便的地理位置
是一大魅力

✆0185-89-1003 IN15:00，OUT10:00 ¥單人房7000日圓～，雙床房12400日圓～ P110輛 所能代市西大瀬17-1 JR能代站搭計程車4分 MAP附錄P.12 E-3

秋田城鎮

秋田秋田豪景飯店

あきたびゅーほてる

位在離秋田站步行3分就到的熱鬧地區，客房寬敞而寧靜，是相當舒適的空間，所有客房都具備無線網路。館內有餐廳、三溫暖、健身房等齊全設備。

鄰近離車站
餐廳、健身房一應俱全

↑以寬敞客房聞名，裝潢簡約而沉靜

✆018-832-1111 IN14:00，OUT11:00 ¥單人房11000日圓～13000日圓，雙床房19000日圓～23000日圓，雙人房19000日圓 P秋田市公立停車場 所秋田市中通2-6-1 JR秋田湖站步行3分 MAP附錄P.14 G-4

秋田城鎮

里美秋田溫泉

あきたおんせんさとみ

這間溫泉旅館位在秋田市北部的旭川河畔，最令人期待的，就是流傳養育出秋田美人的溫泉。富含鹽分的溫泉，充分潤澤肌膚，出浴後觸感柔滑細緻。

肌膚柔滑細嫩
泡湯變身秋田美人

↑邊眺望遼闊天空的同時入浴女性專用露天浴池

✆018-833-7171 IN15:00，OUT10:00 ¥1泊2食13110日圓～21750日圓 P150輛 所秋田市添川境內川原142-1 JR秋田站搭秋田中央巴士15分，溫泉入口下車步行3分 MAP附錄P.7 B-3

不住宿泡湯資訊
11:00～17:00 休不定休 ¥1000日圓，兒童650日圓

強首溫泉

樅峰苑

しょうほうえん

樅木打造的簡約旅館，也是旅館名的由來。別具風情的建築物更登錄為有形文化財。放流溫泉的豐富水量為迷人魅力，晚餐則可品嘗到嚴選在地食材的料理。

氣氛滿點的

↑館內充滿大正浪漫氛圍

✆0187-77-2116 IN15:00，OUT10:00 ¥1泊2食15810日圓～19050日圓 P30輛 所大仙市強首268 JR峰吉川站搭計程車6分(有接駁服務) MAP附錄P.9 D-1

不住宿泡湯資訊
11:00～15:00 休無休 ¥600日圓

橫手

橫手路康樂飯店

ほてるるうぇるねすよこてじ

來自天然溫泉的露天浴池，每天不同而且會男女湯互換，此外還有三溫暖、藥浴等5種浴池。而講究健康與在地食材的料理也深受好評。隔壁就是秋田故鄉村，故能以此為橫手周邊觀光據點，地理位置相當方便。

天然溫泉旅館以此為
觀光據點很方便

↑天然溫泉保濕效果佳，泡完湯後神清氣爽

✆0182-33-0600 IN15:00，OUT10:00 ¥1泊2食8650日圓～ P40輛 所橫手市婦気大堤田久保1-294 JR橫手站搭羽後交通巴士15分，秋田ふるさと村下車步行10分 MAP附錄P.13 D-5

不住宿泡湯資訊
6:00～19:30 休無休 ¥600日圓，小學生300日圓

出門旅行前…必看！ AKITA Access Guide

秋田交通導覽

如何前往秋田？

從台灣可搭乘遠東航空直飛秋田機場，時間約3小時55分，不過班次不多，若想彈性安排行程，就可從東京搭飛機或鐵路前往。

PART 1 首都圈出發以鐵路最便利！

若從東京要到秋田主要地區，交通方式如下。以秋田新幹線為主要路線，除了新幹線停靠站即為觀光地入口之外，其他可以從新幹線停靠站，轉乘在來線特急、普通列車或是路線巴士。

前往秋田中心地區「秋田」

搭乘秋田新幹線「小町號」最方便。若搭乘最快列車，東京～秋田為3小時30分。

東京出發	東京站	秋田新幹線「小町號」 1日15班	秋田站	3小時50分 17,800日圓

前往人氣溫泉集散地「田澤湖‧乳頭溫泉鄉」

秋田新幹線田澤湖站即為入口，可自田澤湖站搭巴士到田澤湖畔或乳頭溫泉鄉。

東京出發	東京站	秋田新幹線「小町號」 1日14班	田澤湖站	2小時50分 16,170日圓

前往有美麗武家屋敷櫻花的「角館」

搭乘秋田新幹線為便利的方式，秋田內陸縱貫鐵道可以說是前往阿仁或森吉的主要方式，也可以在角館站轉乘。最主要的景點都在角館站東側，最遠也都集中在步行25分內的範圍。

東京出發	東京站	秋田新幹線「小町號」 1日14班	角館站	3小時 16,810日圓

前往縣北主要都市「能代」

秋田新幹線轉乘JR奧羽本線，接著在東能代轉搭JR五能線，前往能代。從秋田搭乘快速「Resort白神」（依季節行駛、3班／日）可以直達，但需另付對號座車票（520日圓）。如搭乘奧羽本線特急「津輕」（3班／日），則需另購買特急車票（自由座930日圓）。

東京出發	東京站	秋田新幹線「小町號」 1日15班	秋田站	JR奧羽本線普通 1日15班	東能代站	JR五能線普通 1日20班	能代站	6小時 18,450日圓

前往世界自然遺產「白神山地」

遼闊的白神山地有好幾個交通據點，秋田縣方面則有JR奧羽本線二井站和JR五能線八森站等。特急「津輕」也有停靠二井站（3班／日）。如果時間可以配合，可搭乘東北新幹線到新青森，再轉搭「津輕」也是個方法。此外，大館能代機場也不遠，搭飛機也是選項。 （→P.115）
還有，在東能代站可轉搭五能線前往八森站。請特別注意，快速「Resort白神」並沒有停靠。

東京出發	東京站	秋田新幹線「小町號」 1日15班	秋田站	JR奧羽本線 1日12班（普通）、3班（特急）			二井站	5小時 19,900日圓(特急)
東京出發	東京站	東北新幹線「隼號」 1日16班	新青森站	JR奧羽本線特急 1日3班			二井站	4小時50分 19,250日圓
東京出發	東京站	秋田新幹線「小町號」 1日15班	秋田站	JR奧羽本線普通 1日15班	東能代站	JR五能線普通 1日7班	八森站	6小時30分 18,450日圓

秋田周邊交通MAP

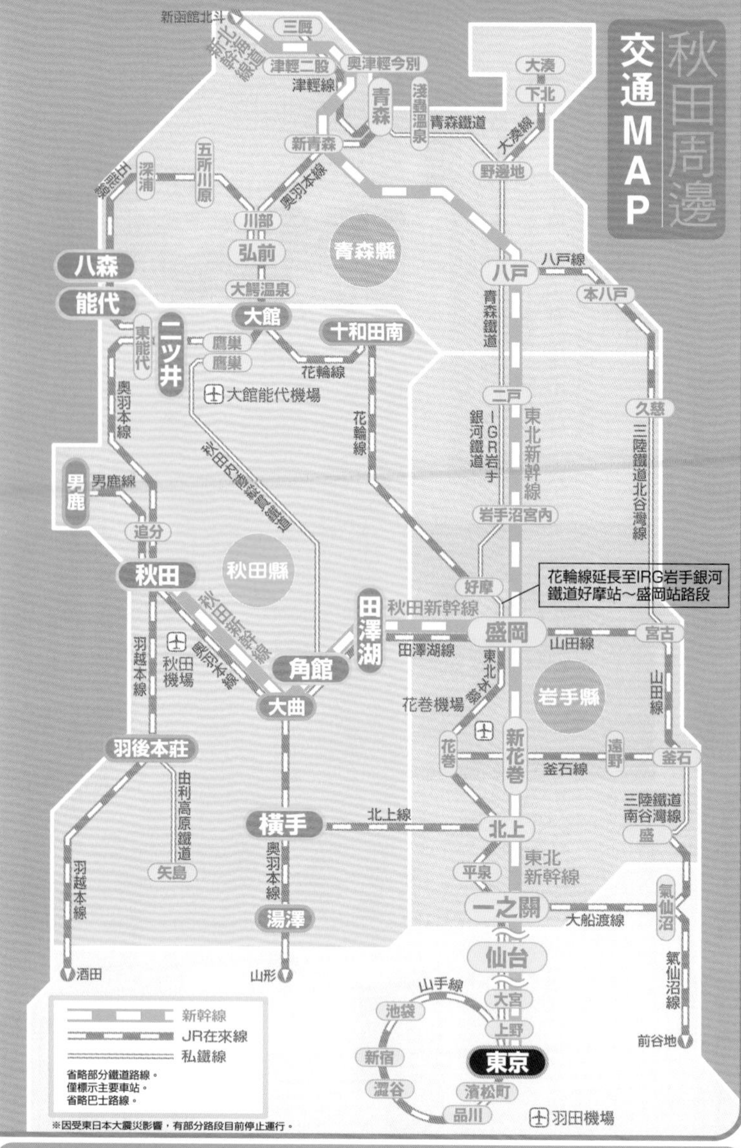

前往以炒麵和雪屋聞名的「橫手」

可以在大曲搭乘秋田新幹線、奧羽本線，或是搭東北新幹線、北上線在北上轉乘。行經北上線的路線較為便宜，但是班次少，所以要優先考慮搭乘可與東北新幹線順暢連接的列車。

東京出發	東京站	秋田新幹線「小町號」 1日15班	大曲站	JR奧羽本線 1日18班	橫手站	3小時40分 17,130日圓
東京出發	東京站	東北新幹線「山彥號」「隼號」「疾風號」 每時1班(「隼號」只有部分班次)	北上站	JR北上線 1日10班	橫手站	4小時20分 14,230日圓 (如搭乘「隼號」為14640日圓)

時刻表與票價等相關洽詢

●JR東日本諮詢中心 ………… 050-2016-1600

前往秋田 這些票券方便又划算

●三連休東日本‧函館周遊券

在指定的3日內有效 14,050日圓

不限次數搭乘票面記載範圍內（包含秋田縣內）的JR線快速、普通列車之普通車自由座。光這1張車票就能來回東京都區內。如搭乘新幹線或特急等，則需另外購買特急車票。也可免費搭乘部分私鐵線區間。可在JR東日本主要車站的綠色窗口，或是指定席車票販賣機、旅行服務中心（View Plaza）、各大旅行社等均有販售。至少需在搭車前一日購買。

●五能線周遊券 3,810日圓

2日內有效

在指定區間內，可自由搭乘快速、普通列車的普通車對號座，或是自由座。指定區間為五能線全線與奧羽本線秋田～東能代、弘前～青森。抵達或自指定區間離開的車票需另外購買。票券在指定區間內、秋田區內JR東日本主要車站綠色窗口、旅行服務中心（部分除外）、各大旅行社等均有販售。

鐵路的票價，為全程普通車票價及一般時期的普通車對號座票價（如無搭乘新幹線或特急，則僅需普通車票價）的合計金額。飛機票價為包含機場設施費在內的一般時期普通票價。
所需時間的記載為單程標準時間。刊載資訊為2017年11月時（資訊提供日期），並可能因車班改點或票價修正而有變動，行前請務必確認。

PART 2 搭乘高速巴士便宜遊玩

開往秋田的長途高速巴士，除了東京有發車之外，仙台和盛岡也有發車，基本上都會比搭火車久，但價格經濟實惠，還可以直達搭火車得轉乘的都市。東京發車皆為夜間，不過抵達後就能從早上開始充分活用旅行時間。

出發地點	區間	營運公司／班次等	所需時間／票價	備註	訂位·洽詢
東京	新宿站西口(Halc前)～秋田站東口	小田急city bus・秋田中央交通「Flora號」／夜間1日1班	8小時50分／9,700日圓	行經Busta新宿、大宮站西口。終點站為秋田長崎屋巴士總站	小田急巴士高速預約中心 ✆03-5438-8511
	東京站八重洲南口～秋田站東口	JR巴士東北「Dream秋田・橫濱號」／夜間1日1班	8小時45分／9,400日圓	橫濱站東口巴士總站首發（9800日圓）。終點站為秋田大學前	JR巴士東北仙台站東口巴士服務處 ✆022-256-6646
	濱松町巴士總站～田澤湖站前	江之電巴士・羽後交通「レイク&ポート号」／夜間1日1班	9小時35分／9,110日圓	藤澤站南口首發（9740日圓）。也可從鎌倉站東口、橫濱站西口上車。橫手巴士總站和大曲巴士總站、角館營業所等都可下車	江之電高速巴士預約中心 ✆0466-24-5006
	池袋站西口～能代營業所	秋北巴士「木星號」／夜間1日1班	10小時40分／10,590日圓	大宮站東口也可上車（10290日圓）。鹿角花輪站前和ITOKU大館購物中心北口、鷹巢、二井、能代站等都可下車。車票可在國際興業預訂	國際興業高速巴士預約中心 ✆0570-048985
	東京站八重洲南口～羽後本荘站前	羽後交通・JR東北巴士「Dream鳥海號」／夜間1日1班	8小時50分／9,440日圓	終點站為本荘營業所。象潟站和金浦站前角、仁賀保站前等都可下車。車票由羽後交通販售	羽後交通高速巴士預約中心 ✆0182-32-9500
仙台	宮交仙台高速巴士中心～秋田站東口	宮城交通巴士・秋田中央交通・JR巴士東北「仙秋号」／白天1日10班	3小時35分／4,100日圓	仙台～秋田直達車	宮交仙台高速巴士預約中心 ✆022-261-5333
	宮交仙台高速巴士中心～本荘(羽後本荘)站前	羽後交通・庄內交通／白天1日3班	5小時／4,100日圓	終點站為本荘營業所。象潟站前和仁賀保廳舍前等都可下車。車票可在宮城交通預訂	宮交仙台高速巴士預約中心 ✆022-261-5333
	仙台站東口～大曲巴士總站	JR巴士東北・羽後交通「Green Liner號(大曲)」／白天1日2班	3小時35分／4,020日圓	也可從廣瀨通一番町上車。橫手巴士總站等都可下車	JR巴士東北仙台站東口巴士服務處 ✆022-256-6646
	仙台站東口～～湯澤營業所	JR巴士東北・羽後交通「Green Liner號(湯澤)」／白天1日2班	3小時25分／3,880日圓	也可從廣瀨通一番町上車。橫手巴士總站、十文字服務處、湯澤站前角都可下車	JR巴士東北仙台站東口巴士服務處 ✆022-256-6646
	仙台站東口～大館站前	秋北巴士／白天1日2班	4小時50分／5,140日圓	仙台港三井購物城首發，也可從廣瀨通一番町上車。鹿角花輪站和大瀧溫泉、ITOKU大館購物中心北口前都可下車。車票可在JR巴士東北預訂	秋北巴士高速巴士預約中心 ✆0186-44-5566
盛岡	盛岡站西口～大館站前	岩手縣北巴士・秋北巴士「陸奧號」／白天每小時1班	2小時20分／2,380日圓	部分為杜之道南首發。花輪（鹿角花輪）站前、大瀧溫泉、ITOKU大館購物中心北口等都可下車。車票無需事先預訂	岩手縣北巴士客服電話 ✆019-641-1212

PART 3 從札幌·名古屋·大阪出發就搭乘飛機前往

秋田縣內有秋田機場和大館能代機場。秋田機場有來自東京（羽田）與名古屋（中部）、大阪（伊丹）、札幌（新千歲）機場的航班起降。大館能代機場則僅有來自東京（羽田）的航班起降。抵達機場後，可搭乘銜接各航班的巴士前往周邊主要城市，也可以利用預約制的共乘計程車。

出發	抵達	航班數	航空公司	所需時間	票價
① 新千歲機場	秋田機場	1日4班	ANA／JAL	55分～1小時5分	27,700日圓
② 羽田機場	秋田機場	1日9班	ANA／JAL	1小時5分	27,890日圓
③ 中部機場	秋田機場	1日2班	ANA	1小時20分	32,510日圓
④ 伊丹機場	秋田機場	1日6班	ANA／JAL	1小時15～30分	37,000日圓
⑤ 羽田機場	大館能代機場	1日2班	ANA	1小時10分	28,990日圓

洽詢處
- ANA(全日空)…………… ✆0570-029-222
- JAL(日本航空)…………… ✆0570-025-071

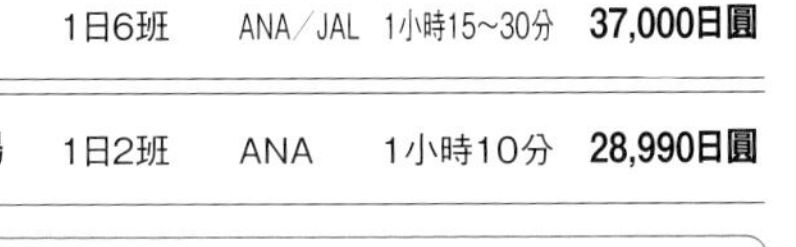

從機場到主要車站的交通方式！

機場	交通單位	主要行經地	目的地	所需時間	票價
秋田機場	秋田中央交通巴士	無	秋田站西口·東口	30～35分	930日圓
大館能代機場	秋北計程車巴士	鷹巢站	大館站前	45分	920日圓
	秋北計程車(共乘制)	東能代站 二井站	能代市街	約1小時	1,200日圓

洽詢處
- 秋田中央交通(秋田機場～秋田站西口·東口)…………… ✆018-823-4411
- 秋北計程車大館營業所(大館能代機場～大館站前)…………… ✆0186-42-5454
- 秋北計程車能代營業所(大館能代機場～能代)※需在前一天中午前預約…………… ✆0185-52-1111

從機場直達秋田主要地區 方便的共乘計程車

抵達秋田機場、大館能代機場後，除了巴士之外，也可選擇搭乘共乘計程車前往目的地。雖然都需要事先預約，但因為不用轉乘就能直達目的地，相當具有利用價值。訂好機票之後，就可以趕快預約共乘計程車囉。除了從秋田機場往十和田湖方向之外，幾乎縣內全區都可達，大館能代機場可以前往十和田湖、玉川溫泉方向。車資視目的地而異。詳情請於預約時洽詢。

●秋田機場發車（秋田AIRPORTLINER）

需在前一日17:00前預約

- ✆018-867-7444（King Taxi／秋田市內、角館、田澤湖、乳頭溫泉鄉、玉川溫泉、男鹿半島方面）
- ✆0183-73-2130（湯澤計程車／橫手、湯澤、小安峽、秋之宮、栗駒方面）
- ✆0187-54-1051（中仙計程車／大曲、中仙、六鄉方面）
- ✆0184-43-2030（象潟聯合計程車／本荘、仁賀保、象潟方面）

●大館能代機場發車（Ainorikun）

需在大館能代機場發車15分前（回程要2小時前）預約

- ✆0186-62-2030(丸宮計程車)
- ✆0186-62-1411(鷹巢計程車)

如何在秋田縣內移動？

為了能流暢地在縣內四處移動，必須事先了解交通方式，還有想去的觀光景點，也必須先確認路線巴士。此外，行駛於縣內主要城市間的高速巴士和城市間的巴士，事先掌握好也是很重要的。

●前往縣內各主要地點

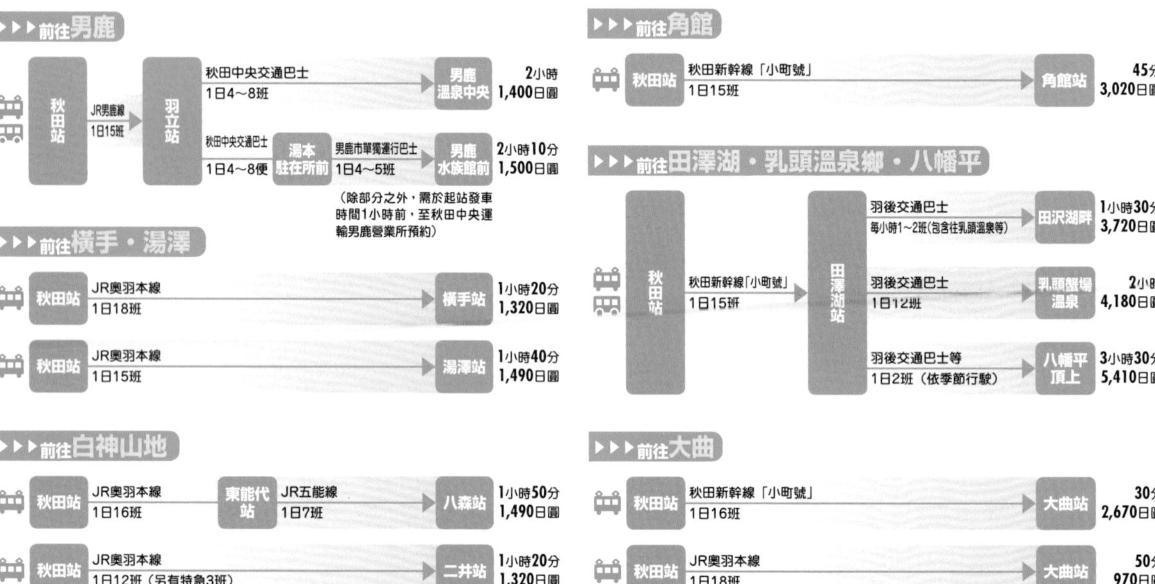

▶▶▶前往白神山地

出發	路線	轉乘	路線	到達	所需時間・費用
秋田站	JR奧羽本線 1日16班	東能代站	JR五能線 1日7班	八森站	1小時50分 1,490日圓
秋田站	JR奧羽本線 1日12班（另有特急3班）			二井站	1小時20分 1,320日圓

▶▶▶前往大曲

出發	路線	到達	所需時間・費用
秋田站	秋田新幹線「小町號」 1日16班	大曲站	30分 2,670日圓
秋田站	JR奧羽本線 1日18班	大曲站	50分 970日圓

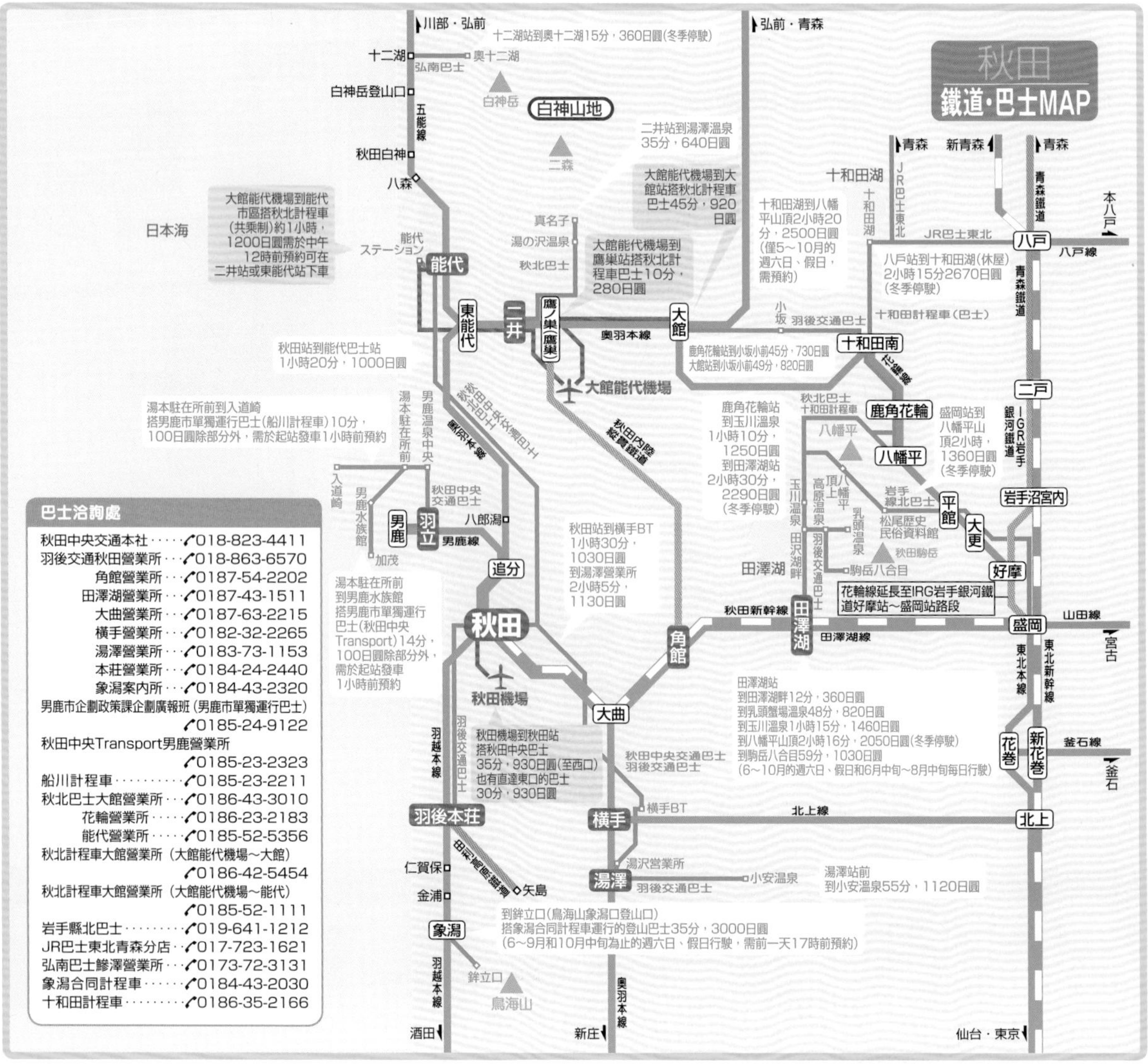

秋田 鐵道・巴士MAP

十二湖站到奧十二湖15分，360日圓（冬季停駛）

二井站到湯澤溫泉35分，640日圓

大館能代機場到大館站搭秋北計程車巴士45分，920日圓

大館能代機場到能代市區搭秋北計程車（共乘制）約1小時，1200日圓需於中午12時前預約可在二井站或東能代站下車

大館能代機場到鷹巢站搭秋北計程車巴士10分，280日圓

十和田湖到八幡平山頂2小時20分，2500日圓（僅5～10月的週六日、假日，需預約）

八戶站到十和田湖（休屋）2小時15分2670日圓（冬季停駛）

鹿角花輪站到小坂前45分，730日圓
大館站到小坂前49分，820日圓

秋田站到能代巴士站1小時20分，1000日圓

湯本駐在所前到入道崎搭男鹿市單獨運行巴士（船川計程車）10分，100日圓除部分外，需於起站發車1小時前預約

鹿角花輪站到玉川溫泉1小時10分，1250日圓
到田澤湖站2小時30分，2290日圓（冬季停駛）

盛岡站到八幡平山頂2小時，1360日圓（冬季停駛）

秋田站到橫手BT 1小時30分，1030日圓
到湯澤營業所2小時5分，1130日圓

湯本駐在所前到男鹿水族館搭男鹿市單獨運行巴士（秋田中央Transport）14分，100日圓除部分外，需於起站發車1小時前預約

花輪線延長至IRG岩手銀河鐵道好摩站～盛岡站路段

田澤湖站
到田澤湖畔12分，360日圓
到乳頭蟹場溫泉48分，820日圓
到玉川溫泉1小時15分，1460日圓
到八幡平山頂2小時16分，2050日圓（冬季停駛）
到駒岳八合目59分，1030日圓
（6～10月的週六日、假日和6月中旬～8月中旬每日行駛）

秋田機場到秋田站搭秋田中央巴士35分，930日圓（至西口）也有直達東口的巴士30分，930日圓

湯澤站前到小安溫泉55分，1120日圓

到鉾立口（鳥海山象潟口登山口）搭象潟合同計程車運行的登山巴士35分，3000日圓（6～9月和10月中旬為止的週六日、假日行駛，需前一天17時前預約）

巴士洽詢處

秋田中央交通本社	✆018-823-4411
羽後交通秋田營業所	✆018-863-6570
角館營業所	✆0187-54-2202
田澤湖營業所	✆0187-43-1511
大曲營業所	✆0187-63-2215
橫手營業所	✆0182-32-2265
湯澤營業所	✆0183-73-1153
本莊營業所	✆0184-24-2440
象潟案內所	✆0184-43-2320
男鹿市企劃政策課企劃廣報班（男鹿市單獨運行巴士）	✆0185-24-9122
秋田中央Transport男鹿營業所	✆0185-23-2323
船川計程車	✆0185-23-2211
秋北巴士大館營業所	✆0186-43-3010
花輪營業所	✆0186-23-2183
能代營業所	✆0185-52-5356
秋北計程車大館營業所（大館能代機場～大館）	✆0186-42-5454
秋北計程車大館營業所（大館能代機場～能代）	✆0185-52-1111
岩手縣北巴士	✆019-641-1212
JR巴士東北青森分店	✆017-723-1621
弘南巴士鰺澤營業所	✆0173-72-3131
象潟合同計程車	✆0184-43-2030
十和田計程車	✆0186-35-2166

開車逛遍秋田

不用注意時間，能自由移動抵達目的地，就是自駕的最大魅力。秋田縣內有些地方不便搭乘火車或巴士移動，最適合自駕派了。只不過，依出發地點不同，可能也會需要長途駕駛，事先將可以中途休息的地方找好，擬定時間充分的計畫吧。

●道路資訊洽詢處

日本道路交通資訊中心（秋田資訊）
……………………✆050-3369-6605

NEXCO東日本客服中心
……………………✆0570-024-024

※依據不同時段，可能會有難以撥通的情形

●自駕相關便利資訊網

電視・廣播的例行交通資訊
日本道路交通資訊中心
提供塞車資訊、塞車預報和冬季封路資訊等。

主要提供高速公路資訊
NEXCO東日本
主要提供包括東北地區在內的東日本高速公路資訊。也會有SA、PA資訊。

囊括日本全國各地主要道路
國土交通省道路局 塞車資訊
除了高速公路，也提供一般道路資訊。

●自駕導覽

主要利用道路為秋田自動車道。從東京方面和仙台出發，行駛東北自動車道，從北上JCT進入秋田自動車道。盛岡則經國道46號到協和，再從協和走國道13號前往秋田中心地區。要前往八幡平和十和田湖等方向，則行駛東北自動車道。一般道路方面，除了部分都市區之外，基本上車流量都不多，但也不要因此超速行駛。此外，積雪或路面結冰、冬季封路資訊也都要特別注意。尤其是秋田駒岳、八幡平、鳥海山和白神山地及其周邊等，除了7～9月之外，都常會有積雪或路面結冰的可能。

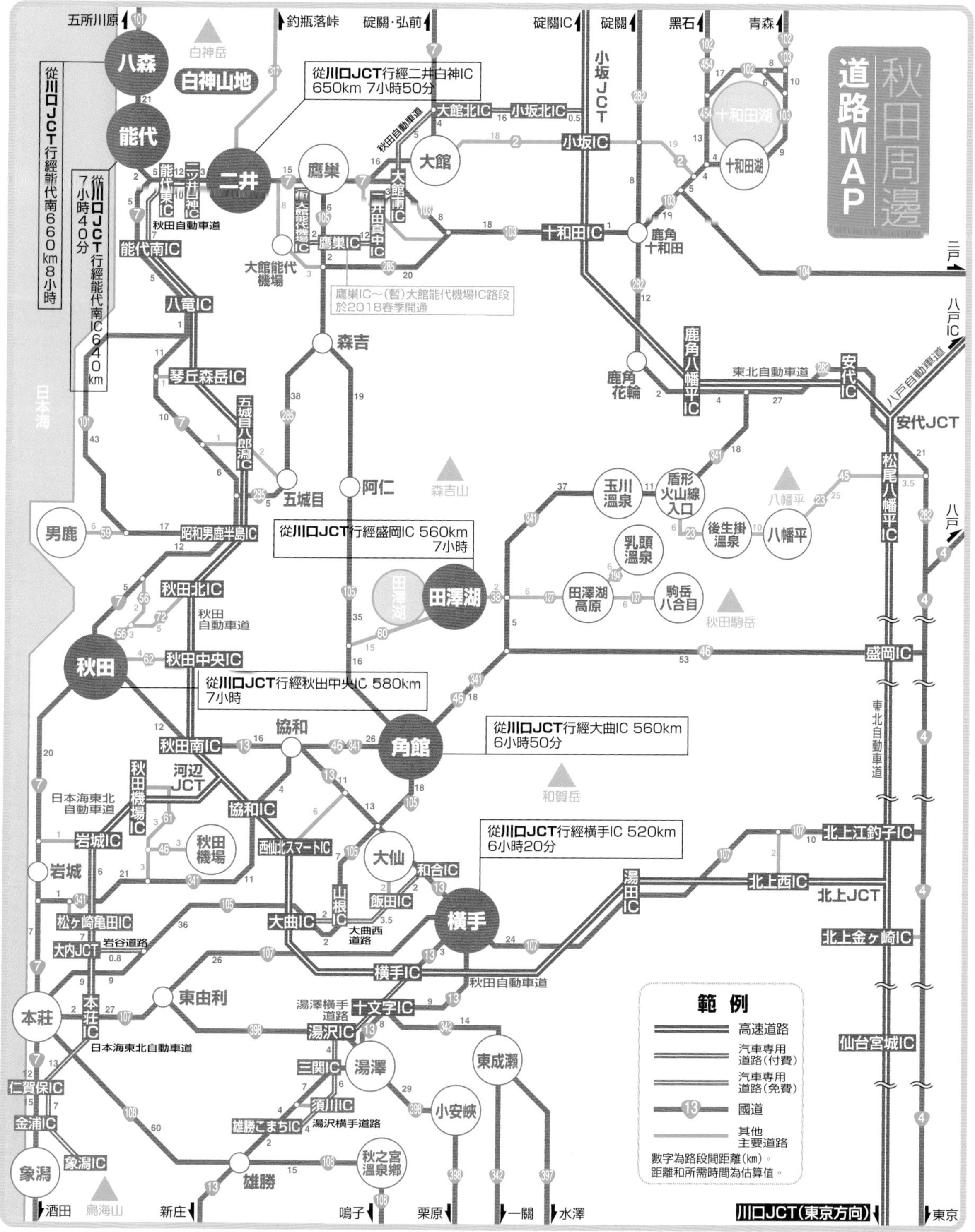

秋田周邊道路MAP

從川口JCT行經二井白神IC 650km 7小時50分

從川口JCT行經能代南IC 660km 8小時

從川口JCT行經能代南IC 640km 7小時40分

從川口JCT行經盛岡IC 560km 7小時

從川口JCT行經秋田中央IC 580km 7小時

從川口JCT行經大曲IC 560km 6小時50分

從川口JCT行經橫手IC 520km 6小時20分

鷹巢IC～(暫)大館能代機場IC路段於2018春季開通

範例

高速道路
汽車專用道路(付費)
汽車專用道路(免費)
國道
其他主要道路

數字為路段間距離(km)。
距離和所需時間為估算值。

十一～十五畫

十六畫以上

秋田 角館・乳頭溫泉鄉

INDEX

英文字母

日文假名

一~五畫

六~十畫

【 MM 哈日情報誌系列 29 】

秋田

角館·乳頭溫泉鄉

作者／MAPPLE昭文社編輯部
翻譯／許芳瑋
校對／陳宣穎
編輯／林庭安
發行人／周元白
排版製作／長城製版印刷股份有限公司
出版者／人人出版股份有限公司
地址／23145 新北市新店區寶橋路235巷6弄6號7樓
電話／（02）2918-3366（代表號）
傳真／（02）2914-0000
網址／www.jjp.com.tw
郵政劃撥帳號／16402311 人人出版股份有限公司
製版印刷／長城製版印刷股份有限公司
電話／（02）2918-3366（代表號）
經銷商／聯合發行股份有限公司
電話／（02）2917-8022
第一版第一刷／2019年6月
定價／新台幣360元
港幣120元

國家圖書館出版品預行編目(CIP)資料

秋田 角館·乳頭溫泉鄉 / MAPPLE昭文社編輯部作 ；
許芳瑋翻譯. --
第一版.-- 新北市：人人, 2019.06
面； 公分. --（MM哈日情報誌系列 ; 29）
ISBN 978-986-461-183-6（平裝）

1.旅遊 2.日本

731.7109　　108004662

Mapple magazine AKITA
KAKUNODATE · NYUTO UONSENNKYO' 19
Copyright ©Shobunsha Publications, Inc, 2018
All rights reserved.
First original Japanese edition published by
Shobunsha Publications, Inc. Japan
Chinese (in traditional characters only) translation
rights arranged with Jen Jen Publishing Co., Ltd
through CREEK & RIVER Co., Ltd.

●版權所有 · 翻印必究●

人人出版 · 旅遊指南書出版專家 · 提供最多系列、最多修訂改版的選擇

ことりっぷ co-Trip日本小伴旅系列——適合幸福可愛小旅行

日本旅遊全規劃，小巧的開本14.8X18公分，昭文社衷心推薦，在日熱賣超過1,500萬冊的可愛書刊

●—輕，好攜帶，旅人最貼心的選擇！ ●—豐，資料足，旅人最放心的指南！ ●—夯，熱銷中，日本小資旅的最愛！

MM日本29
201906